미래로 가는 바른 고대사 1.5

1쇄 발행일: 2016. 6. 26
2쇄 발행일: 2016. 7. 7
3쇄 발행일: 2016. 9. 30
편집: 미래로 가는 바른역사 협의회

출판: (사)유라시안 네트워크

* 본 책의 내용에 대한 무단 전재 및 복제를 일체 금합니다.

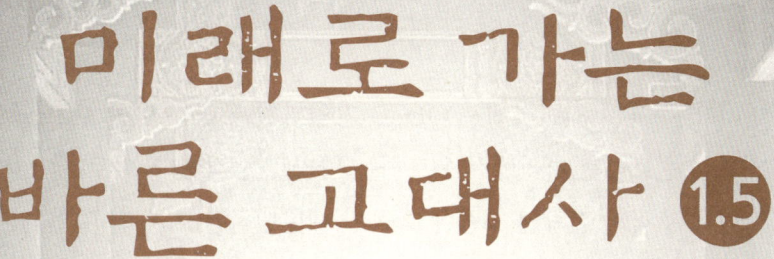

미래로 가는
바른 고대사 1.5

[미래로 가는 바른 역사협의회 편]

발간사

열린 역사는 미래의 나침반이다

역사는 미래다. 전세계 최빈국에서 OECD 가입까지 우리는 앞만 보고 달렸다. 그리고 세계 최초로 원조받던 나라에서 원조하는 나라로 승격했다. 바로 제 1차 한강의 기적이다. 그런데 추격자 전략의 성공에 함몰된 대한민국은 이제 갈 길을 잃었다. 전세계가 칭송하던 한국의 기업가정신은 OECD 최하위로 추락하고 청년들은 안전한 공무원을 갈구한다. 이대로 추락하기에는 선조들에게 면목이 없지 않은가. 역사의 정체성 확보가 절실한 이유다.

'역사를 잊은 민족에게 미래는 없다' 처칠 수상의 말씀이다. E.H. 카는 역사는 과거와 현재의 끊임없는 대화라고 했다. 추격형 모방 경제에서는 선진국만 따라 하면 되었다. 미래를 볼 필요가 없으니 역사도 볼 필요가 없었다. 결국 역사와 인문은 기술과 경영의 후 순위에 있었다. 그러나 선도형 창조경제에서는 미래를 예측해야 하므로 과거 역사가 본질적 화두로 부상한다. 이제 미래를 예측해야 진정한 일류 국가로 발돋움할 수 있다. 미래 예측의 재료는 과거다. 과거와 미래의 대화가 바로 역사다. 문제를 푸는 기술과 경영보다 문제를 찾는 역사와 인문이 더 큰 가치를 창출하게 된다. 역사를 잃은 민족에게 미래가 없다는 것은 너무나 명확하지 않은가.

역사는 사실의 나열이 아니라 사관과 사실의 결합이라고도 E.H.카는 얘기했다. 우리의 사관은 과연 무엇인가. 대한민국의 미래에 대한 비전이 없는 사관은 타국의 사관이지 우리의 사관일 수 없다. 국가의 자부심을 제시하고 세계와 더불어 살아가는 역사관이 IT, BT 등의 기술보다 더 중요한 국가 역량으로 부상하고 있다. 과거에서 미래를 보고 세계와 소통하는 새로운 역사관이 절실한 시점이다. 사관과 더불어 사실에 대하여 이제는 객관적 시각으로 전국민에게 개방적으로 묻자. 역사를 일부 전문가의 영역에서 모든 국민들의 상식의 영역으로 이끌어 내자. 왜 일본은 객관적 기록이 없는 것도 만들어 내는데, 우리는 수많은 외국 사서에 기록된 사실도 부정하고 있는가.

독도 영유권 억지와 위안부의 부정에 이어 일본은 임나일본부설까지 다시 자국 교과서에 기재하기 시작했다. 일본은 대륙 침략의 사전 작업으로 광개토태왕 비문 조작을 체계적으로 진행한 바 있다.

중국은 막대한 예산을 투입한 동북공정을 통하여 고구려 역사를 중국 역사의 일부로 편입한 후 만리장성을 한반도 내의 황해도까지 확장하고 있다. 그런데 이러한 역사 왜곡은 비단 일본과 중국만의 문제가 아니다. 러시아는 몽골 피지배의 역사를 완전히 뒤집고 지우고 있다. 영국은 아메리카 인디언 대규모 학살의 역사를 은폐하고 마약 판매를 위한 아편 전쟁의 의미를 축소하고 있다. 강대국들은 모두 자국 중심의 역사 왜곡을 하고 있다.

그런데 한국은 어떠한가. 중국과 일본에 대항하라고 엄청난 예산으로 동북아 역사 재단을 설립했다. 이종찬 전 국정원장은 "중화 패권주의와 일제 황국사관으로부터 우리 역사를 지키라고 만들어준 동북아역사재단이 중국 동북공정 심부름을 하고 있다"고 일갈하고 있다. 동북아역사재단은 단군조선의 실체를 간직한 홍산문명을 중국에 바치는 문서를 해외에 보내고, 낙랑이 한반도에 있다는 식민사관으로 중국의 만리장성을 황해도까지 연장하는 근거를 제공했다.

일본은 광개토태왕비의 억지 해석으로 임나일본부까지 주장하는데, 동북아 역사재단은 흠정만주원류고, 진서, 양서 등 수많은 중국 공식 사서들에 엄연히 기재되어 있는 대륙의 백제, 고구려사도 부정하고 있다. 수많은 사서와 천문학과 고고학의 성과를 부정하는 것은 실증 사학이 아니라 타국 사학이라고 부를 수 밖에 없다.

국가와 조직이 선순환 발전하도록 하는 것이 정부의 역할이다. 일부 사학계의 과거 논문의 정당성 유지를 위하여 국가 전체의 발전을 저해하는 행위는 이제 종식되어야 한다. 미래를 향한 바른 역사의 재정립은 너무나도 당연한 국가의 책무다. 기술과 경제에 우리 역사관이 더해질 때 비로소 대한민국이 세계의 진정한 선도국가로 부상하게 될 것이다.

우리 역사의 자부심을 위한 역사 바로잡기는 우선 고대사의 큰 줄기에서부터 시작해야 할 것이다. 홍산문명에서 고조선을 거쳐 고구려와 발해로 이어진 동북아 거대 문명사를 이제는 바로 잡아야 한다. 한사군의 위치 비정과 임나일본부설도 이제는 충분한 사료들이 허구를 입증하고 있다. 대륙 백제의 존재를 입증하는 수많은 중국 사서들을 이제는 인정해야 한다. 그리고 우리의 사관으로 상식에 입각하여 우리 역사를 재구성해야 할 때가 된 것이다.

역사 바로잡기는 과거가 아니다. 미래를 향한 국가 비전이다. 통일을 대비한 핵보다 중요한 현실의 화두다. 만리장성의 황해도설은 통일 한국의 커다란 암초가 될 수 있지 않은가. 우선 북한의 붕괴를 상정해 보자. 중국은 일제의 식민사학을 근거로 북한의 영유권을 주장할 수 있다. 국제 문서에는 한국의 역사는 한사군으로부터 시작한다는 내용이 다수라는 것은 불편한 진실이다. 역사는 미래의 불확실성을 반영한다. 일본은 억지 주장임에도 불구하고 독도 영유권을 줄기차게 주장하고 있다. 그런데 한국은 우리 역사의 연계성이 분명한 홍산문명도 제대로 주장하지 못하고 있다.

이제라도 역사의 제대로 된 복원을 통하여 미래 한국의 비전을 바로잡아야 한다. 이를 위하여 1) 한사군의 위치를 바로잡고 2) 홍산문명과 고조선의 관계를 밝히고 일제의 식민사관이 실체의 단군조선을 단군신화로 왜곡한 역사를 바로잡아야 한다. 3) 우리가 이룩한 찬란한 천문, 지리, 예술, 철학 등의 의미를 되살려야 한다. 4) 그리고 이를 바탕으로 전세계 유라시안 네트워크의 허브 국가로 국가의 정체성을 재정립할 것을 제안한다. 세계 문명사의 한 축을 긋는 우리 역사 의식은 청년들에게 도전의 에너지를 제공할 것이다.

이제 한국을 넘어 우리의 역사는 전세계의 유라시안 국가들과의 네트워크 구축으로 확대되어야 할 것이다. 글로벌 개방 네트워크의 허브 국가로서 대한민국의 정체성을 재구축할 때가 되었다. 우리만이 최고가 아니라 우리와 더불어 새로운 시대의 가치를 만들어 가자는 선도 국가의 역할을 수행할 때가 되었다. 유라시안 네트워크로 확산되는 새로운 역사 의식의 확산이 대한민국의 제 2차 한강의 기적의 원동력이 될 것이다.

 이제 역사 바로 세우기의 높은 뜻을 지닌 심백강, 이덕일, 박정학 세 분 역사학자님들이 의기투합하여 〈미래로 가는 바른 고대사〉 기초 작업에 동참하게 된 것은 우리 역사에 희망을 걸게 하는 계기가 될 것이다. 그리고 이 작업은 계속되어 갈 것이다. 역사가 바로 서는 그 날까지.

(사)유라시안 네트워크 이사장 **이 민 화**

서 문

미래로 가는 바른 고대사

우리가 지나간 과거의 역사를 연구하고 가르치고 배우는 까닭은 무엇인가. 그것은 오늘에 처한 현실과 내일에 다가올 미래를 보다 더 현명하게 대처하고 열어갈 수 있는 소중한 '경험'을 거기서 얻을 수가 있기 때문이다.

어느 민족이나 물론하고 지나온 발자취를 더듬어보면 영광과 치욕이 함께하기 마련이다. 치욕은 그러한 아픔을 되풀이 하지 않기 위해서, 또한 영광은 그러한 가슴 벅찬 기쁨을 계승 발전시켜나가기 위해서 둘 다 소중한 경험이 된다.

그런 점에서 지난 역사의 치욕스러운 면을 숨기고 미화에 치중한다거나, 영광을 지나치게 부풀려 과장하는 것은 훌륭한 역사서술이라고 할 수 없다. 역사의 진실에 대해 공정한 시각을 가지고 가감 없이 바르게 전달하는 것, 즉 바른역사가 가장 이상적인 역사라고 말할 수 있다.

오늘 한국의 역사를 살펴보면 어떤가. 역사의 길이는 뿌리가 잘려 반 동강나 있고 역사의 강역은 대륙을 잃어버린 채 압록강 안으로 축소되어 있다. 그리고 민족의 장점, 강점보다는 약점, 단점이 주로 부각되어 있다. 한마디로 한국인의 역사는 영광과 치욕이라는 두 주제에서 주로 치욕스러운 역사에 초점이 맞추어져 있는 것이다.

일반적으로 다른 나라의 경우는 자기민족의 역사를 미화하는데 급급한 것이 상례인데 왜 한국인의 역사 서술은 이처럼 자국의 역사를 추화하는 특이한 현상이 발생한 것일까. 그것은 일제강점기 총독부가 조선사편수회를 통해 자행한 한국사의 왜곡 말살과 광복 후 조선사편수회 출신들에 의한 일제 식민사관의 계승 발전이 그 직접적인 요인이라고 본다.

광복 70년이 지난 오늘날까지 일제가 식민 지배를 위해 조작한 역사이론이 청산되지 않고 그 잔재가 남아서 대한민국의 역사교과서에 실려 어린학생들에게 가르쳐짐으로써 민족의 정기가 훼손되고 있다는 사실은 참으로 땅을 치고 통곡할 가슴 아픈 현실이 아닐 수 없다.

한국에는 현재 국사편찬을 전담하는 국사편찬위원회와 역사연구를 목적으로 출범한 국책연구기관인 동북아역사재단이 있다. 그러나 이들 국가기관들이 식민사관을 청산하고 바른역사를 세우는 역할을 제대로 수행하지 하지 못하고 있다. 원인은 식민사학을 계승한 그 2세, 3세들이 제도권을 장악하여 주류를 형성하고 있기 때문이다.

이런 안타까운 현실을 언제까지 두고 볼 수만은 없는 일이기에 이번에 민간에서 활동하는 민족사학자, 재야사학자들이 참여하여 우선 우리 역사의 뿌리인 상, 고대사를 공동 집필하게 되었다. 제1편은 심백강이 맡아 개론적인 차원에서 기술하였고 제2편은 이덕일 박사가 쟁점 중심으로 서술하였다. 그리고 제3편은 박정학 박사가 고대사의 서술방향에 대해 다루었다.

처음에는 우리역사의 진실을 밝힐 바른역사교과서를 집필하자는 의도에서 출발하였다. 그러나 조건이 미비한 상황에서 역사교과서를 집필한다는 것은 결코 쉬운 일이 아니었다. 이번 공동 작업의 결과물이 부족한 점이 많지만 그러나 우리가 지향하는 미래의 바른역사가 무엇인지 인식하는 데 참고가 될 것이다. 이것은 단지 첫 걸음일 뿐이며 앞으로 우리는 보다 완전한 바른역사교과서를 만들기 위해 노력을 계속하고자 한다. 독자 여러분들께서도 함께하는 의미에서 좋은 건의와 제안, 성원과 지원을 아끼지 말아주실 것을 기대한다.

그리고 마침 정부에서도 강단사학자 중심으로 국사교과서 개편작업에 착수하여 현재 진행 중에 있는 만큼 우리 민족사학자가 제시한 바른 고대사의 관점을 이번 집필에 반영한다면 역사를 바로 세우는 작업은 의외로 빨라질 수도 있다고 본다. 끝으로 이번 작업을 물심양면으로 적극 후원해주신 창조경제연구회 이민화 회장님과 미래를 위한 바른역사협의회 관계자 여러분께 깊은 감사의 말씀을 드린다.

2016년 6월 5일

中玄 沈 伯綱

미래로 가는
바른 고대사
1.5
목차

[1부] 한국 고대사 바로보기

발간사 ··· 4
서 문 ··· 9

I. 고대사 개론 심백강

제1장. 동아시아의 첫 왕국, 고조선 ································ 18
제2장. 기자조선과 위만조선 ·· 38
제3장. 한사군과 낙랑 ·· 47
제4장. 부여와 고구려 ·· 72
참고문헌 ·· 86

II. 고대사의 핵심쟁점 이덕일

제1장. 고조선의 서쪽 강역 ·· 88
제2장. 임나일본부설의 실체 ·· 104

[1부] 한국 고대사 바로보기

제3장. 한국의 실증사학은 과연 실증사학인가? ············ 122
참고문헌 ··· 135

Ⅲ. 고대사의 서술방향 박정학

제1장. 원시사회의 시대구분 용어 ························· 137
제2장. 민족 고유 생각의 틀을 담은 민족창세신화 ········ 143
제3장. 청동기 시대의 시작은 고조선 건국 이전 ·········· 151
제4장. 우리 민족의 위인 복희, 치우천왕을 국사에 기술 ··· 159
제5장. '단군사화'에 대한 올바른 이해 ···················· 168
제6장. 한민족의 형성사의 제대로 된 서술 ················ 179
제7장. 문명의 교류와 우리 민족이 만든 홍산 문명 ········ 189
제8장. 한류의 뿌리인 제천(祭天) 문화 ····················· 196
제9장. 영원히 잃어버린 발해의 백성을 찾아서 ············ 201
참고문헌 ··· 207

맺음말 ··· 209

미래로 가는
바른 고대사
1.5
목차

[2부] 아직 바로 세우지 못한 역사

서 문 ·· 214

한국 고대사, 끝나지 않은 전쟁 이투데이

여는글. 조선총독부의 사관(史觀)이 아직도… ······················ 223

1. 동북아는 역사전쟁인데… 나라 안은 식민사학자들 세상 **이종찬** ··· 226
2. 고대사 정립은 민족 정체성을 확립하는 작업 **이도상** ················ 231
3. 일제는 왜 단군을 말살하려 하는가 **김동환** ························ 236
4. 고조선 국경선, 패수의 위치는 어디인가 **황순종** ···················· 241

[2부] 아직 바로 세우지 못한 역사

5. 1차 사료 배척한 채 떼쓰는 강단사학자들 **허성관** ················ **245**

6. 낙랑군은 평양에서 요동으로 이동했는가 **이덕일** ················ **249**

7. 일본인들은 왜 삼국사기를 가짜로 몰았는가 **김병기** ················ **254**

8. 가야 통치했다던 임나일본부 한반도엔 아예 존재하지 않았다 **황순종** ········ **258**

9. 강진을 쳤는데 공주가 항복했다고? **정암** ················ **262**

10. 조선 유학자들은 한사군의 위치를 어떻게 보았을까? **이덕일** ········ **267**

11. 천문으로 보는 한국 고대사 **박석재** ················ **271**

12. 한국 실증주의 사학의 실체 **임종권** ················ **276**

미래로 가는 바른 고대사 1.5
그림목차

[그림-1]	삼국유사	18
[그림-2]	홍산문화 우하량 유적지의 원형제단	20
[그림-3]	비파형 동검	23
[그림-4]	두로영은비문 중의 조선국 기록 부분	25
[그림-5]	강화도 참성단	31
[그림-6]	채용신이 그린 단군상	32
[그림-7]	기자에 관한 초상과 기록	38
[그림-8]	한무제	47
[그림-9]	현재 노룡현 영평부성 서문(낙랑군 조선현이 있던 자리)	53
[그림-10]	동북아 역사재단에서 비정한 한사군의 위치	54
[그림-11]	파림좌기, 현재 내몽골 지방(상경임황부)	55
[그림-12]	중국 동북공정에 비정하는 낙랑군과 대방군의 위치	60
[그림-13]	갈석산-현재 하북성 창려현에 위치	62
[그림-14]	하북성 지도에서 백석산과 낭아산, 수성진의 위치	63
[그림-15]	고장성 유적	66
[그림-16]	호타하 지류인 예하의 다른 이름, 포오거	77
[그림-17]	요서고구려의 수도	85
[그림-18]	낙랑군위치-조선사 편수회(조선총독부 산하)	101
[그림-19]	선사시대 사용 도구들	139
[그림-20]	『초등학교 사회 5-1』 6쪽 연표 일부	151
[그림-21]	고조선의 세력범위	153
[그림-22]	중국 뉴허량 유적 안내문	157

[그림-23]	우주기운과 8괘, 태극기와의 관계	161
[그림-24]	중화삼조상	163
[그림-25]	중국 무도사(좌)의 치우희와 고구려 각저총(우)의 '씨름'그림	165
[그림-26]	정연규가 그린 치우의 활동지역도	167
[그림-27]	대표적인 환국, 환인 본들	172
[그림-28]	고조선의 세력 범위(2008년까지의 모든 교과서)	185
[그림-29]	세계 5대 문명 발상지	189
[그림-30]	동서 3대 교역로와 5대 남북 지선	191
[그림-31]	고대 교류의 증거성 벨트(B.C. 6천-3천)	191
[그림-32]	환단문명(홍산문명) 지역	192
[그림-33]	김종서의 신시문화권 지도	194
[그림-34]	단군이 제천행사한 강화도 참성단	199
[그림-35]	마을제사와 민속놀이	199
[그림-36]	고조선-발해까지… 후삼국 지도	203
[그림-37]	1945년 광복후 귀국을 앞두고 … 임시정부 요인들	226
[그림-38]	우당 이회영 선생. 사진제공 우당 기념사업회	230
[그림-39]	윗줄 왼쪽부터… 일제강점기 문화투쟁의 선봉에 섰다	237
[그림-40]	일제의 식민지 지배하에서 … 조선사편수회사업개요	238
[그림-41]	쓰다 소키치	254
[그림-42]	오성취루	273
[그림-43]	라히프찌히 전투	277

미래로 가는
바른 고대사
1.5
[미래로 가는 바른 역사협의회 편]

[1부]

한국 고대사 바로보기

I. 고대사 개론

저자: 심 백 강

제1장 동아시아의 첫 왕국, 고조선

1.1 고조선의 건국연대

우리는 흔히 반만년 역사를 자랑하는 민족이라고 말한다. 그것은 우리의 첫 국가인 고조선이 약 5000년 전후에 건국되었음을 의미한다. 무엇을 근거로 이와 같이 말하는 것인가.

고조선의 건국연대를 오늘에 전해주는 가장 오래된 책은 고려 때 승려 일연이 지은 『삼국유사』와 유학자 이승휴가 쓴 『제왕운기』이다. 『삼국유사』「고조선」조항에서는 서두에 "지난 2000년 전에 단군왕검이 아사달에 도읍을 정하여 첫 국가를 세우고 이름을 조선이라 하였다. 그 시기는 중국의 요임금시대와 동일한 시기였다"라는 중국의 『위서』에 실려 있는 기록을 인용하였다. 일연이 먼저 중국의 위나라 역사서에 실려 있는 고조선의 건국사실을 전한 내용을 인용한 것은 단군의 건국이 허구가 아니고 사실이라는 것을 객관적으로 뒷받침하기 위한 의도에서였다고 하겠다.

[그림-1] 삼국유사

오늘날 중국 학계에서는 요임금의 출생 시기를 약 서기전 2447년, 서거시기를 약 서기전 2307년으로 본다. 단군이 요임금과 같은 시기에 건국했다면 대략 지금으로부터 서기전 2300년 좌우에 건국했다는 이야기가 된다. 그리고 『삼국유사』「고조선」 조항은 『위서』에 뒤이어 다시 『고기』를 인용하여 요임금이 즉위 한 무진년에 단군이 고조선을 건국했다는 내용을 소개한다. 『고기』의 내용은 단군의 출생과 성장, 건국과정을 중국의 『위서』보다 구체적으로 다루고 있다. 『삼국유사』에는 『고기』가 널리 인용되어 있다. 『조선왕조실록』「세종실록」 지리지에는 『단군고기』가 인용되어 있고, 또 『고조선비사』라는 책이 있었다는 기록도 보인다. 이런 점을 미루어 볼 때 지금은 전해지지 않지만 일연이 『삼국유사』를 저술할 당시까지만 해도 단군, 고조선 관련 우리나라의 여러 고대 기록들이 보존되어 있었음을 알 수 있다.

『제왕운기』에는 "단군은 요임금과 같은 해 무진년에 건국하여 순임금시대를 거쳐 하나라 시대를 지나기까지 왕위에 있었다"라고 말했다. 『삼국유사』는 승려의 기록이고 『제왕운기』는 유학자의 기록인데 『삼국유사』와 『제왕운기』에 기록된 단군의 건국연대는 중국의 요임금시대에 해당한다고 보는 점에 있어서는 동일하다. 그러면 고조선의 건국은 과연 고고학적으로도 증명이 가능한가. 중국의 고고학계에서는 중국 요서지역의 하가점하층문화를 지금으로부터 대략 4000년~3400년 전후시기의 문화로 본다.

고대 중국의 요서지역에서는 소하서문화, 홍륭와문화, 사해문화, 부하문화, 조보구문화, 홍산문화, 소하연문화, 하가점하층문화 순으로 발전하였다. 신석기시대 문화인 이들 문화는 소하서문화는 서기전 7000년경, 홍륭와문화는 서기전 6200년경, 사해문화는 서기전 5600년경, 부하문화는 서기전 5200년경, 조보구문화는 서기전 5000년경, 홍산문화는 서기전 4500년경, 동석병용시대인 소하연문화는 서기전 3000년경, 청동기 시대문화인 하가점하층문화는 서기전 2000년경으로 간주한다.

서구에서는 고고학적으로 인류의 발달과정을 설명할 때 신석기시대에서 청동기 시대로 넘어갔고 청동기 시대에 이르러 비로소 국가단계에 진입했다고 말한다. 그러나 동아시아에서는 이와 달랐다 청동기 시대와 석기시대사이에 옥기시대가 있었고 이때에 이미 초보적인 국가단계에 진입했다. 이 단계를 고국시대라고 말한다.

중국 요서의 홍산문화 유적에서는 수많은 정교한 옥기들이 발굴되었다. 홍산문화는 이미 원시시대를 벗어나 문명단계에 진입했으며 홍산문화의 3대 특징인 제단, 여신묘, 적석총에서 보듯이 홍산문화는 초보적인 국가형태를 갖추었다는 것이 소병기를 비롯한 중국 고고학계 원로들의 주장이다. 홍산문화를 이어서 발전한 하가점하층문화에서는 옥기시대에서 한걸음 더 나아가 다량의 청동기와 초보적인 도화문자가 발굴되었다. 무엇보다 특기할 사항은 돌로 쌓은 석성을 들 수 있다. 이것은 동아시아에서 최초로 발굴된 석성으로 그 후의 진시황 때 쌓은 만리장성 등은 바로 여기에서 기원한 것이다.

[그림-2] 홍산문화 우하량 유적지의 대형제단

하가점하층문화에서 발굴된 석성 유적은 관할범위와 방위체계의 규모 등으로 미루어 볼 때 초기 국가단계를 훨씬 넘어서 성숙한 통일왕조국가의 단계에 도달하였음을 알 수 있다. 하가점하층문화의 분포지역을 살펴보면 내몽고 동남쪽, 요녕성 서쪽의 시라무렌하, 노합하, 및 그 지류 양안 하천지대 부근이 모두 이 문화권 지역이다. 남쪽은 발해연안에 이르고 서남쪽으로는 연산산맥을 지나 화북평원에 진입한다. 서쪽으로 경계선은 대략 하북성 장가구시 지역의 울현蔚縣 호류하壺流河 유역 일대이고 최남단은 거마하車馬河 유역을 초과한다. 당산의 대성산, 노룡의 쌍망雙望, 북경시 창평昌平 설산雪山, 평곡平谷의 유가하劉家河, 계현薊縣의 장가원張家園 등이 하가점하층문화 유적이 발굴된 지역들이다. 하가점하층문화는 발해만을 중심으로 하여 그 일대 광범위한 지역에 분포되어 있다.

『산해경』에는 "발해의 모퉁이에 나라가 있으니 그 이름을 조선이라 한다"고 하였다. 『산해경』의 이 기록에 따르면 오늘날의 발해만 부근에 있던 고대 국가는 고조선이었다. 『산해경』에서 말한 고조선의 위치와 요서에서 발굴된 하가점하층문화의 분포범위가 서로 정확히 일치한다.

우리는 요서일대에 분포된 하가점하층문화는 동아시아 문명의 서광인 홍산문화를 이어 4000년 전 동아시아에서 최초로 건국한 고조선이 남긴 유적이라는 결론에 도달하게 된다. 따라서 『삼국유사』와 『제왕운기』에 나타나는 4000년 전 단군이 고조선을 건국했다는 기록은 고고학적으로도 증명이 되는 역사적 사실이라고 하겠다.

1.2 고조선은 동아시아 최초의 왕국

중국 역사상의 첫 왕조인 하夏 왕조는 서기전 2070년에서 서기전 1600년까지 대략 서기전 21세기에서 서기전 16세기까지 존속했던 것으로 본다. 그러니까 4000년 전 고조선 왕조가 요서에 건국되어 있던 것과 비슷한 시기에 중원에는 하왕조가 건국되어 있었던 셈이다.

많은 중국의 역사학자들은 하남성 언사시偃師市 이리두二里頭에서 발견된 유적을 문헌상에 나타난 하왕조의 도성 유적으로 본다. 하남성 서부와 산서성 남부에서 발견된 이리두문화가 하나라 문화의 연대와 지리적 위치의 조건에 부합한다는 것이다. 이 지역에서 발굴된 유물은 청동기와 옥기가 있다. 신석기시대 후기 청동기 시대 초기에 해당하는 유물들이다. 그러나 이리두 유적에서는 요서 하가점하층문화의 석성과 같은, 하나라가 왕조로서의 위상을 지닌 국가임을 입증할만한 실증적인 유물은 아직까지 발견된 바가 없다. 이것은 중원의 첫 왕조로 말해지는 하왕조의 건국연대가 시기적으로 고조선왕조에 뒤질 뿐만 아니라 문화적으로도 훨씬 뒤떨어져 있었다는 사실을 증명한다고 하겠다.

그동안 우리학계에서는 서기전 24세기에 고조선이 건국되었다는 사실을 받아들이지 않았다. 그것은 고조선은 한반도 평양에서 건국되었고 한반도에서 청동기를 쓰기 시작한 시기는 서기전 10세기경이었다고 인식한데 기인한다. 그러나 고조선은 발해만을 끼고 요서에서 건국되었고, 5000년 전 홍산문화의 옥기시대를 지나 4000년 전 청동기 시대에 진입한 하가점하층문화가 바로 고조선 왕국이 남긴 문화였다는 점을 이해한다면 그것은 우리역사에 대한 잘못된 인식에서 비롯된 것임을 알게 된다.

중국의 첫 왕조인 하왕조의 존재는 이리두문화로 증명된다. 그러나 이리두문화에서는 하가점하층문화의 석성과 같은 유물이 발굴되지 않았다. 고조선왕조가 하왕조보다 더 선진적이고 강대한 나라였다는 것을, 발굴된 여러 고고유물들이 보여준다. 고조선은 중국의 첫 왕조인 하왕조보다 앞서 건국된 동아시아 최초의 왕국이었던 것이다.

1.3 고조선 왕국의 건국배경

고조선은 요서지역에서 건국한 동아시아의 첫 왕국이다. 고조선은 중국의 중원에서 건국한 첫 왕조인 하나라보다 몇 백 년 앞서 건국했다. 동북방 요서에서 중원보다 앞서 고조선 왕국이 건국된 배경이 어디에 있는 것일까.

여기에는 두 가지 요인이 작용했다고 본다. 첫째 요인은 천혜의 지리적 조건이다. 발해만 부근에 위치한 요서지역은 동방의 인류문화가 태동할 수 있는 천혜의 조건을 갖추고 있다. 남쪽에는 바다가 있어 어렵이 가능하고 북쪽에는 초원이 있어 수렵이 가능하며 서쪽에는 모래와 흙이 적당이 섞인 농경지가 있어 농업이 가능하다. 중국문화의 발상지 황하의 상·중류에는 바다가 없고 초원도 없다. 오로지 농경만이 가능하다. 농경과 수렵과 어렵이 동시에 가능한 이런 천혜의 땅은 전 중국을 통틀어 요서지역이 유일하다. 따라서 여기서 중원보다 먼저 경제가 발전하고 문화가 발생했다. 이런 선진적인 경제와 문화의 힘을 바탕으로 동아시아에서 최초로 고조선 왕국이 건립되는 일이 가능할 수 있었다.

다른 하나의 요인으로는 청동무기의 개발을 들 수 있다. 4500년 전 당시는 신석기시대 말기로서 대륙전체가 대체로 석기시대를 벗어나지 못한 상황이었다. 그런데 요서지역은 이때 이미 홍산문화의 옥기시대를 지나 청동기 시대에 접어들어 있었다. 요서지역의 하가점하층문화는 황하유역의 초기 청동기문화인 이리두문화와는 전혀 다른 양상을 띠는 청동기문화이다. 황하유역에서 청동기문화가 시작된 연대는 서기전 2200년 좌우로 본다. 그런데 최근의 고고 발굴 결과에 따르면 요서지역의 청동기문화인 하가점하층문화는 방사성탄소연대측정에 의해 서기전 2400년 전후로 판명되었다. 하가점하층문화는 고조선 왕국이 다른 지역은 물론 중원 하왕조의 발상지로 여겨지는 이리두문화보다도 200여 년 앞서 청동기 시대에 진입한 사실을 말해준다.

중국대륙에서 가장 먼저 청동기를 개발한 고조선 왕국은 다른 나라보다 선진적인 무기체계를 갖추게 되었고 이 선진적인 무기를 바탕으로 주변의 여러 나라들을 통일하여 동아시아 최초의 고조선 왕국을 건립하는 일이 가능하게 되었다고 하겠다. 치우는 상고시대 동이족의 영웅적인 인물이다. 그가 최초로 병기를 개발하였으므로 동양역사상에서 전쟁신 또는 무신으로 일컬어진다. 요서의 홍산문화는 사실 치우의 구려족에 의해서 형성된 문화이고 하가점하층문화는 홍산문화를 계승한 단군이 발해만을 중심으로 구려, 즉 구이족을 통일하여 이룩한 고조선 왕국의 문화이다.

[그림-3] 비파형 동검

말과 활과 창으로 세계를 지배했던 징기스

제1장 동아시아의 첫 왕국, 고조선 | 23

칸의 몽골제국은 총이 개발되자 역사의 뒤안길로 사라졌다. 전쟁신으로 추앙받는 치우의 후손인 구이족의 위대한 지도자 단군은 먼저 청동무기를 개발하여 몽둥이, 돌팔매를 가지고 싸우는 주변지역의 다른 여러 민족들을 제패하고 고조선 왕국을 건국했다. 서기전 16세기 무렵부터 모습을 드러내는 비파를 닮은 고조선 동검은 초기 고조선 청동검의 진화, 발전된 형태라 할 수 있다. 선진적인 청동무기의 개발이 4300년 전 동아시아 최초의 왕국인 고조선왕조의 건설을 가능하게 만든 주요한 요인이었다.

1.4 고조선 왕국의 중심지

『삼국유사』「고조선」 조항에 의하면 『위서』를 인용하여 "단군왕검이 아사달에 도읍을 세우고 개국하여 국호를 조선이라 하였다"라고 하였다. 또 『고기』를 인용하여 "단군왕검이 처음에 평양성에 도읍했다가 백악산 아사달로 옮겨 거기서 1500년 동안 다스렸고 주무왕시기에 기자가 조선으로 오자 단군이 장당경으로 옮겨갔다가 뒤에 다시 아사달로 돌아와서 산신이 되어 수명이 1908세였다"고 기록하고 있다.

『위서』와 『고기』의 내용을 검토해보면 고조선은 평양, 아사달, 장당경 등의 도읍지가 있었는데 이 중에 2000년 동안 고조선왕조의 중심지가 된 곳은 아사달이었다고 본다. 그 이유는 『삼국유사』는 백악산 아사달에서 단군왕검이 1500년 동안 나라를 다스렸다고 말하고 있기 때문이다. 그리고 단군이 아사달에 들어가 산신이 되어 1,908세까지 살았다는 기록도 단군의 후손들이 줄곧 대를 이어 그곳에서 살았던 것을 의미한다고 하겠다. 그러면 고조선왕조의 중심지였던 아사달은 과연 오늘날의 어느 지역에 있었던 것일까. 현재의 요녕성 조양시朝陽市가 고조선시대의 아사달이었다고 본다.

그 이유는 첫째, 아사달은 아침의 땅이라는 우리말이고 조양은 조는 아침, 양은 양달을 뜻하는 한자로서 아침의 땅이라는 우리말을 한자를 빌어 뜻으로 표기한 것이 조양이기 때문이다. 둘째, 조양시는 지리적으로 내몽고 적봉시의 홍산, 건평, 능원 등 홍산문화, 하가점하층문화 유적지와 인접한 지역에 위치해 있기 때문이다. 셋째, 비파형동검은 고조선의 영토범위를 추정하는데 있어 결정적 증거가 되는 유물이다.

그런데 요서, 요동, 한반도에 걸쳐 지금까지 비파형동검이 가장 많이 출토된 곳은 요서지역, 특히 조양시를 중심으로 한 그 일대이기 때문이다. 이는 고조선왕조의 중심지가 아사달이고 아사달은 현재의 요녕성 조양시 일대에 있었다는 사실을 지리적으로 고고학적으로 뒷받침하는 중요한 방증이 된다고 하겠다. 고조선의 중심지가 한반도의 대동강유역이 아니라 대륙의 요서지역이었다는 것은 최근 새로 발굴된 『사고전서』 사료를 통해서 보다 명확히 입증되고 있다.

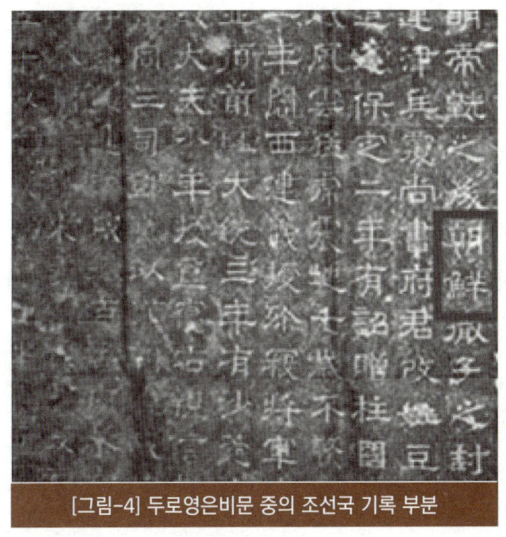

[그림-4] 두로영은비문 중의 조선국 기록 부분

지금으로부터 1500년 전에 생존했던 인물인 선비족 모용은의 비문에는 삼국시대에 선비족이 시라무렌강유역 요서에서 전연국을 건국하기 앞서 이 지역에서 최초로 건국한 나라는 고조선이었고 그 뒤를 이어 백이, 숙제의 나라 고죽국이 있었다고 말하고 있다. 혹자는 이를 기자조선을 지칭한 것으로 오해할 수도 있다. 그러나 은나라가 망하자 기자는 조선으로 떠나갔고 기자가 조선을 건국한 것이 아니라 기자가 오기 이전에 조선이라는 나라는 이미 존재하고 있었다. 따라서 모용은의 비문에 말한 요서에서의 "조선건국"은 기자이전에 건국되어 있었던 단군조선을 가리킨 것이다. 모용은의 비문은 고조선이 한반도 대동강 유역이 아니라 중국대륙의 요서지역에서 건국되었다는 사실을 증명하는 결정적인 자료가 된다.

고조선이 요서에서 건국되었다면 구체적으로 요서의 어느 지역이 고조선의 중심지 역할을 하였을까. 현재의 중국 요녕성 조양시를 중심으로 내몽고 적봉시, 하북성 진황도시 일대가 고조선의 중심지였다고 본다. 이를 뒷받침하는 여러 기록들이 『사고전서』에 기재되어 있다. 예컨대 송나라 때 편찬된 『태평환우기』에는 "하북도 노룡현에 조선성 유적이 남아 있다"라는 기록이 나온다. 또 송나라 때 국가에서 편찬한 『무경총요』에는 북경의 지리를 설명하면서 "북경에서 동북쪽으로 고북구를 가는 중간에 조선하가 있다"라고 하였다. 하북성 노룡현에 조선성이 있었다면 그 옆을 흐르는 강의 이름이 조선하였던 것은 너무나 당연한 일이다.

조선하와 조선성이 한반도의 대동강 유역이 아니라 중국 하북성 진황도시 노룡현 부근에 지금으로부터 1000여 년 전까지 존재하고 있었다는 사실은 대륙의 요서가 고조선 왕국의 중심지였다는 것을 증명하기에 부족함이 없다고 하겠다. 그동안 고조선의 중심지로 여겨져 온 대동강유역에는 조선하나 조선성이 있었다는 문헌기록을 천여 년 전의 자료에서는 찾아볼 수 없다. 그곳이 고조선의 중심지였다면 대동강이나 청천강이 조선하로, 대동강유역의 평양성이 조선성으로 고대의 어느 시기인가엔 그렇게 불린 시기가 있어야 하지 않겠는가.

한국의 고대 기록과 중국의 『사고전서』 사료, 그리고 고고학 자료 등을 종합 검토해 볼 때 고조선의 중심지는 대동강유역이 아닌 요서지역임이 확실하여 더 이상 의문의 여지가 없다고 하겠다.

1.5 고조선 왕국의 강역

▌전국시대 연나라의 동쪽과 고조선의 서쪽 강역

고조선은 동이의 아홉 개 부족국가를 통일하여 동북방에 세운 아시아 최초의 왕조였다. 따라서 고조선은 광대한 영토를 소유한 강대한 나라였다. 고조선의 비파형 동검이 오늘날의 중국 하북성 남쪽 보정시의 탁현, 신성, 망도 그리고 산동성 동북부까지 출토되는 것을 본다면 고조선이 얼마나 강대한 나라였는지 충분히 짐작이 가고도 남는다.

고조선 왕국의 강역을 살피는데 있어서 가장 중요한 참고가 되는 것은 연나라의 위치이다. 『사기』 「소진열전」에 "연나라 동쪽에 조선, 요동이 있다(燕東有朝鮮遼

東)"라고 보이기 때문이다. 연나라는 서주초기 동방의 동이국가를 정벌하여 세운 나라로 서주의 동성 귀족 소공의 봉국이며 연나라 희왕喜王 33년에 진나라에 의해 멸망했다.

『사기』「연소공세가」에는 "밖으로 만맥과 안으로 제齊, 진晉의 강대한 나라들 사이에 낀 가장 약소한 국가였다"라고 적혀 있다. 전국시대 종횡가로 유명했던 소진은 전국 7웅 중에 가장 약소국가였던 연나라의 강역을 설명하면서 다음과 같이 말했다.

> "동쪽에 조선, 요동이 있고 북쪽에 임호, 누번이 있고 서쪽에 운중, 구원이 있고 남쪽에 호타하, 역수가 있는데 지방이 2천여리쯤 된다."

소진이 연나라 군주인 문후에게 한 이 말 속에는 오늘날 연나라의 위치를 파악할 수 있는 중요한 내용이 담겨있다. 현재의 내몽고자치구 호화호특시呼和浩特市 탁극탁현托克托縣 고성촌古城村 서쪽에 전국시대 운중군의 옛 성터가 보존되어 있다. 구원군은 운중군에서 좀 더 서쪽에 위치한 지역이다. 지금의 호화호특시 서쪽에 있는 포두시包頭市 일대가 그 지역으로 오납특전기烏拉特前旗 부근에 유적이 보존되어 있다. 이는 서기전 300년 전후 춘추전국시대에 조나라가 흉노의 땅을 빼앗아 쌓은 군청의 청사 유적으로 중국학계에서는 보고 있다.

연나라의 남쪽 국경선에 위치했던 호타하와 역수는 현재 하북성 보정시 부근에 있는 강으로 북경시에서 남쪽으로 멀리 떨어진 곳에 위치해 있다. 연나라의 강역이 2천리였는데 그 서쪽 국경이 지금의 내몽고 서쪽 포두시 부근이고 그 남쪽 국경이 호타하, 역수부근이었다면 당시 연나라의 강역은 현재의 내몽고 서쪽, 산서성 동쪽, 하북성 서남쪽에 걸쳐 2천리를 소유하고 있었다는 사실을 알 수 있다. 그런데 우리는 그동안 압록강 서쪽이 모두 연나라 땅이고 그 동쪽 대동강유역에 고조선이 있었던 것으로 잘 못 이해해 왔다. 그러나 소진의 말에 따르면 연나라는 하북성 서남쪽에 나라가 있었고 하북성 동남쪽에는 고조선이 있었던 것이다.

우리는 그동안 우리 조상들이 피와 땀으로 일군 고조선 땅을 모두 중국 연나라 땅으로 치부하여 우리역사에서 배제하고 다루지 않았다. 그러다보니 우리조상들의 옛 터전을 다 차지하고 있으면서도 영토에 대한 야욕이 끝이 없는 중국의 한족들에게 동북공정의 빌미를 제공해준 결과가 되고만 것이다.

▎연나라 때 진개가 고조선 땅을 빼앗아 설치한 5군과 고조선의 서쪽강역

전국시대 연나라의 강역이 하북성 서남쪽에 내몽고와 산서성에 걸쳐 있었고 그 동쪽에 조선이 있었다면 오늘날 중국의 북경시 북쪽과 동쪽, 남쪽은 모두 고조선의 영토였다는 이야기가 된다. 그것을 증명할 구체적인 근거가 있는가.

『사기』「흉노열전」에는 연나라의 현명한 장수 진개가 동호를 공격하여 천여리 땅을 빼앗아 조양에서 양평까지 장성을 쌓고 거기에 상곡군, 어양군, 우북평군, 요서군, 요동군 5군을 설치했다는 기록이 나온다.

『삼국지』「동이전」주석에 인용된 『위략』에는 연나라 장수 진개가 고조선의 서쪽지방을 공격하여 땅 2천리를 빼앗았다는 기록이 있다.

『사기』「조선열전」에는 연나라가 전성기에 조선을 침략하여 거기에 장새障塞를 쌓았다고 기록하고 있다. 연나라는 소왕때 전성기를 구가했다. 진개는 바로 이 소왕시대에 생존했던 인물이다.

『사기』「흉노열전」에는 연나라 장수 진개가 동호의 땅 1천리를 빼앗았다고 말하고 있고 『삼국지』「동이전」의 『위략』에서는 연나라 장수 진개가 조선땅 2천리를 빼앗았다고 말하여 내용상에 약간의 차이가 보인다. 그러나 연나라 당시 북쪽에는 임호, 누번이 있었고 이들을 북호라 불렀다. 그리고 동쪽에는 조선이 있었다. 그렇다면 『사기』「흉노열전」에 말한 동호는 바로 『위략』에 말한 고조선을 지칭한 것임을 알 수 있다.

『사기』「흉노열전」에서는 진개가 동호의 땅 1천여 리를 빼앗았다고 했는데 『위략』에는 2천리라고 표기되어 있어 진개가 빼앗은 땅의 숫자상에서 차이가 난다. 이 점은 어떻게 설명할 것인가.

고대사회에서는 문헌의 기록이 현대사회와 같은 인쇄방식이 아니고 필사에 의해서 이루어졌다. 이는 필사하는 과정에서 뒤에 한일자 하나를 더 추가하여 1천리가 2천리로 잘못 기재된 것으로 볼 수 있다. 소진의 말에 의하면 당시 연나라 전체의 강역이 2천리정도 밖에 안 되었는데 고조선을 공격하여 2천리를 빼앗았다고 하는 것은 중국식의 과장된 표현이며 현실에 맞지 않다.

그런데 우리가 여기서 주목하는 것은 이때 연나라의 진개가 고조선 땅을 빼앗아 설치한 5군이 모두 현재의 하북성 북쪽과 동쪽에 위치하고 있었다는 사실이다. 가령 상곡군은 연나라 소왕 29년(서기전 283)에 최초로 설치되었는데 군청 소재지가 하북성 장가구시張家口市 회래현懷來縣 부근에 있었다. 큰 산골짜기 위에 군청의 청사가 설치되었기 때문에 그래서 명칭을 상곡군이라고 하였다.

어양군은 군청 소재지가 지금의 북경시 동북쪽의 밀운현 일대에 있었다. 어수漁水 즉 현재 백하白河의 북쪽에 있었기 때문에 어양현이라고 하였다. 우북평군은 군청 소재지가 지금의 내몽고 영성현 서남쪽에 있었고 요서군은 하북성 진황도시, 당산시 일대에, 요동군은 하북성 승덕시 일대에 있었다.

진개가 고조선 땅을 빼앗아 설치한 5군이 모두 오늘날의 하북성 북경시 서쪽, 북쪽, 동쪽 지역이었다. 이것은 진개가 고조선 땅을 빼앗기 이전에는 오늘날의 하북성 서북쪽의 장가구시로부터 북경시, 승덕시, 진황도시, 당산시 등 하북성 동남쪽에 이르기까지 발해만 유역일대가 모두 고조선 땅이었다는 유력한 증거가 되는 것이다. 그리고 이는 하북성 서남쪽에 있던 연나라의 동쪽에 조선이 있었다는 『사기』 「소진열전」의 기록과도 정확히 부합되는 것이다.

고조선의 서쪽 강역은 이처럼 전국시대 연나라의 정확한 위치와 진개가 빼앗은 고조선의 땅이 어디였는지 밝혀지면 명백하게 드러나는 것이다. 그런데 우리가 그동안 압록강 남쪽에 고조선이 있었다고 본 것은 이런 고대 역사지리에 대한 개념이 결여되었기 때문이다.

상곡군, 어양군, 우북평군, 요서군이 모두 하북성을 중심으로 그 북쪽과 동쪽에 있었는데 요동군만 홀로 수 천리를 뚝 떨어져 압록강 변에 위치하고 그 요동군 동쪽 대동강유역에 다시 고조선이 존재할 수는 없는 일인 것이다. 고조선의 서쪽 강역은 전국시대 이전에는 산동성 동부 일부와 하북성 서북부, 중남부를 포괄하였다. 연나라의 전성기에 하북성 서북부와 동북부 일부를 상실하였으나 진·한시대에 중원이 혼란한 틈을 타서 다시 회복하였다. 위만조선이 멸망하고 한 무제가 논공행상을 할 때 유공자들에게 나누어준 봉지를 보면 압록강유역의 지명이 아니라 산동성 동부에 있는 지명들이 나타난다. 이는 한나라 때 오늘날 산동성의 동부가 고조선 영토에 포함되어 있었다는 사실을 반증하는 유력한 증거라고 하겠다.

고조선의 동쪽 경계

앞에서 우리는 고조선의 강역은 시기에 따라 약간의 변동이 있었지만 강성할 때 고조선의 서쪽 경계는 하북성 서북쪽 장가구시와 북경 남쪽 보정시 일대를 포괄하였다는 사실을 알 수 있었다. 그렇다면 고조선의 동쪽 경계는 어디까지였을까.

그동안 고조선의 동쪽 국경을 예성강이나 청천강으로 보는 관점이 많았다. 특히 예성강으로 보는 것이 학계의 통설이 되어 왔다. 그것은 한반도 남쪽에 한韓이 있었던 것으로 옛 문헌에 기록되어 있는데 이 한을 고조선과는 다른 별개의 나라로 인식했던 데에 기인한다. 그러나 『제왕운기』에는 만주와 한반도 지역에 분포되어 있었던 한(삼한), 비류, 부여, 신라, 고구려, 남옥저, 북옥저, 예, 맥 등 여러 나라의 통치자들이 모두 단군의 후손이었다고 기록하고 있다. 즉 한반도에 있던 한이 고조선과 별개의 국가가 아니라 고조선의 영토에 포함된 지방 정부였던 것이다.

『조선왕조실록』에는 『단군고기』를 인용하여 "조선, 시라, 고례, 남옥저, 북옥저, 동부여, 북부여, 예, 맥이 모두 단군이 다스리던 나라이다"라고 말하였다. 이는 한반도 남쪽에 있던 신라가 고조선의 지방정부로서 존재한 사실을 알려준다.

『삼국사기』 「신라본기」에는 신라를 건국한 세력은 고조선의 유민들이었다고 기록되어 있다. 이는 신라를 고조선의 제후국의 하나로 인정한 『조선왕조실록』의 기록과 일맥상통한다.

『고려사』 「지리지」에는 강화도 마리산에 있는 참성단이 단군이 하늘에 천제를 지내던 제천단이라 기록하고 있다. 마리산이 고조선의 영토밖에 있었다면 어떻게 단군의 제천단이 거기에 존재할 수가 있었겠는가. 이는 한반도의 서남쪽이 고조선 영토에 포함되어 있었던 사실을 증명하는 또 하나의 근거가 되는 것이다.

그러나 고조선의 강역이 서쪽은 하북성 장가구시로부터 동쪽은 한반도 남부를 모두 포괄하였다는 것은 비단 문헌을 통해서 입증이 가능할 뿐만 아니라 고고학을 통해서도 증명이 되고 있다.

[그림-5] 단군제천단

청동기 시대에 청동기는 지배층의 독점물이었다. 따라서 동일한 성격의 청동기가 출토된 지역은 동일한 정치권력이 지배한 지역으로 파악한다. 고조선은 청동기 시대였고 비파형동검은 고조선의 대표적인 청동유물이므로 비파형동검이 출토된 지역은 고조선의 세력권으로 보는데 있어 별 이의가 없다.

근래 비파형동검의 출토상황을 살펴보면 산동성 동부, 하북성 서북부, 서남부, 만주와 한반도 일대를 망라하고 있다. 서쪽으로는 중국의 하북성 보정시 망도에서부터 동쪽으로는 한국의 전라남도 보성군과 경상남도 진주 등지에 이르기까지 실로 한반도, 요동반도, 산동반도를 아우르는 광범위한 지역에서 비파형동검이 출토되고 있다. 이러한 비파형동검의 출토지는 문헌에 기록된 고조선의 강역과 일치하며 고고학적으로 고조선영토의 범위를 뒷받침하는 유력한 증거라고 하겠다.

1.6 고조선 왕국의 국조 단군

▌단군왕검은 실존인물

단군에 관한 기록은 우리나라의 『삼국유사』에 최초로 나온다. 일연은 중국의 『위서』를 인용하여 단군왕검이 지금으로부터 4000여 년 전에 고조선을 건국한 사실을 설명하였다. 그러면 중국의 다른 책에는 단군의 실존을 확인할만한 기록이 없는가. 『춘추좌전』에는 단백달檀伯達에 관한 기록이 나온다. 단백달은 서백西伯 희발姬發이 은나라를 멸망시키고 서주를 세워 동이계통의 훌륭한 인물들을 영입할 때 서주에 귀순한 인물이다. 단백달은 중국의 역사기록에 최초로 등장하는 단씨로서 오늘날 중국의 단씨들은 단백달을 중국 단씨의 시조로 받든다.

산동성과 하북성은 본래 동이족이 살던 지역이다. 그런데 서주시대에 무왕과 주공이 이 지역을 정벌했다. 그래서 산동성 동쪽에 강태공을 봉하여 제나라를 세웠고 서남쪽에 주공을 봉하여 노나라를 세웠으며 하북성 서남쪽에 소공을 봉하여 연나라를 세웠다.

[그림-6] 채용신이 그린 단군상
(자료: 위키백과)

이때 미자微子처럼 서주에 협조하여 자기의 혈통을 지킨 인물도 있었고 기자箕子처럼 주나라를 떠나 망명한 인물도 있었으며 백이, 숙제처럼 주나라 밑에서 녹봉을 받으며 신하노릇 하기를 거부한 나머지 산간에 숨어 가난하게 살다가 생을 마감한 인물도 있었다. 단백달은 바로 이 시기에 동이계통의 인물로서 주나라에 귀순하여 미자와 같은 길을 걸었던 인물이다. 그런데 단백달은 그 성명으로 볼 때 바로 단군의 후손이 아니었을까 하는 생각이 든다. 단백달의 단은 단군과 관련이 있고 백달은 바로 우리말 박달의 한자 표기로 여겨지기 때문이다. 그리고 『통지通志』 「씨족략」 3에는 "제나라의 공족이 하구의 단성檀城을 식읍으로 하였다(齊公族有食瑕丘檀城)"라는 기록이 있다. 이는 춘추시대이전부터 산동성 동쪽에 단성이라는 지역이 있었다는 사실을 알려준다.

『자양현지滋陽縣志』에는 "단성이 성의 동북쪽 20리에 있다(檀城 在城東北二十里)", "하구에 단성이 있다. 주나라 때는 제후국이었으며 또는 단향이라고도 한다(瑕丘有檀城 周時侯國 亦曰檀鄉)"라는 기록이 보이고, 『노사路史』에는 "연주에 단향이 있다(兗有檀鄉)"라는 기록이 나온다. 『자양현지』는 뒤에 단성, 단향으로 불렸던 지역은 주나라 때는 제후국으로서 단국이었다는 사실을 말하고 있다.

주나라 때 단국이 있었다는 자양현은 오늘날의 어느 지역인가. 산동성 곡부와 가까운 지역에 자양현이 있었다. 1948년 12월 자양현과 연주시兗州市를 합병하여 자양현으로 만들었고, 1962년 1월, 자양현을 연주현으로 이름을 바꾸었으며 1984년 4월 행정구역의 개편과 함께 연주현이 제녕시濟寧市 관할로 되었다. 그 뒤 다시 행정구역이 개편되어 단국의 유적지는 현재 산동성 제녕시 연주구 대안진大安鎭에서 20리가량 떨어진 포촌鋪村에 위치하고 있다. 주나라 때는 단국, 춘추시대에는 단성, 서한시대에는 단향이라 불렸던 이 지역은 중국 단씨의 고향이다. 중국 역사 상 단씨의 유명한 인물들은 대체로 이 지역과 관련이 있다.

『춘추좌전』에 나오는 서주시대의 단백달은 바로 이 지역 단국출신이었을 것으로 여겨진다. 춘추시대 제나라 사람으로 『예기』「단궁편」의 저자인 단궁檀弓, 전국시대에 제나라 위왕威王이 양혜왕에게 제나라의 국보라고 자랑했던 제나라의 명신 단자檀子, 동한시대의 저명한 학자 하구瑕丘사람 단부檀敷 등이 모두 이 지역 출신들이다. 그리고 남송시대 명장이자 『삼십육계』의 원저자로도 널리 알려진 단도제檀道濟가 또한 산동성 출신이다.

중국역사상에 최초로 등장하는 단씨는 단백달이다. 그래서 현재 중국의 단씨들은 단백달을 시조로 받든다. 그러나 단백달은 지금으로부터 3000년 전 주나라 때 단국의 인물이고 그 이전에 단국을 최초로 건국한 단국의 국조는 단군이다. 그래서 중국의 단씨들도 우리나라의 단군에 관한 기록을 『삼국유사』를 통해 접하고 요사이는 단군을 저들의 시조로 모신다고 한다. 그리고 우리의 단군과 관련해서 특히 주목할 것은 고대 선비족 중의 단씨가 아닐까 하는 것이다. 동한 말엽에 선비족을 통일하고 흉노의 고토를 완전히 회복하여 동서로 1만 4천여 리에 달하는 강대한 강역을 소유했던 선비족의 위대한 영웅 단석괴檀石槐(137년~181년)가 바로 그런 인물이다.

선비족은 삼국시대에 하북성 요서지역에서 출발하여 나중에 중원에 들어가 북위를 세웠다. 요서는 고조선이 건국했던 지역이고 뒤에 요서에서 전연국을 건국한 모용황은 조선공에 봉해진 적도 있다. 선비족은 민족의 명칭에는 고조선의 선자가 들어 있고 또 그들의 성씨 중에는 단군과 동일한 단씨가 있었다는 것은 선비족은 우리와 뿌리가 같은, 고조선의 국조 단군의 자손일 가능성을 말해주는 유력한 증거가 아니겠는가.

서주이후 중국의 산동성과 하북성에 살고 있는 단씨는 모두 『춘추좌전』에 나오는 단백달 즉 단국 백달의 후손이고 단국의 단백달은 『삼국유사』에 나오는 고조선을 건국한 단군왕검의 후예일 가능성이 높은 것이다. 이렇게 본다면 오늘날 한반도에 살고 있는 우리 밝달민족과 중국의 산동반도, 요동반도에 살고 있는 단백달의 후손들은 모두 단군왕검이라는 한 뿌리에서 뻗어나간 다른 가지이다. 따라서 『춘추좌전』에 나오는 단백달은 『삼국유사』에 나오는 밝달임금 단군이 신화적인 인물이 아니라 역사상에 실존했던 인물임을 증명하는 중요한 하나의 근거가 될 수 있다고 하겠다.

▌단군은 신의 경지에 이른 성인

실존인물이었던 우리의 국조 단군이 왜 오늘날 신화적인 인물로 잘못 알려져 있는 것일까. 그것은 우리가 그동안 신에 대한 인식을 잘못해온 데서 기인한 것이 아닌가 한다.

『삼국유사』에 단군의 아버지 환웅이 신시를 세웠다고 말하고 환웅을 신, 신웅으로 표기하기도 하였다. 또 단군은 나중에 아사달에 들어가 산신이 되었다는 기록도 보인다.

『삼국유사』에 보이는 신에 관한 기록은 귀신의 신이나 신화의 신과는 전혀 다른 의미이다. 이는 인간세상 밖 저 귀신세계의 신이 아니라 신묘한 경지에 이른 인간세계의 신, 즉 성인을 가리킨 것이다.

맹자는 사람의 경지를 6단계로 나누어 설명했다. 선인善人, 신인信人, 미인美人, 대인大人, 성인聖人, 신인神人이 그것이다. 여기서 맹자가 말하는 신인이란 인간과 별개의 귀신세계의 존재가 아니라 똑같은 이 지구상의 한 인간을 가리킨다.

다만 "인간이 성인의 경지에 이르면 일반사람들이 헤아릴 수 없는 지극히 신묘한 부분이 있다(聖而不可知之謂神)"라고 하였다. 그래서 성인은 다른 한편으로는 신인이라 부르기도 한다고 맹자는 해석했다. 맹자의 신에 대한 해석에 따라 『삼국유사』에 나오는 신을 이해하면 환웅과 단군은 성인이자 신인이었던 셈이다. 그런데 이 신의 경지에 이른 위대한 우리민족의 성인들을 귀신의 신자와 동일한 개념으로 해석하다보니 거기서 단군을 우상으로 취급하고 고조선을 신화로 간주하는 불미한 사태가 발생한 것이다. 그리고 여기에는 우리민족의 얼을 말살하려는 일제강점기의 식민사관이 중요한 몫을 하였다.

▌단군 왕검은 우리민족의 첫 통일국가 고조선의 국조

한국인 가운데는 일제 식민사관의 영향을 받아 단군을 신화적인 인물로 생각하여 그 실체를 부정하는 시각이 있고 또 다른 한편으로는 단군의 실존을 인정하면서 단군을 우리민족의 시조로 인식하는 관점이 존재한다. 그러나 이러한 두 가지 견해는 다 잘못된 것이다.

고조선은 우리민족이 세운 첫 통일국가이고 단군은 첫 통일국가인 고조선을 건국한 국조이며 우리민족의 시조는 아니다. 단군이 고조선을 건국하기 이전에 환인, 환웅이 세운 환국과 신시, 단국이 있었다. 단군은 이들 나라를 기반으로 하여 아홉 개 민족으로 나누어졌던 9이, 즉 9개 민족을 통일하고 고조선을 세웠다.

한 민족이 형성되어 나라가 건국되려면 하루아침에 가능한 일이 아니다. 더구나 갈라진 여러 민족을 통합하여 통일국가를 건설하기까지는 많은 세월을 필요로 한다. 그런데 통일국가 고조선을 건국한 단군이 어떻게 우리민족의 시조가 될 수 있겠는가. 환인을 우리민족의 시조, 신시를 개국한 환웅을 우리민족의 국조, 고조선을 건국한 단군을 우리민족 통일국가의 국조로 이해하는 것이 가장 합리적인 견해라 할 것이다.

▌단군은 고조선 통치자의 칭호

단군은 고조선의 어느 한 통치자를 지칭하는 고유명사가 아니라 고조선왕조의 전체 통치자들을 호칭하는 보통명사이다. 즉 단군은 고조선왕조의 왕들에 대한 칭호로서 오늘날의 대통령에 해당하는 명칭이라고 할 수 있다. 고조선은 지금으로부터 4300여 년 전 건국되어 그 후 하, 상, 주, 춘추, 전국, 진제국, 한나라시대를 거쳐 2300여 년 동안 유지되다가 멸망한 나라이다. 그렇다면 이렇게 오랜 동안 유지되었던 왕조를 단군왕검 한 분이 다스렸을 리는 만무하다. 중간에 수많은 다른 왕들이 1대 단군왕검의 뒤를 이어서 고조선을 통치했다고 보는 것이 옳은 것이다.

진시황제가 진나라의 1세 황제가 되고 그 뒤에는 따로 황제의 호칭을 정하지 않고 2세 황제라 했던 것처럼 고조선에서도 1대 단군왕검을 필두로 하여 그 뒤 2대 단군, 3대 단군 등으로 호칭되었던 것이다.

그런데 『삼국유사』에는 고조선 조항에 1대 단군왕검의 이름만 나와 있고 역대 단군에 대한 기록은 없다. 다만 『환단고기』, 『규원사화』, 『단기고사』 등 우리민족의 『고기』에는 47명의 단군에 관한 구체적인 기록들이 남아 있다.

현재 식민사학을 계승한 강단사학계에서는 이들 기록의 사료적 가치를 인정하지 않고 있다. 그러나 일본은 객관적으로 볼 때 사료적 가치를 전혀 인정할 수 없는 『일본서기』를 저들의 정사로 인정하는데 주저하지 않는다. 이런 마당에 우리민족이 남긴 『고기』들을 부정하는 태도로만 일관하는 것은 바람직하지 않다. 앞으로는 우리민족의 고유한 이런 고기록들에 대하여 학계 차원의 진지한 연구와 검토가 필요하다고 본다.

천문학으로 증명된 단군조선

최근 서울대 천문학과 박창범 교수가 펴낸 『하늘에 새긴 우리역사』는 단군조선의 실체와 관련하여 주목할 가치가 있다. 박교수는 『단기고사』와 『단군세기』에 나오는 "열 세 번 째 단군인 흘단 50년(B.C. 1737년)에 다섯 행성이 누 별자리에 모였다(五星聚婁)"라는 기록을 분석하여 그것이 불과 1년차로 실제 일어난 현상임을 밝혀냈다. 이에 관한 내용은 「천문과 우리역사」〈천문기록으로 찾아간 단군조선〉 조항에 상세히 실려 있다.

"오성취루(五星聚婁)"는 조작의 가능성이 거의 없는 사실에 가까운 기록이라는 점에 대해 박창범 교수는 다음과 같이 설명했다.

> "지난 4000년간 다섯 행성들의 위치를 계산해보면 이들이 10° 이내로 모이는 일은 평균 250년에 한 번 꼴로 일어나는 매우 희귀한 현상이다.
> 만약 이 기록이 조작을 위해 임의로 책에 삽입되었다면 실제 현상이 있었던 시점과 단 1년 차이로 우연히 가까울 확률은 0.007이 된다. 조작의 가능성이 거의 없다는 뜻이다"

그러면 조사결과가 본래의 기록과 1년의 차이가 발생하는 까닭은 무엇일까. 박교수는 중요한 이유 중의 하나로 단군조선의 개국 연대가 사서마다 약간씩 달라 불확실한 점을 들었다. 박교수는 오행성 결집에 이어 다시 『단기고사』와 『단군세기』 두 사서에 나오는 썰물에 대한 기록을 분석하여 그 기록이 임의로 조작된 것이 아니라 실제 있었던 현상과 맞아떨어진다는 사실도 발견했다.

박교수는 오성취루와 썰물의 분석결과를 바탕으로 다음과 같이 결론지었다.

> "이러한 점들로 미루어 볼 때, 단군조선시대의 일을 기록한 위 사서들에는 일부내용이라도 사실이 들어 있다고 생각할 수 있겠다.
> 그러므로 학자들은 이 책을 마냥 무시할 것이 아니라 옥석을 가리는 마음으로 책의 내용을 진지하게 재고해봐야 하지 않을까 생각한다"

이제 일제가 말살하려고 그토록 애썼던 우리민족의 얼이자 뿌리인 단군과 고조선은 몇몇 민족과 역사를 사랑하는 학자들의 피땀 어린 노력에 의해 땅의 고고학, 사람의 문헌학, 하늘의 천문학이 모두 그 실체를 증명하는 단계에 이르렀다고 봐야할 것이다.

제2장 기자조선과 위만조선

2.1 기자조선

서주의 무왕이 은나라를 멸망시키자 은나라의 왕자였던 기자는 조선으로 떠나갔으며 무왕이 그 소식을 듣고 조선에 봉했다는 기록은 서한시대에 편찬된 사마천 『사기』와 『상서대전』에 나온다.

[그림-7] 기자에 관한 기록과 초상

『상서대전』은 『상서』 즉 오늘날 사서삼경의 하나로 유명한 『서경』에 대한 주석서로서 그 원본은 전해지지 않고 후인의 집본輯本이 전해지는데 『진서晉書』「오행지五行志」에는 "한 문제 때 복생伏生이 『상서대전』을 지었다"라고 말했다. 복생은 일생을 『서경』 연구에 바친 서경학의 대가로 산동성 제남濟南 사람 복승伏勝을 가리킨다. 진시황이 시서를 불태워 없앤 후 『서경』을 외워서 다시 후세에 전한 인물이다. 사마천 『사기』는 한 무제 때 저작되었으므로 한 문제 때 복생이 지은 『상서대전』에 나오는 "기자가 조선으로 떠나갔다(箕子走之朝鮮)"라는 내용이 기자와 고조선과의 관계를 다룬 최초의 기록이라고 할 수 있다.

우리나라의 기자관련 기록을 살펴보면 『삼국유사』는 고조선 조항에서 "서주 무왕이 즉위한 기묘년에 기자를 조선에 봉하자 단군이 장당경으로 옮겨갔다"라고 적고 있다. 중국의 『상서대전』이나 사마천 『사기』에는 기자가 조선으로 떠나가자 무왕이 조선에 봉했다는 내용만 기록되어 있을 뿐인데 『삼국유사』는 거기 추가하여 서주 무왕이 기자를 조선에 봉한 시기를 기묘년으로 못 박고 있고 기자가 고조선에 와서 거주하게 됨으로 인해서 단군이 장당경으로 옮겨가게 된 사실을 아울러 밝히고 있다.

이러한 내용들은 중국의 기록에는 보이지 않고 오직 『삼국유사』에서 인용한 『고기』에만 보이는 내용이다. 이것은 우리나라에 중국의 『사기』나 『상서대전』과 별개의 기자조선과 관련된 내용을 다룬 고대기록이 고려 때까지 전해지고 있었고 일연은 『삼국유사』를 쓰면서 그것을 참고했다는 것을 의미한다.

이승휴도 『제왕운기』에서 "서주 무왕 원년 기묘년 봄에 기자가 고조선으로 망명해 와서 나라를 세웠다"고 말하면서 단군을 고조선을 개국한 국조, 기자를 단군조선을 계승한 후조선의 국조로 설명하였다. 『제왕운기』는 무왕이 기자를 조선에 봉했다는 이야기는 하지 않았다. 그러나 기자가 조선으로 온 시기를 "무왕 원년 봄이었다"고 『삼국유사』보다 더 구체적으로 말했다. 이는 고려 때의 우리나라 여러 기록은 기자조선의 실체를 대체로 인정했다는 사실을 알려준다.

조선왕조에서는 기자조선에 대해 어떻게 인식하고 있었는가. 『조선왕조실록』의 기자관련 기록을 살펴보면 조선왕조 500년 동안 기자의 동래, 기자조선의 건립, 1000년에 걸쳐 기자조선이 유지된 역사를 인정하고 있다. 그 밖에 조선 초기 정도전이 지은 『조선경국전』을 비롯해서 조선중기 이후 윤두수의 『기자지』, 율곡의 『기자실기』, 한백겸의 『기자유제설』, 허목의 『기자세가』 등 수 많은 저술들에서 기자조선의 실체를 인정하고 있다. 한마디로 19세기 이전까지 우리역사상에서 기자조선은 한 번도 부정된 적이 없었다. 그런데 20세기에 접어들면서 기자조선이 부정 당하는 기이한 현상이 생겨났고 그러한 흐름은 오늘날까지 계속되고 있다.

19세기 이전 수천 년 동안 긍정돼오던 기자조선 1000년의 역사가 어째서 20세기에 이르러 갑자기 부정당하는 일이 발생했으며 그 조류는 왜 오늘날까지 이어지고 있는 것인가.

여기에는 세 가지 요인이 있다고 본다. 첫째 일제가 우리나라를 강점한 1910년 이후 그들의 통치수단을 강화하기 위해서는 무엇보다 우리나라의 역사 상한을 일본의 역사 상한보다 낮춰 잡아 역사문화 후진국으로 전락시키는 일이 필요했다. 그래서 저들이 단군조선 1000년은 신화로 취급하여 잘라내고 기자조선 1000년은 기자가 동쪽으로 온 일이 없다는 빌미를 내세워 기자동래설을 부정했던데 일차적인 요인이 있다.

둘째는 광복 후 우리 역사학계가 단군을 신화화 하고 기자동래설을 부정한 일제 식민사관의 태두리 안에 갇혀 그 잔재를 제대로 청산하지 못하고 계승했던 것과 관련이 있다. 셋째는 기자를 중국의 한족으로 간주하고 중국인이 고조선을 지배했다는 사실에 은연중에 거부감을 갖는 묘한 심리가 작용을 한 것이 한 원인이 되었다.

그러나 냉정한 시각에서 바라보면 기자가 동쪽으로 조선에 와서 단군조선을 무너뜨리고 거기에 기자조선을 세웠다고 본 1910년 이전 중국적 시각에는 분명 문제가 있다. 그리고 당시의 상황으로 볼 때 망명객 신분이었던 기자가 중국 하남성에서 대동강 유역 평양까지 와서 기자조선을 세웠다는 것은 허구라며 기자동래설을 아예 부정해버린 1910년 이후 일본의 주장 또한 합당하지 않다.

오늘날 우리가 어떻게 바라보아야 기자조선의 실체를 올바로 이해할 수 있는가. 은나라가 망하고 서주 정권이 들어서자 은나라 왕족이었던 미자는 서주에 남아서 주나라의 제후로서 존재하며 그들 조상의 종묘사직을 지켰고 기자는 자기조국을 멸망시킨 서주 무왕의 밑에서 신하노릇하기가 싫은 나머지 멀리 서주의 통치권 밖에 있던 조선국으로 떠나갔다.

기자는 무인이 아니라 고려의 국사에 해당하는 태사 벼슬을 역임한 인물로 당시 은나라의 정신적인 지도자였다. 그런 그가 망명객신분으로 조선에 와서 단군조선을 무너뜨리고 기자조선을 세웠다는 것은 사리에 맞지 않다. 그리고 기자가 무왕의 밑에서 벼슬하려고 했다면 왜 굳이 서주를 떠나 독립국가인 고조선으로 망명하는 피나는 고생길을 스스로 선택했겠는가. 따라서 기자가 무왕의 분봉을 받아 서주의 제후가 되었다는 것도 상황논리에 어긋난다. 그러면 기자가 고조선으로 떠나오자 무왕이 조선에 봉하였다는 중국 측의 기록은 어디에서 연유한 것일까. 은나라는 고조선과 같은 민족인 동북방의 밝달민족이 중원으로 진출하여 세운 왕조이다. 그러니까 은나라와 고조선은 오늘날 한민족이 같은 한 핏줄이면서 남·북한으로 나뉘어 각각 국가를 건국하고 있는 것처럼 같은 민족이 세운 다른 국가였다. 그러다가 은나라가 서쪽지방의 맹주국가인 서주 무왕의 침략에 의해 멸망하자 기자는 동쪽에 있는 나라 고조선 땅으로 망명해 왔는데, 기자가 고조선을 망명지로 선택한 이유는 서주의 간섭을 받지 않는 강대한

독립국가이자 자신의 동족이 사는 나라였기 때문이다.

　기자는 당시 비록 망명객 신분이긴 하였지만 천하경영의 풍부한 경험과 국제적 위상을 지닌 뛰어난 인물이었다. 공자가 기자를 은나라의 삼인三仁, 즉 세 사람의 인자 중의 한분으로 꼽은 것을 본다면 그가 당시에 얼마나 추앙받은 인물이었는지 충분히 짐작이 가고도 남는다. 이런 현자인 기자가 조선으로 오자 조선은 그를 망명객으로 취급하지 않고 극진하게 예우했다. 『삼국유사』 「고조선」 조항에서 인용한 『고기』에 보이는 "단군이 기자에게 조선의 왕이 거처하는 왕성을 내어주고 단군은 장당경으로 옮겼다"라는 기사는 단군조선이 기자를 얼마나 극진하게 예우했는지를 설명한 대목이라고 하겠다.

　다만 이 대목에서 많은 사람들은 오류를 범했다. 기자가 이때 단군조선을 무너뜨리고 기자조선왕국을 새로 건국한 것으로 본 것이다. 그러나 그것은 큰 착각이다. 단군조선이 기자에 의해서 멸망하고 새로운 기자조선이 건립되었다면 단군이 도읍을 옮긴다는 것은 있을 수 없는 일이다. 단군이 장당경으로 도읍을 옮겼다는 것은 기자가 고조선으로 망명해 온 이후에도 고조선은 멸망하지 않고 계속해서 존재했다는 것을 의미한다. 그러면 왜 단군조선은 기자에게 도읍을 양보하는 특혜까지 베풀어야 했을까.

　『삼국유사』의 기록에 의하면 고조선의 수도 서울은 아사달, 평양, 백악산 아사달, 장당경, 등 여러 군데가 나타난다. 고조선은 여러 개의 수도 내지는 부수도를 보유하고 있었으므로 기자를 특별히 예우하는 차원에서 그 중의 어느 하나를 그에게 양보하는 일은 그리 어려운 일은 아니었을 것이다. 더구나 고조선은 홍익인간을 건국이념으로 하고 있었으므로 망명객 신분인 기자의 처지를 안타깝게 생각하여 그를 특별히 배려하는 차원에서 도읍지의 양보라는 파격적인 특혜를 그에게 안겼을 수 있다.

　따라서 이 경우 도읍지의 양보가 곧 단군조선의 멸망을 의미하지는 않는다. 그것이 단군조선의 멸망과는 무관하다는 것은 단군이 장당경으로 옮겼다가 뒤에 다시 아사달로 옮겨와 1908년 동안 정권을 유지했다는 『삼국유사』 「고기」의 기록에서도 확인이 가능하다. 그리고 기자가 단군조선을 대체해 새로운 왕조를 세웠다면 『조선왕조실록』 「단군고기」에 단군조선의 제후국으로 등장한 시라, 고례, 남옥저, 북옥저,

동부여, 북부여, 예, 맥 이런 나라들을 차례로 멸망시켰어야 한다. 그러나 기자조선이 이런 나라들과 싸워 이겼다는 기록은 어디에서도 찾아볼 수 없다.

그러면 우리는 이때 중국의 문헌상에 등장하는 기자조선을 어떤 의미로 이해해야 할 것인가. 단군조선을 대체하고 새로운 기자조선 왕조가 들어선 것이 아니라 단군조선은 중앙정부로서 건재하고 그 서부조선에 단군조선의 지방정부인 기자국이 탄생한 것으로 보면 될 것이다. 그러면 고조선왕조의 서부 지방국가인 기자조선을 중국의 문헌에서는 마치 단군조선왕조를 대체한 새로운 왕조인 것처럼 기록하고 또 이 정부를 중국에서 분봉한 제후국으로 기록한 이유는 무엇일까.

그 이유는 두 가지다. 첫째는 고조선왕조의 서부지역에 위치한 기자조선이 지리상으로 중국과 가까운 접경지대에 위치하여 경제적, 문화적 교류가 빈번히 이루어졌을 것이다. 둘째는 기자는 본래 은나라의 왕족출신이므로 중원지역과 혈연, 학연 상에서 다양한 인맥이 형성되어 있었을 것이다. 따라서 이들의 잦은 왕래가 상호 활발하게 전개되었을 것은 불문가지이다. 이런 두 가지 연유에 의해서 중국의 기록에는 당시 단군조선이 아닌 기자조선이 마치 고조선 왕국을 대표한 왕조인 것처럼 서술되었던 것이라고 하겠다.

고조선왕조시대에 기자조선이 고조선의 서부에 지방정부로 존재했다면 그 영역은 대체로 오늘날의 어디에 해당하는 지역이었을까. 전국시대 연나라 소왕 때 진개가 고조선 땅 1000리를 빼앗아 여기에 상곡군, 어양군, 우북평군, 요서군, 요동군 5개 군을 설치했다는 기록이 『위략』에 나온다.

진개가 5군을 설치한 지역은 오늘날 북경시 서쪽의 탁록, 북경시 북쪽의 밀운현, 하북성 동쪽의 승덕 등 일대가 여기에 해당하는 지역이다. 기자가 조선에 왔던 시대는 진개가 고조선의 서쪽 땅 1000리를 빼앗기 훨씬 이전으로서 이 때는 북경의 서북쪽과 동쪽, 동남쪽 일대가 모두 고조선의 영토에 포함되어 있었다. 따라서 고조선의 서부 지방국가 기자조선이 있었던 지역은 진개가 빼앗아 5군을 설치했던 지역이 아니었을까 여겨진다.

그러면 기자조선이 고조선의 서부에 지방국가로 존재할 당시 고조선 왕국의 동부조선 국가들은 어디에 있었는가. 이들은 발해를 끼고 하북성 동남쪽과 만주, 한반도 일대에 걸쳐 있었다. 『조선왕조실록』에 단군의 제후국으로 등장하는 시라, 고례, 남옥저, 북옥저, 동부여, 북부여, 예, 맥 등이 바로 이들 동부조선 국가들인 것이다.

2.2 위만조선

위만은 서한 초기 지금의 중국 하북성 서남쪽에 있던 연나라 사람이다. 여태후가 집권한 이후 유방의 여러 공신들이 누명을 쓰고 억울하게 죽어가자 유방의 고향친구로서 서한 건국에 크게 이바지했던 노관은 그 여파가 장차 자신에게도 미칠 것을 우려한 나머지 북쪽의 흉노로 달아났다. 이와 때를 같이하여 위만은 동쪽의 기자조선지역으로 망명했는데 이때가 기자의 40대 후손인 기준이 재위하던 시기이다.

위만은 처음에는 기준에게 찾아가서 항복하고 기자조선의 서쪽 경계에서 살 수 있도록 해달라고 요청하였다. 그렇게만 해주면 중국에서 망명해 오는 사람들을 모아 조선의 울타리가 되게 하겠노라고 기준을 설득하였다. 기준은 위만의 말을 그대로 믿고 그를 총애하여 100리 땅을 떼어 주면서 서쪽 변경을 수비하도록 하였다. 그 뒤 위만은 망명해오는 무리들을 유치하여 숫자가 점차 많아지자 기준에게 사람을 보내 "한나라 군데가 열 군데로 길을 나누어 쳐들어오고 있으니 들어가 궁궐을 수비하겠다"라고 거짓으로 말하고는 마침내 기준을 역습하여 정권을 빼앗았다.

위만이 기자조선의 기준으로부터 정권을 빼앗아 위만조선을 세운 이러한 과정은 『후한서』「동이열전」〈예전〉, 『삼국지』「동이전」〈예전〉, 『삼국지』「동이전」〈한전〉의 주석으로 실린 『위략』 등의 기록에 상세히 언급되어 있다. 위만이 빼앗은 기자조선은 고조선왕조가 아니라 고조선왕조의 서부에 위치한 지방정부, 즉 고조선의 제후국이었다. 고조선의 서쪽 변경에 있던 기자조선은 위만의 역습에 의해 정권이 교체되어 위만 정부가 새로 들어섰으나 고조선의 중앙정부와 또 그 동부지역에 위치하고 있던 고조선의 지방 국가들 예컨대 부여, 옥저, 예, 맥 등의 기존세력은 여전히 그대로 존재하고 있었다. 그러므로 위만조선은 고조선의 서부변경국가 기자조선을 대체한 것이지 고조선왕조를 대체한 것이 아니다.

그런데 우리는 그동안 기자조선은 단군조선을 대체하고 위만조선은 기자조선을 대체하여 고조선왕조의 수직적인 정권교체가 이루어졌던 것처럼 잘못 이해해왔다. 그것은 중국 측의 기록이 대체로 단군조선, 부여조선, 고구려, 백제로 이어진 동부 고조선의 역사보다는 기자조선, 위만조선, 한사군으로 이어진 서부 고조선의 역사에 초점이 맞추어져 온 것과 무관하지 않다고 하겠다.

『진서』나 『태평환우기』 등의 기록에 의하면 기자조선국은 지금의 하북성 진황도시 노룡현에 도읍이 있었다. 이 지역은 중원의 동쪽 고조선의 서쪽으로 중원과 고조선이 마주치는 접경지대이다. 위만이 역습을 통해 빼앗은 정권은 바로 이 고조선의 서부변경국가 기자조선을 탈취해 위만조선으로 대체한 것이다. 그러므로 성격상에서 보면 기자조선과 위만조선은 고조선왕조의 중앙정부가 아니라 서부 지방정권이었다는 점에서는 동일하다. 다만 위만조선과 기자조선은 몇 가지 점에서 크게 차이가 난다.

첫째 기자조선은 고조선 왕국 중앙정부의 추대에 의해서 세워진 지방정부이다. 그러나 위만조선은 정권수립 초기 정당한 절차를 거치지 않고 무력으로 빼앗아서 출발했다. 그러므로 위만조선은 고조선왕조의 서부지방정권으로 고조선의 지배를 받으면서도 한편으로 중국의 한나라 왕조와 상당히 긴밀한 유대관계를 유지했을 것이라는 것은 미루어 짐작이 가는 일이다.

외신外臣이란 고대사회에서 한 나라의 고위 관료가 다른 나라의 군주에 대하여 자신을 지칭할 때 쓰는 호칭이다. 어떤 인물이 본국이 아닌 외국에서 그 나라의 정식 신하는 아니지만 신하에 준하는 예우를 받을 때 그를 지칭하는 객원 신하와 같은 의미일 것이다. 위만은 고조선의 지배를 받는 위치에 있었으므로 중국 한나라의 공식적인 신하는 될 수 없었다. 그러나 『사기』 「조선열전」에 보이는, 위만이 한나라의 외신으로 활약한 사실은 위만과 한나라 간의 긴밀한 유대관계를 잘 설명한다.

둘째 한 무제의 군대가 위만조선을 공격하기 위해 출동한 기록을 살펴보면 수군은 지금의 "산동성 동쪽에서 발해를 따라 올라오고(從齊浮渤海)" 육군은 현재의 요동이 아닌 고대의 요동, 즉 하북성 동쪽으로 출격했다"라고 기록되어 있다. 한나라 군대의 공격루트에 따르면 한 무제가 공격할 때의 위만조선의 중심지역 즉 수도 왕검성은 기자가 봉함을 받았다는 송나라 때의 하북도 평주 노룡현, 명, 청시대의 영평부, 지금의 하북성 진황도시 일대에 있었던 것은 확실하다.

다만 위만조선은 중심지역의 면에서 보면 기자조선과 동일했지만 전체 강역 면에서는 기자조선보다 많이 확대되어 상당한 차이가 있었다. 위만조선의 강역이 기자조선보다 많이 확대되었다는 것은 중국의 당시 여러 기록들이 이러한 사실을 증명한다. 예컨대 『사기』 「조선열전」에는 위만이 중국 한나라의 군사적 재정적 후광을 배경으로 이웃의 여러 고을들을 침략하여 지반을 넓히고 항복시켰으며 진번과 임둔도 와서 복속하여 강역이 사방수천리가 되었다고 기록되어 있다.

『사기색은』에 따르면 진번과 임둔은 동이의 소국들이라고 설명하고 있다. 즉 고조선의 지방정부 국가들이었던 것이다. 그러니까 위만조선의 강역은 처음에 기준으로부터 기자조선의 서쪽 땅 100리를 하사받은 다음 동쪽으로 고조선의 여러 제후국의 영역을 상당부분 침식했던 것을 알 수 있다. 그리고 한나라가 위만조선 멸망 후 논공행상을 하면서 유공자들에게 봉지로 하사한 지역을 보면 하북성이나 요녕성에 없는 산동성 동쪽에 있는 지역들이 등장한다. 이것은 위만조선의 강역이 산동성 동쪽, 하북성 동북쪽에 걸쳐 있었던 사실을 짐작할 수 있다.

셋째 동이족이 중원에 진출하여 세운 은나라는 은허에서 발굴된 갑골문이 증명하는 바와 같이 문화적으로 선진국의 위치에 있었다. 기자는 은나라의 왕자이자 국사의 자리에 있던 은문화의 상징적인 인물이었다. 그러므로 기자의 조선으로의 망명은 중국의 선진적인 은나라문화가 조선으로 유입되는 계기가 되었다. 그러나 위만의 경우는 달랐다. 당시 위만이 조선으로 오기 전에 거주했던 연나라는 문화적으로 조선보다 후진적인 입장에 있었다. 위만 당시의 연나라가 고조선보다 문화적으로 후진적인 국가였다는 것은 『후한서』 「동이열전」에 나오는 다음의 기록이 잘 반영하고 있다.

> "고조선은 도둑이 없어 밤에도 대문을 닫지 않고 사는 그런 나라였다. 그래서 공자가 그곳에 가서 살고 싶어 하였다. 그 뒤 중국과 교류하면서 장사꾼들이 내왕하고 연나라 사람 위만에 의해 기풍이 트러지면서 풍속이 타락되었다"

위만에 의한 한나라의 후진적 퇴패문화의 유입은 고조선의 성숙한 고유문화를 후퇴시키는 계기가 되었던 것이다. 따라서 위만조선에 의해 중국의 선진문화를 받아들임으로써 고조선이 한 단계 발전하는 계기가 되었다는 종래의 관점은 고조선에 대한 이해가 부족했던 데서 초래된 잘못된 견해인 것이다.

제3장 한사군과 낙랑

3.1 한사군

한 무제의 위만조선 침략

황하 중류의 첫 국가 하왕조보다 앞서 천혜의 땅 발해만의 요서지역을 중심으로 건국된 고조선은 동이족의 구이가 통합하여 이룩한 동아시아의 첫 통일국가이다. 고조선은 하, 은, 주, 춘추, 전국, 진, 한시대에 이르기까지 2000여 년 동안 중국의 동북방에 존속하면서 오늘날의 중국문명을 발생, 발전시키는데 한 축을 담당한 위대한 나라였다.

[그림-8] 한무제

이 위대한 나라 고조선이 바로 흉노의 왼쪽에서 왼팔역할을 하고 있었기 때문에 서역을 침략하여 흉노의 오른팔을 잘라낸 한 무제는 다시 고조선을 침략하여 흉노의 왼팔을 잘라내는 일이 필요했다. 그래서 서기전 109년 가을 한나라 군대의 수군은 발해 쪽으로 해상을 따라 올라오고 육군은 북경 동북방 요동 쪽으로 진격하여 수륙양로를 통해 오늘날 하북성 진황도시 창려현 일대에 있던 위만조선의 수도를 공격하였다. 사마천은 『사기』「조선열전」에서 "한 무제는 조선을 공격하는데 감옥에 있던 천하의 죄수들을 동원했다"라고 말했다. 이는 한 무제가 조선을 공격하는데 극약처방을 썼다는 것을 의미한다.

그러나 위만조선의 왕 우거는 침략을 잘 방어하였으며 쉽사리 무너지지 않았다. 그러자 한나라 군대 내에서 수군장군 양복과 육군장군 순체 두 장수들 사이에 자중지란이 일어났고 결국 한나라 군대는 패색이 짙어졌다. 두 장수들 가지고는 문제를 해결할 수 없다는 사실을 파악한 무제는 하는 수 없이 이들의 과오를 견책하고 위산衛山이라는 황제의 특사를 파견해 우거왕을 무력이 아닌 평화적인 방법으로 설득하도록 하였다. 그러나 평화회담이 진행되는 과정에서 쌍방의 의견이 서로 어긋나 평화회담은 중단되었고 위산은 이러한 사실을 귀국하여 무제에게 보고했다.

한 무제는 위산이 특사로서의 역할을 제대로 수행하지 못한 책임을 물어 처형시켰다. 이때 무제가 위산의 죄를 물어 처형시키기까지 한 것을 본다면 한나라가 무력으로 조선을 정복하기가 쉽지 않은 상황에서 무제는 조선과의 전쟁이 더 이상 확대되기를 원하지 않고 평화적으로 해결되기를 간절히 바랐다는 것을 말해준다. 만일 이때 한나라의 군사력이 조선보다 월등히 우위에 있었거나 무력으로 무너뜨릴 자신이 충분히 있었다면 평화회담 결렬의 책임을 물어 특사 위산을 처벌하는 조처까지 취하지는 않았을 것이다.

그 뒤 한나라의 수군과 육군이 제대로 협력이 이루어지 않은 상태에서 강대한 조선군을 상대로 싸워 승리를 거둔다는 것은 불가능한 일이었고 지루하게 시간만 끌게 되었다. 그러자 이를 지켜보던 무제는 답답한 나머지 다시 제남태수濟南太守 공손수公孫遂에게 전권을 주어 가서 사태를 해결하라고 파견했다. 공손수는 현장에 도착하여 수군장군 양복과 육군 장군 순체의 화합을 이끌어내는데 실패하고 육군 장군 순체의 편에 서서 수군 장군 양복을 대책을 상의할 일이 있다고 속여 육군 장군 순체의 군영으로 불러들였다.

육군 장군 순체의 부하를 시켜 수군 장군 양복을 체포하도록 한 뒤 수군과 육군을 통합하여 육군 장군 순체가 전군을 통솔하도록 하고 그러한 처리결과를 무제에게 보고했다. 그런데 무제는 공손수를 처형해버렸다. 전권을 주어 처리하도록 책임을 맡겨놓고 무제는 다시 공손수를 처형시킨 이유가 무엇일까. 그것은 공손수의 처리방법이 무제가 원하는 방법이 아니었음을 의미한다.

그렇다면 무제가 원하는 방법은 어떤 것이었을까. 앞서 조선과 평화협상을 진행하다가 방법이 서툴러 중간에 깨진 책임을 물어 특사 위산을 처형했다. 이번에 다시 전권을 주어 공손수를 파견한 것은 황제의 입장에서 직접 대놓고 말은 못하지만 전권을 가지고 가서 지난번 결렬된 평화회담을 속개시켜 무력이 아닌 평화적인 방법으로 조, 한 전쟁을 마무리하라는 것이었을 수 있다. 그런데 그러한 무제의 의중을 전혀 눈치 채지 못한 채 한나라 군대의 수군 장군을 체포하는 식으로 문제를 엉뚱한 방향으로 전개시켰기 때문에 위산에 이어 공손수 또한 처형한 것이 아닐까 여겨진다.

그러면 무제는 조, 한 전쟁에서 왜 이처럼 조바심을 내며 전쟁이 확대되는 것을 꺼리고 평화적인 방법으로 해결되기를 원하였을까. 그것은 첫째 무제의 주공격목표는 조선이 아니라 흉노였으며 따라서 북방의 흉노가 중원을 향해 호시탐탐 노려보는 상황에서 조선을 공격하는데 너무 많은 한나라 군대의 전력을 소모할 수는 없는 일이었기 때문이다. 둘째 한나라 군대가 수륙 양면으로 공격을 펼쳤는데도 꿈적 않고 버티는 것을 보고 조선을 쉽사리 무력으로 붕괴시키기 어렵다고 판단했기 때문이다. 셋째 조선은 한나라의 주 공격목표가 아니므로 조선과 흉노와의 친밀한 외교관계를 단절시키기 위해 겁을 주는 정도로 만족하며 굳이 그 나라를 멸망시키려고 힘을 소진할 필요가 없다고 여겼기 때문이다.

그 후 조선은 결국 한나라 군대의 공격에 의해서가 아니라 조선의 재상, 장군 등이 한 군과 내통하여 조선왕 우거가 살해 당 한다. 그래도 왕검성이 함락되지 않고 우거의 대신 성기를 중심으로 한 군의 방어에 나서자 한나라 측에서는 조선왕 우거의 아들 장강과 재상 노인의 아들 최를 이용해 조선의 백성을 달래는 작전을 구사한다. 그래서 2년간 끌어오던 지루한 조선과의 전쟁을 마무리 짓게 된다.

한 무제가 전권특사 공손수를 처형하고 난 뒤 조선과의 전쟁에서 사용한 전략을 보면 한나라 군대가 군사적인 우위에서 무력으로 조선을 멸망시킨 것이 아니라 여러 가지 지략과 모략이 동원된 사실을 간파할 수 있다. 사마천은 이 때 한 무제가 구사한 구체적인 전략에 대해 기록하고 있지 않지만 아마도 간첩을 통한 내부이간, 분열 등 한족 특유의 간교한 음모와 공작이 자행되었음이 「조선열전」의 행간에서 익혀진다.

조·한 전쟁이 끝난 뒤 육군 장군 순체는 기시棄市의 처벌을 받았고 수군 장군 양복은 일반 서민으로 강등되었다. 조선전쟁에 참여했던 한나라의 수군과 육군의 두 장수가 전쟁이 끝난 뒤 포상이나 진급은커녕 하나는 기시라는 중형을 받았고 하나는 서인으로 강등되는 수모를 당한 반면에 조선의 재상 한음, 장군 왕협 등은 한나라로부터 제후에 분봉되는 영광을 안았다.

조·한 전쟁이 끝난 뒤 한나라의 장군들은 처벌을 받고 조선의 재상과 장군들은 포상을 받았다는 것은 조·한 전쟁에서 한의 승리가 군사적인 방법을 통한 정정당당한 승리가 아니라 음모와 모략을 이용한 조선내부 분열 조장과 같은 비정상적인 방법을 동원한 승리라는 것을 보여주는 중요한 대목이다. 이것은 조·한 전쟁은 한나라의 승리가 아니라 겨우 체면유지도 어려울 만큼 어떤 의미에서는 한이 참패를 했을 가능성을 말해준다. 다만 저들은 음모와 공작을 통해 조선의 왕과 신하와 백성들을 이간시키는 치졸한 방법으로 겨우 사태를 수습하고 이겼다는 명분을 찾아 전쟁을 마무리했다고 보아야한다.

그러니까 흉노의 왼팔을 잘라내기 위해 벌인 조·한 전쟁은 한나라가 명분상으로는 이겼으나 실질적으로는 진 싸움이었다. 그래서 사마천도 『사기』 「조선열전」에서 조·한 전쟁을 다루면서 "멸조선滅朝鮮"이라 말하지 못하고 "정조선定朝鮮"이라 썼던 것이다.

한사군의 설치

한사군은 서한의 무제가 서기전 109년 고조선의 서부국가인 위만조선을 침략하여 서기전 108년에 위만조선의 땅에 낙랑군, 진번군, 임둔군을 설치하고 그 후 여세를 몰아 다시 서기전 107년 현도군을 설치한 사실을 말한다. 한 무제가 위만조선 땅을 빼앗아 서한의 행정구역인 한 군현을 설치했다는 기록은 『사기』 「조선열전」과 『한서』 「조선전」 등의 기록에 나타난다. 다만 『사기』 「조선열전」에는 한 무제가 조선을 평정하고 한사군을 설치했다고 했을 뿐 한사군의 명칭에 대해서는 언급되지 않았다.

그런데 그 후 동한시대에 반고가 편찬한 『한서』 「조선전」에는 진번, 임둔, 낙랑, 현도 한사군의 명칭이 구체적으로 거명되어 있다. 그리고 그 후 『당서』, 『통전』 등 여러 고대문헌에 그러한 사실이 기록되어 나타난다. 따라서 한 무제가 조선 땅에 설치한 한사군이 허구가 아님을 알 수 있다. 그런데 우리가 한사군과 관련해서 그동안 중대한 오류를 범하고 있는 것이 있다. 그것은 한 무제가 이때 설치한 한사군이 마치 고조선왕조를 멸망시키고 그 자리에 한사군을 설치한 것처럼 착각하고 있다는 사실이다.

이 때 한 무제가 설치한 한사군은 고조선왕조 전체를 멸망시키고 한사군을 설치한 것이 아니라 단지 고조선의 서부 지방정권인 위만조선을 멸망시키고 거기에 한사군을 설치한 것이다.

우리는 무엇으로 그러한 사실을 증명할 수 있는가. 사마천은 『사기』「조선열전」에서 한 무제가 한사군을 설치한 사실을 설명하면서 다음과 같이 말했다. "조선을 평정하여 사군을 설치했다(定朝鮮 爲四郡)" 이때 만일 고조선을 멸망시켰다면 사마천은 "조선을 평정했다"라고 말하지 않고 "멸조선滅朝鮮", 즉 "조선을 멸망시켰다"라고 썼을 것이다. 평정했다는 말과 멸망시켰다는 말은 엄연히 내용이 다르다. 사마천은 「조선열전」에서 진시황이 천하를 통일할 당시 연나라와의 전쟁사실을 기록할 때는 "진멸연秦滅燕"이라고 분명히 썼다. 즉 이때 진시황의 진나라는 연나라를 공격하여 평정한 것이 아니라 완전히 연나라 왕조를 멸망시킨 것이기 때문에 "진정연秦定燕"이 아니라 "진멸연秦滅燕"이라 썼던 것이다.

이러한 논법에 따른다면 당시에 한나라가 고조선을 공격하여 멸망시켰을 경우 사마천은 당연히 "한멸조선漢滅朝鮮"이라 썼을 것이다. 그러나 이때 한나라는 흉노의 왼팔을 잘라내기 위한 차원에서 한나라에 친화적이지 않은 고조선의 서부지방정권 위만조선을 공격하여 평정하고 그 지역에 한사군을 설치한 것일 뿐 고조선왕조 전체를 멸망시킨 것은 아니었다. 『사기』뿐만 아니라 한나라시대의 다른 중국의 고대 문헌들에서도 "멸조선"이라고 쓴 기록은 찾아볼 수 없다. 『한서』「조선전」에서도 "정조선"이라 하였고 『한서』「오행지」 역시 "정조선"이라 기록하였다.

그러면 오늘날 우리는 왜 이때 한 무제가 고조선을 멸망시키고 한사군을 세운 것으로 잘못 알고 있는가. 이에 대해 한 가지 비유를 들어 설명해보자. 미국에 가면 서부 태평양 연안에 LA가 있다. 이 지역은 원래 멕시코 땅이었는데 미국이 전쟁을 통해 빼앗아서 여기에 미국의 캘리포니아 주를 설치했다. 이것은 미국이 멕시코 땅의 일부를 빼앗아 미국의 주에 편입시킨 것이며, 멕시코가 완전히 멸망하여 지구상에서 사라진 것이 아니다. 그런데 기록이 유실된 수 천 년 뒤에는 멕시코가 이때 완전히 미국에 의해 멸망한 것으로 오인할 수 도 있다.

한 무제가 2000년 전 고조선의 서쪽 땅 일부를 전쟁을 통해 빼앗아 한의 군현을 설치한 것은 오늘날 미국이 멕시코 땅 일부를 빼앗아 거기에 미국의 주를 설치한 경우와 유사하다. 중국의 역사를 사마천의 "멸조선"이 아닌 "정조선"이라는 기록을 통해서 본다면, 우리는 이때 고조선이 완전히 멸망한 것이 아니라 멕시코 땅 일부가 미국의 주에 포함된 경우처럼 고조선 땅의 일부가 한 군현의 일부에 포함된 사실을 알 수 있는 것이다.

중국의 사필에는 세 가지 원칙이 있다. 첫째, "중국을 위해 중국의 수치를 숨기는 것이고(爲中國諱恥)", 둘째, "중국을 높이고 오랑캐들을 깎아내리는 것이며(矜華夏而陋夷狄)", 셋째, "중국내 자국의 역사는 상세하게 다루고 외국의 역사는 간략하게 적는 것이다(詳內略外)". 이러한 중국의 사필의 원칙에 근거할 때 사마천이 한나라에 의해 멸망한 고조선을, 멸망시켰다고 표현하지 않고 평정시켰다고 말하면서 고조선을 위해 수치를 숨기고 입장을 두둔해 주었을 리는 만무한 것이다.

한사군의 위치

서기전 108년 서한 무제가 위만조선을 침략하여 설치한 한사군의 위치에 대해 지금까지의 연구결과를 집약해보면 대체로 다음과 같은 두 가지로 정리 된다. 하나는 한반도 북부 일대에 있었다고 보는 것으로 이러한 주장은 이병도 등으로 대표된다. 이와 견해를 달리하는 다른 하나의 주장은 한사군이 중국의 요동 또는 요서지역에 있었다고 보는 것으로 신채호, 정인보, 리지린, 윤내현 등의 관점이 여기에 해당한다. 그러나 오늘날 이병도 등으로 대표되는 한사군 한반도설이 역사학계의 통설이 되어 있다. 아래에서 먼저 이들 강단사학의 관점을 구체적으로 살펴보기로 한다.

① 강단사학의 관점

이병도는 「낙랑군고」 머리말에서 "낙랑군은 한무제 원봉元封 3년(서기전 108) 위씨조선의 수도 왕험성(평양)을 함락하던 해에 진번, 임둔 2군과 함께 설치되었는데 지금의 대동강유역을 중심으로 하고 있었다"라고 서두를 꺼냈다. 그리고 결론부분에서 "상술한 바를 간단히 묶어서 말하면, 낙랑군은 당초에 패수(청천강)이남, 자비령 이상-지금의 평안남도 일대와 황해도 북단을 강역으로 삼아 조선현 등 11현을 통속하였다"라고 말하였다.1)

[그림-9] 현재 노룡현 영평부성 서문(낙랑군 조선현이 있던 자리) (자료: 권태균)

---

1) 이병도, 「낙랑군고」 『한국고대사연구』, 박영사, 1987.

이기백은 "한은 위만조선을 멸망시킨 그 해(B.C. 108)에 위만조선의 판도 안에다 낙랑, 진번, 임둔의 세 군을 두고, 그 다음 해(B.C. 107)에 예의 땅에 현도군을 두어 소위 한의 4군이 성립되었다. 그 위치는 낙랑군이 대동강유역의 고조선 지방, 진번군이 자비령 이남, 한강이북의 옛 진번 지방, 임둔군이 함남의 옛 임둔 지방, 현도군이 압록강 중류, 동가강 유역의 예 지방이었던 것으로 생각된다."라고 말하여 이병도의 설을 계승하고 있는 것을 볼 수가 있다.[2]

이기동은 「한의 군현 설치와 그 변천」이란 글에서 이러한 관점에 대해 보다 확신에 찬 어조로 다음과 같이 말하고 있다.

[그림-10] 동북아 역사재단에서 비정한 한사군의 위치 (자료: 지리학박사 정암)

"종래 4군의 위치에 대하여는 학설이 구구하여 민족주의사가들 가운데는 이를 요동 혹은 요서 지방에서 구하려는 견해가 있어왔으나 낙랑군이 대동강 유역의 고조선 지방, 진번군이 자비령 이남 한강 이북의 옛 진번 지방, 임둔군이 함남의 옛 임둔 지방, 현도군이 압록강 중류 동가강 유역의 예맥 땅에 설치된 것은 거의 확실하다고 생각된다"[3]

노태돈은 「낙랑군 조선현의 위치」 문제를 주제로 다루는 글에서 "낙랑군 조선현의 위치

---

2) 이기백, 「한의 군현」 『한국사신론』, 일조각, 2005.
3) 이기동, 「성읍국가에서 연맹왕국으로」 『한국사강좌』 1. 고대편, 일조각, 2001.

에 대해서 그간 평양 일대에 있었다는 설과 남만주 지역에 있었다고 보는 설이 견지되어 왔다"라고 전제한 뒤 "한대의 요동군이 오늘날의 요동지역에 있었고, 그 속현인 서안평현이 압록강 하류 지역에 있었다면 자연 요동군의 동편에 있었던 낙랑군은 한반도의 서북부에 위치하였음이 분명해진다"고 말하였다. 「요사」에는 요나라 수도인 상경임황부 자리에 한나라 요동군 서안평이 있었다고 쓰여 있다. 현재 내몽골 파림좌기에 있다. 식민사학은 압록강 대안의 단동을 서안평이라고 주장하지만 아무런 사료적 근거가 없다.

[그림-11] 파림좌기, 현재 내몽골 지방(상경임황부) (자료: 권태균)

그리고 「연燕, 진秦 장성의 동쪽 끝」이라는 주제로 논리를 전개함에 있어서도 역시 "연, 진대의 장성의 동단에 대해선 그간 세 가지 견해가 견지되어 왔다. 즉 요동설, 낙랑군 수성현설, 요서설 등이다"라고 전제한 뒤 결론에서 "진 장성의 동단은 『사기』, 『한서』의 기록과 현전하는 장성유지를 통해 볼 때 요동설이 타당하다. 이렇듯 진장성이 요동에 이르렀다면 진·한의 요동군은 지금의 요동 지역에 있었던 것이 되며, 낙랑군은 자연 그 동쪽인 한반도 서북부 지역임이 분명해진다"라고 하였다.[4] 노태돈은 이병도, 이기백의 '낙랑대동강'설을 계승하여 논리적으로 보다 체계화

---

4) 노태돈, 「고조선 중심지의 변천에 대한 연구」 『단군과 고조선사』, 사계절, 2010.

시킨 경우에 해당한다고 볼 수 있다.

이성규李成珪의 다음 문장은 이러한 견해와 입장을 같이하고 있음을 보여준다.

> "대동강유역 조선의 왕성을 중심으로 설치되었던 낙랑군은 다소의 변동은 있었지만 313년 고구려에게 병합될 때까지 400여 년 간 중국의 군현으로서 존속하였다"[5]

② 『사고전서』 사료로 본 한사군의 위치

현재 한사군이 한반도에 있었다고 보는 학설이 한국 학계의 통설이 되어 있으나 중국의 『사고전서』 사료를 통해 살펴본 한사군의 위치는 우리 학계의 통설과 크게 다르다. 『사고전서』에 나오는 관련 자료를 중심으로 한사군의 위치가 강단사학이 주장하는 통설과 어떻게 다른지 살펴보기로 한다.

『전한서』「가연지전賈捐之傳」에는 "동쪽으로 갈석산을 지나 현도·낙랑으로써 군을 삼았다(東過碣石 以玄菟樂浪爲郡)"라는 기록이 보인다. 한 무제가 오늘의 한반도 대동강유역에 낙랑군을 설치했다면 한반도 북부일대에서 백두산이 가장 특징적인 산이므로 동쪽으로 "백두산을 지나서 현도·낙랑군을 설치했다"라고 말했을 것이고 오늘의 요녕성 지역에 현도·낙랑군을 설치했다면 요녕성 일대에서는 가장 특징적인 산이 의무려산이므로 "동쪽으로 의무려산을 지나서 현도·낙랑군을 설치했다"라고 말했을 것이다.

그런데 요녕의 의무려산도 아니고 한반도 북부의 백두산도.아닌 갈석산을 지나서 현도·낙랑군을 설치했다고 말했다. 이때 한 무제가 설치한 현도 낙랑군이 어떻게 대동강유역에 위치할 수가 있겠는가. 예를 들어 이 말을 한 당사자가 한 무제가 낙랑군을 설치한지 500년 또는 1,000년 뒤의 사람이라면 그간의 역사사실을 고증하는데 착오

---

5) 이성규, 「중국 군현으로서의 낙랑」『낙랑문화연구』, 동북아역사재단, 2006.

가 발생할 수도 있다고 말할 수 있다.

그러나 한 무제가 오늘의 해남도海南島에 주애군珠厓郡을 설치한 것은 서기전 110년이고 서기전 48년, 즉 한 원제 초원初元 원년에 이르러 주애군이 반란을 일으키자 공격해서 평정했다. 이들이 다시 반란을 일으키자 조정에서 대대적인 공격을 위한 준비를 서두르던 차에 가연지가 제시하는 공격의 부당성에 대한 논리를 받아들여 주애군의 폐기를 결정한 것이 한 원제 황룡黃龍 3년 즉 서기전 46년이다.

한 무제가 남쪽으로 해남을 정벌하여 주애 등의 군을 설치한 것이 서기전 110년이고 동쪽으로 조선을 평정하여 현도·낙랑 등의 군을 설치한 것은 그 2년 뒤인 서기전 108년이다. 그렇다면 가연지가 한 원제 때 "동쪽으로 갈석산을 지나서 현도·낙랑으로써 군을 삼았다"라고 말한 것은 한 무제가 낙랑군을 설치한지 불과 50여년 뒤의 일이 된다.

시간적으로 불과 50여 년 전의 일을 말하면서 한반도 북부에 설치한 한사군을 하북성의 갈석산 부근에 설치한 것으로 말하는 이런 큰 착오를 범할 수는 없는 일이다. 더구나 가연지는 한 원제가 그의 건의를 받아들여 한 무제가 설치한 주애군을 폐기할 정도로 당시에 비중이 있는 인물이었다. 이런 비중 있는 인물이 개인적인 사사로운 저작이 아닌 황제에게 올리는 정중한 글에서 이런 엄청난 실수를 범한다는 것도 상상하기 힘들다. 또 이 기록이 잘못되었다면 『전한서』를 편찬할 때 「가연지전」을 쓰면서 반고가 수정했을 것이고, 반고가 수정하지 않았다면 안사고顏師古가 『전한서』의 주석을 내면서 이 기록의 오류를 지적했을 것이다. 그러나 반고도 안사고도 가연지의 이 기록이 잘못되었다는 사실을 언급한 적이 없다.

북송 때 국가에서 편찬한 병서인 『무경총요』에는 "요수가 한나라의 낙랑, 현도의 땅에 있다(遼水 在漢樂浪玄菟之地)"라는 기록이 나온다. 『무경총요』는 요수를 대요수와 소요수로 구분하여 설명하면서 "대요수는 한나라시대 낙랑, 현도의 땅에 있었다"라고 말함으로써 오늘의 요하 동쪽 요동에 낙랑, 현도가 있었던 것이 아니라 오늘의 서요하 상류인 요서지역에 낙랑, 현도가 있었다는 사실을 분명히 밝히고 있다. 오늘의 요서는 요녕성 서부를 가리키지만 고대의 요서는 요녕성 서부, 하북성 동북부,

내몽고 남부지역을 통틀어 요서라고 하였다. 그 이유는 요수의 경유지 대능하는 요녕성 서부에 있고 요수의 남쪽 발원지 평천현平泉縣은 하북성 동북쪽에 있고 요수의 북쪽 발원지 극십극등기克什克騰旗는 내몽고 남쪽에 있어 대요수 유역은 이들 세 지역을 모두 포괄하기 때문이다.

노합하, 서랍목륜하, 대능하 유역은 한·당 이후 선비족과 거란족의 주요활동무대가 되었다. 그러나 춘추 전국시대 이전으로 올라가면 이들의 존재는 역사상에 나타나지 않는다. 전국시대에 오늘의 하북성 중부에 연나라가 있을 때 그 동쪽에는 조선이 있었다. 한나라 때 이 조선의 서부 지방정부인 위만조선을 침략하여 설치한 것이 한사군이고 이 한사군은 나중에 현도, 낙랑 2군으로 통합되었다.

"요수가 한나라의 낙랑, 현도의 땅에 있다(遼水 在漢樂浪玄菟之地)"라는 『무경총요』의 기록은 글자 몇 자 안되는 매우 간단한 표현이다. 그러나 한 무제가 설치한 한사군이 한반도가 아니라 대륙의 요서지역에 있었다는 것을 증명하는 결정적인 자료가 되기에 충분하다.

남송 때 학자 나필이 지은 『노사』 27권 「조선」 조항에는 "기자를 뒤에 요의 낙랑에 봉하였다. 지금의 평주 노룡에 조선성이 있다(箕子後封遼之樂浪 今平之盧龍 有朝鮮城)"라는 기록이 나온다.

다른 자료에서는 일반적으로 "기자를 조선에 봉하였다"라고 말한다. 그런데 이 자료는 "기자를 요의 낙랑에 봉하였다"라고 말하고 있어 매우 특징적이다. "요의 낙랑"이라고만 간단히 언급하여 여기서 말하는 요가 요수, 요하의 요인지 요서, 요동의 요인지 요주의 요인지 요왕조의 요인지 구체적으로 밝히지 않은 점이 유감스럽다. 다만 역사상에서 한반도의 대동강이 요수나 요하로 지칭된 적은 없다. 또 여기에 일찍이 요서, 요동군, 요주가 설치되거나 요나라 왕조가 존재한 사실도 있지 않다. 그렇다면 이 자료에서 말하는 "요의 낙랑"은 한반도 대동강 유역과는 무관하다.

여기서 말하는 "요의 낙랑"은 어디를 두고 말한 것일까. 『노사』의 저자 나필은 남송시대 사람이다. 그 당시에 지금의 하북성 노룡현이 평주에 소속되어 있었고 또 송나라 때 낙사가 지은 『태평환우기』에 따르면 "하북도 평주 노룡현에 기자가 봉함을 받은 조선성이 있다"라고 하였다. 즉 나필은 송나라 때 까지도 고대의 조선성이 그대로 보존되어 있던 평주의 노룡현을 "요의 낙랑"지역으로 간주했던 것이다.

여기서 우리는 『노사』가 말하는 "요의 낙랑"의 요는 요녕성을 가로질러 발해로 들어가는 현재의 요하가 아니라 북경 동북쪽을 흘러 발해로 들어가던 조선하 즉 고대의 요수를 가리킨 것임을 알 수 있다. 그리고 낙랑은 조선하가 흐르는 옆에 위치한 송나라 때까지 조선성 유적이 남아 있었던 현재의 하북성 진황도시 노룡현 일대를 가리킨 것이다. 따라서 이 자료는 한사군은 한반도 북부가 아니라 낙랑군과 함께 중국의 북경 동쪽, 북쪽, 남쪽에 설치되었던 사실을 증명하고 있는 것이다.

명나라 때 유명한 역사학자요 문인이었던 왕세정王世貞은 동쪽으로 사신을 가다가 옛 고죽국孤竹國 땅인 하북성 노룡현에 이르러 백이·숙제의 사당에 간소한 제사를 올린 다음 그의 혼령을 위로하는 의미에서 「조이제부吊夷齊賦」를 지었는데, 그 글 가운데 "기자가 국난을 당하여 낙랑에서 종묘사직을 연장시켰다"라는 내용이 나온다. 이 자료는 청나라시대의 관찬官撰 지방지인 『기보통지畿輔通志』에 실려 있다.

『사기』에는 「백이열전」이 실려 있고 그 주석서인 「사기색은」에 "고죽국의 임금은 은나라 탕 임금이 3월 병인일에 봉하였다(孤竹君 是殷湯三月丙寅日 所封)"라고 기록되어 있다. 이에 의거하면 고죽국은 약 서기전 1600년경 상나라 탕임금이 상 왕조를 건립한 초기에 건국된 나라임을 알 수 있다. 고죽국에 관한 기록은 은허의 갑골문과 상나라시대의 금문金文에서 발견된다. 갑골복사甲骨卜辭에는 관련 기록이 40여군데나 나온다. 그리고 『국어』, 『한비자』, 『사기』 등의 고대문헌에도 고죽국의 역사를 기록한 내용들이 곳곳에 보인다. 이는 지금으로부터 3600년경에 고죽국이 실재했음을 입증한다고 하겠다.

그러면 3600년 전의 고대국가 고죽국은 과연 어디에 있었는가. 『춘추』, 『국어』, 『관자』 등 여러 고문헌들은 고죽국은 산융족이 세운 나라로 중원의 북방 또는 동남방·서북방에 위치한 나라로 기술하고 있다. 그런데 1970년대 이후 요녕성 객좌, 하북성 노룡, 천안 일대에서 "고죽"이라는 명문銘文이 새겨진 청동기가 출토되었다. 이는 고대의 고죽국이 오늘의 하북성 노룡현을 중심으로 상당히 광대한 지역에 걸쳐 영토를 소유하고 있었음을 반증하는 것이다.

왕세정은 '조이제부'에서 영지슈支·비이卑耳·낙랑 등의 지명을 거론하며 고죽국에서 벌어졌던 옛 역사를 설명하고 있다. 영지는 고죽국의 서쪽, 오늘날 하북성 서북쪽에 있었던 고죽국과 동족인 동이족이 세운 나라 이름이고 비이는 영지국에서 동쪽으로 고죽국을 향해 갈 때 국경선에 닿기 전에 건너게 되는 강의 명칭이었다.

그렇다면 여기서 말하는 "기자가 망국의 서러움을 안고 피신하여 국가의 운명을 연장시켰다"라는 낙랑은 과연 어디일까. 왕세정이 하북성 노룡현에 있는 백이, 숙제의 사당에 가서 참배하며 지은 「조이제부」에서 언급한 이 낙랑을 과연 한반도 대동강 유역의 낙랑이라고 말할 수 있겠는가. 왕세정이 고죽·영지·비이와 함께 거론한 낙랑은 하북성 동북쪽에 있는 낙랑을 가리킨 것이며 결코 한반도 대동강 유역의 낙랑이 될 수 없는 것이다. 즉 기자가 서주를 떠나서 찾아갔던 조선, 그리고 조선에서 이름이 현도·낙랑으로 바뀐 그 낙랑은 한반도 대동강유역에 있었던 것이 아니라 하북성 동북쪽 조선하, 현재의 조백하 유역에 있었던 것이다.

낙랑 현도가 하북성 동북쪽에 있었다면 그 나머지 한나라 군현이 한반도 북쪽에 설치될 수 없는 것은 너무나 당연한 일인 것이다. 지금 우리는 역사전쟁의 중심에 서 있다. 중국은 동북공정을 통해 한국사의 중국사 귀속을 시도하고 있고 그 논리의 핵심이 한사군 한반도설이다.

현재 식민사학을 계승한 강단사학의 논리로서는 결코 중국의 동북공정을 깨뜨릴 수 없다. 오히려 저들의 논리를 뒷받침하는 꼴이 되고 만다.

『사고전서』 사료에 의해 정확히 밝혀진 한사군의 위치는 앞으로 한국사의 새로운 정립, 중국 동북공정의 대응, 일

[그림-12] 중국 동북공정에서 비정하는 낙랑군과 대방군의 위치
(자료: 지리학박사 정암)

제 식민사학의 해체라는 세 가지 난제를 동시에 해결해 주는 그야말로 일석삼조의 효과를 가져다주게 될 것이다.

3.2 낙랑

▌낙랑군 수성현은 어디에 있었나

『진태강지리지晉太康地理志』에 "낙랑군 수성현에 갈석산이 있다. 여기가 장성의 기점이다(樂浪遂城縣 有碣石山 長城所起)"라고 말한 내용이 나온다. "낙랑군에 수성현이 있고 수성현에 갈석산碣石山이 있으며 갈석산이 있는 그 곳이 바로 장성의 기점이다"라는 이 기록은 낙랑군·갈석산·만리장성 등 한국 상고사의 핵심이 되는 주제가 포괄적으로 담겨 있다. 우리가 여기서 주목하고자하는 부분은 일제 식민사학자에 의해 황해도 수안遂安으로 비정된 수성현遂城縣의 위치이다.

서한시대에 설치된 낙랑군은 진晉나라때까지 그대로 보존되었다. 그래서 수성현은 줄곧 낙랑군 산하에 소속되어 있었다. 하지만 수隋·당唐 이후에 이르면 낙랑군은 폐지되어 존재하지 않는다. 그런데 『수서隋書』「상곡군」 조항에는 수성현이 역현易縣·내수현淶水縣·주현遒縣·영락현永樂縣·비호현飛狐縣 등과 함께 상곡군 관할 6개 현의 하나로 기록되어 있는 것을 볼 수가 있다.

우리가 여기서 갖게 되는 의문은 『진서晉書』「지리지」〈평주 낙랑군〉 소속 관할 현으로 되어 있는 수성현과 『수서隋書』「지리지」에 나오는 〈상곡군〉 소속 수성현은 과연 같은 현인가 아니면 이름만 같은 다른 현인가 하는 것이다. 한漢나라의 낙랑군이 만일 한국의 강단사학자들 주장처럼 대동강유역에 있었다고 한다면 한나라의 낙랑군 수성현과 수나라의 상곡군 수성현은 결코 동일한 지역이 될 수가 없다. 왜냐하면 낙랑군의 영역이 아무리 광활했다 하더라도 압록강을 넘어 중국의 하북성 남쪽까지 도달할 수는 없는 일이기 때문이다.

『태평환우기』에 의하면 낙랑군의 25개 현 중의 대표적인 현縣인 조선현은 요서,

즉 오늘날의 하북성 노룡현 지역에 있었다. 낙랑군의 노룡현에서 서쪽으로 서수현徐水縣까지의 거리는 상곡군上谷郡의 역현易縣에서 탁녹涿鹿까지의 거리와 비교할 때 거의 배에 가까운 거리가 되어 보인다. 하지만 낙랑군은 25개현을 거느린 큰 군이었던 점을 감안한다면 수성현이 낙랑군의 서쪽 끝의 현이 되는 것은 충분히 가능한 일이다.

이와 같은 논리를 바탕으로 추정해 보면 낙랑군은 오늘날 하북성 노룡현 일대에서 발해유역을 따라 서쪽으로 서수현徐水縣에 이르기까지 25개 현들이 설치되어 있었으며 따라서 현재의 하북성 진황도시·당산시唐山市·천진시天津市·보정시保定市 일대가 낙랑군의 영역이었던 것으로 추정할 수 있다. 즉 낙랑군 수성현은 낙랑군의 25개 현 중에서 가장 서쪽끝 부분에 위치한 현이었던 것이다. 여기서 우리는 수나라의 상곡군 수성현이 본래는 한나라의 낙랑군 수성현이었고 한나라의 낙랑군 수성현은 현재의 하북성 서수현 수성진이라는 결론에 도달하게 되는 것이다.

▎낙랑군 수성현과 갈석산

『진태강지리지晉太康地理志』에 "낙랑군 수성현에 갈석산碣石山이 있다"라고 말한 부분이 나온다. 이것은 서진西晉시기에는 낙랑군에 수성현이 있고 수성현에 갈석산碣石山이 있었다는 것을 의미한다.

그렇다면 옛 낙랑군 수성현 지역으로 여겨지는 현재의 하북성 보정시保定市 서수현徐水縣 수성진遂城鎭에는 과연 갈석산이 있는가.

전국시대의 종

[그림-13] 갈석산-현재 하북성 창려현에 위치(산동성 무체현에도 갈석산이 있음)

횡가 소진蘇秦은 연燕나라의 문후文侯를 만나서 이렇게 말하였다.

> "연나라가 동쪽에는 조선·요동이 있고 북쪽에는 임호·누번이 있으며 서쪽에는 운중·구원이 있고 남쪽에는 호타하·역수가 있는데 지방이 2,000리쯤 된다(燕東有朝鮮遼東 北有林胡樓煩 西有雲中九原 南有滹沱易水 地方二千里).
> 연나라가 남쪽으로는 갈석碣石·안문雁門의 풍요로움이 있고 북쪽으로는 대추와 밤의 수익이 있으므로 백성들이 비록 경작을 하지 않더라도 대추와 밤의 수익만 가지고도 충분할 것이니 이곳이야말로 소위 말하는 천혜의 땅이다(南有碣石雁門之饒 北有棗栗之利 民雖不佃作 而足於棗栗矣 此所謂天府者也)"

여기서 소진이 말한 "남유호타역수南有滹沱易水"는 당시 연나라의 남쪽 변경에 호타하滹沱河와 역수易水가 있었던 것을 가리킨다. 이 호타하와 역수는 지금도 중국 지도상에서 그 지명을 찾아 볼 수가 있다. 호타하는 하북성 보정시 남쪽에 있고 역수는 역현易縣 부근에 위치하고 있다.

[그림-14] 하북성 지도에서 백석산과 낭아산, 수성진의 위치

제3장 한사군과 낙랑 | 63

그런데 우리는 소진의 다음 말에 특히 주목할 필요가 있다고 본다. "남쪽에 갈석과 안문의 풍요로움이 있다(南有碣石雁門之饒)." 호타하와 역수가 연나라와 조나라의 국경선부근에 위치해 있었다면 갈석碣石과 안문雁門은 호타하와 역수易水 유역 안쪽에 위치한 연나라 남쪽 강토임이 확실한데 여기서 안문은 산서성 북쪽에 있던 안문산을 가리킨다. 연나라 남쪽의 호타하·역수易水 유역 안쪽에 위치한 산으로서 안문산과 함께 거명된 갈석산은 하북성 진황도시 노룡현에 있던 갈석산과는 결코 같은 갈석산으로 간주할 수가 없다.

그러므로 우리는 소진이 연나라 문후文侯와 만나서 나눈 이 대화를 통해 전국시대에는 갈석산이 오늘날의 하북성 남쪽 호타하·역현易縣 부근에 있었다는 확실한 증거를 확보하게 된 것이다. 현재 서수현 수성진에서는 물론 갈석산이란 이름을 가진 산은 찾아 볼 수 없다. 그러나 역현易縣과 서수현徐水縣 부근에는 옛 갈석산으로 추정되는 산이 있다. 백석산白石山과 낭아산狼牙山이 그것이다. 낭아산은 백석산에서 뻗어 나간 백석산의 지맥이다.

갈석산은 『산해경』「북산경」과 『상서尙書』「우공禹貢」에 그 이름이 등장하는 것으로 미루어 보아 상고시대부터 있어온 산임을 알 수 있다. 그런데 당·송시대의 노룡현, 현재의 창려현에 있는 갈석산은 그 산 이름이 본래는 갈석산이 아니라 게석산揭石山이었다. 게석산에 관한 기록은 반고班固의 『한서漢書』「지리지地理志」에 최초로 나온다. 거기 우북평군右北平郡 여성현驪城縣 조항에 "대게석산이 현의 서남쪽에 있다. 왕망이 이를 게석산이라 하였다(大揭石山 在縣西南 莽曰揭石)"라고 적혀 있다.

당나라 두우杜佑의 『통전』에 의하면 진·한시대의 우북평군은 진晉나라때 요서군으로 되었고 수·당시대에는 북평군으로 변경되었으며 군청소재지가 노룡현에 있었다. 게석산은 본래는 노룡현에 있었는데 뒤에 행정구역의 개편에 따라 창려현으로 소속이 바뀌게 되었다. 전국시대에 소진이 연나라 문후를 만나서 이야기를 나눌 때는 현재의 하북성 창려현에는 갈석산은 존재하지 않았다. 창려현 갈석산은 처음에 왕망이 게석산이라고 이름을 붙였기 때문이다.

그런데 뒤에 동한 말년에 문영文穎이라는 사람이 『한서』「무제기」에 나오는 갈석산에 대해 주석을 내면서 게석산을 가리켜 갈석산으로 해석하였다. 그것이 발단이 되어 중국의 많은 역대 사가들은 이를 근거로 의도적으로 게석산을 갈석산으로 간주함으로써 게석산이 갈석산으로 둔갑하는 사태가 벌어지게 되었다. 그러니까 수·당 이후에는 갈석산이 하북성 동쪽의 노룡 갈석, 현재의 창려 갈석으로 옮겨왔고, 하북성 남쪽 호타하滹沱河 유역 안쪽의 안문산雁門山과 함께 거명되었던, 소진이 말한 전국시대 연나라의 갈석산碣石山은 자취를 감추고 사라지게 된 것이다.

그러면 중국의 역대 사가들은 굳이 하북성 남쪽에 있던 갈석산을 하북성 동쪽으로 옮겨다 놓으려고 그토록 애를 쓴 이유가 과연 무엇일까. 그것은 오늘날은 압록강이 중국과 조선을 나누는 경계선이 되었지만 고대에는 갈석산이 중원과 고조선을 가르는 기준으로서 작용했다. 즉 갈석산이 어디에 위치해 있었느냐에 따라서 쌍방이 소유한 역사영토의 넓이가 확연히 달라졌기 때문이다.

그러나 소진이 연나라 문후를 만나서 "연나라 남쪽에 갈석碣石·안문雁門의 풍요로움이 있다"라는 말을 남긴 이상 한漢·당唐 이전에는 하북성 남쪽 호타하 역수 부근에 갈석산이 있었던 것은 분명한 사실이다. 그 때의 갈석산은 한나라의 낙랑군 서쪽 끝 수성현에 있던 갈석산이며 낙랑군 수성현 갈석산은 오늘날의 서수현 수성진에 있는 백석산이라는 것은 숨길 수는 없는 진실이라고 하겠다.

낙랑군 수성현과 만리장성의 동쪽 기점

만리장성의 동쪽기점은 한국과 중국의 역사영토를 결정짓는데 있어 매우 중요한 의미를 갖는다. 만리장성의 길이를 늘이려는 시도가 중국에서 과거로부터 오늘에 이르기까지 줄곧 진행되어 온 것은 이러한 연유 때문이다. 오늘날 중화인민공화국 지도 상에는 만리장성의 동쪽 끝이 산해관 부근으로 그려져 있다. 그리고 거기에는 진황도시秦皇島市가 있어 마치 진시황 때 쌓은 만리장성의 동쪽기점이 이곳인 것 같은 인상을 주고 있다. 그러나 이것은 역사적 사실과 부합되지 않는다. 산해관에서부터 북경에 걸쳐 쌓은 장성은 진시황 때 장수 몽념蒙恬을 시켜 쌓은 만리장성이 아니라 명나라 때 주원장朱元璋이 서달徐達에게 명하여 쌓은 명나라 장성이다.

현재 만리장성의 기점을 다룬 최초의 사료는 서진무제西晉武帝 태강太康시기에 편찬된 『태강지리지太康地理志』이다. 그런데 『진태강지리지』에서는 "낙랑군 수성현에 갈석산이 있고 거기서 장성長城이 시작되었다"라고 말하였다. 그러므로 수성현이 있고 갈석산이 있고 장성의 기점이 있어서 이 세 가지 사항이 모두 부합되어야만 서진시대 『진태강지리지』에서 말하는 지역과 동일한 지점으로 간주할 수 있다.

산해관 부근의 창려현昌黎縣에 발해를 마주하여 갈석산이 있다. 그러나 창려현에는 지난 역사상에서 어느 왕조에서도 수성현이 설치된 적이 없다. 또 그곳에 있는 장성은 명나라 때 쌓은 명장성明長城이지 진시황 때 쌓은 만리장성이 아니다. 따라서 현재 갈석산이 있는 산해관 부근의 창려현은 『진태강지리지』에 말한 낙랑군 수성현과는 다른 지역이라는 것을 알 수 있다. 하북성 서수현에는 낙랑군 수성현과 동일한 이름의 수성진이 있고 갈석산의 변경된 이름으로 보이는 백석산이 있다. 뿐만 아니라 만리장성의 동쪽기점으로 여겨지는 연나라의 고장성古長城 유적이 있다.

[그림-15] 고장성 유적(자료: 북경신문)

『서수현지徐水縣志』 권 1 「건치구획建置區劃」〈수성향遂城鄕〉 조항에는 "연나라의 옛 장성이 수성의 북쪽에 있다(有燕古長城於遂城北)"라는 기록이 나온다. 진시황의 만리장성은 통일천하를 이룩한 다음 전국시대 7국의 장성들을 연결시켜 쌓은 것이다. 따라서 동방 6국 중에 가장 동쪽에 있었던 연나라 장성이 만리장성의 동쪽기점이 되었을 것은 당연한 일이다. 그런데 수성遂城 북쪽에 연나라의 고장성古長城이 있다는 것은 여기가 바로 만리장성의 동쪽 끝이라는 것을 알려주는 중요한 단서가 된다고 하겠다.

그리고 민국民國시기에 편간된 『서수현신지徐水縣新志』 「고적古迹」 조항에도 "옛 장성이 서수현의 서북쪽 25리에 있다. 예로부터 진시황이 장수 몽념을 무수武遂로 보내 장성을 쌓았다고 전해진다(古長城 在縣西北二十五里 舊傳秦始皇 遣將蒙恬於武遂 築長城)"라고 나와 있다. 여기서 말하는 무수는 수성의 전국시대 지명이다.

이것은 진시황이 몽념을 시켜서 쌓은 만리장성의 출발점은 바로 현재의 서수현 수성진이라는 것을 증명하는 결정적인 단서가 되기에 충분하다고 본다. 현재 하북성 서수현徐水縣 수성진遂城鎭 수성촌遂城村에는 하북성 중점문물로 지정되어 보호되고 있는 옛 장성이 있다. 그곳 장성이 바로 진시황이 쌓은 만리장성의 동쪽 출발점인 것이다.

전 중국에서 "수성현이 있고 갈석산이 있으며 진장성의 출발점이 있다"라는 『진태강지리지晉太康地理志』에 말한 이 세 가지 조건을 나름대로 모두 충족시키고 있는 지역은 현재의 서수현 수성진 단 한 곳뿐이다. 따라서 서수현 수성진의 백석산 부근에 있는 옛 연나라 장성이 만리장성의 동쪽기점이라는 사실은 거의 확실하여 이론의 여지가 없어 보인다.

일부 민족사학자가 하북성 창려현에 있는 갈석산을 낙랑군 수성현의 갈석산으로 비정하고 이를 만리장성의 동쪽기점이라고 주장하는 견해를 피력한 바 있다. 그러나 이는 대동강 낙랑설에 비해 진일보한 것은 사실이지만 역시 오류를 범한 것이며 정확한 견해는 아니라고 하겠다.

낙랑군 수성현과 조·한 국경

황해도 수안은 지명이 낙랑군 수성현과 '수'자 한 글자가 일치한다는 것 말고는, 만리장성도 없고 갈석산도 그 곳에는 없다. 따라서 『진태강지리지』에 말한 "낙랑군 수성현·갈석산·장성기점" 이 세 가지 조건 중 그 어느 것 하나도 충족시키지 못한다.

산해관 부근의 창려현에는 갈석산이 있다. 하지만 그 갈석산은 원래 왕망이 게석산이라고 명명한 것을 수·당 이후에 갈석산으로 고쳤다. 또한 거기에는 명나라 장성이 있을 뿐 진나라의 만리장성은 없다. 그러므로 만리장성의 기점도 아니다. 그리고 그곳에는 역사상에서 낙랑군 수성현이 설치된 적도 없다. 따라서 하북성 창려현은 『진태강지리지』에 말한 그 낙랑군 수성현은 될 수가 없는 것이다.

그런데 하북성 역수易水 유역의 서수현徐水縣 수성진遂城鎮은 우선 낙랑군 수성현과 지명이 정확히 일치한다. 이곳은 전국시대 이후 몇 차례 변동은 있었지만 줄곧 수성이라는 명칭을 지금까지 사용해 왔다. 그리고 그곳에는 갈석산碣石山의 다른 이름으로 추정되는 백석산白石山이 있고 또 만리장성의 동단으로 여겨지는 연燕나라의 고장성古長城이 있다. 따라서 서수현 수성진은 『진태강지리지』에서 말한 낙랑군 수성현으로서 충족시켜야 할 세 가지 조건을 모두 구비하고 있는 셈이다.

현재의 하북성 서수현 수성진이 『진태강지리지』에 말한 서진시대의 낙랑군 수성현이 확실하다고 할 때 중국 한漢나라와 대치했던 고조선의 서쪽 국경선은 당연히 황해도 수안이나 하북성 동쪽 창려현이 아닌 하북성 남쪽 수성진이 되게 된다.

한 무제가 서기전 108년 고조선의 서쪽변경을 침략하여 한사군을 설치하기 이전 조선국은 요서에 그 심장부가 있었다. 따라서 조선은 당시에 현재의 압록강 서쪽이 아닌 하북성 남쪽 갈석산 부근, 진한시대의 상곡군 지역에서 한漢나라와 국경을 마주하여 대치하고 있었다. 한 무제는 조선의 서쪽변경인 한나라시대의 낙랑군 수성현, 현재의 서수현 수성진을 넘어와서 조선을 공격하고 한사군을 설치했던 것이다.

『산해경』의 기록을 통해서 고조선이 발해의 모퉁이에 있었던 것을 알 수 있고, 『회남자』의 기록에 의해서 고조선과 낙랑군 조선현이 요서의 갈석산 부근에 있었다는 사실을 알 수 있다. 하지만 우리는 그동안 고조선의 서쪽국경이 어디인지 그 정확한 위치를 알 길이 없었다.

그런데 이제 진나라 『태강지리지』와 당나라 두우의 『통전』, 그리고 「서수현지徐水縣志」 등의 기록을 통해서 당나라의 역주易州 수성현이 오늘날의 서수현 수성진이며 그 수성진이 바로 한漢나라의 낙랑군 수성현이라는 사실이 분명해졌다. 따라서 중국의 한漢나라와 국경을 마주했던 고조선의 서쪽변경은 압록강유역이나 하북성 동쪽 창려현이 아닌 오늘날의 하북성 보정시保定市 서수현徐水縣 수성진遂城鎮이라는 매우 중대한 역사적 사실이 새롭게 밝혀지게 된 것이다.

대동강 낙랑설은 중화 민족주의와 일본 식민사학의 합작품

청나라 이전에는 중국인 중에 기자조선이나 낙랑군 조선현이 대동강 유역에 있었다고 못 박아서 말한 사람은 없다. 그러한 주장을 공개적으로 펼친 사람은 다름 아닌 반청 복명反淸復明 운동에 앞장섰던 민족주의자 고조우顧祖禹(1631~1692)였다.

고조우顧祖禹는 『독사방여기요讀史方輿紀要』라는 지리를 전문으로 다룬 저서를 펴냈는데 그는 이 책의 영평부永平府 노룡현盧龍縣 조항에서 다음과 같이 말했다. "조선성朝鮮城은 영평부의 북쪽 40리에 있다. 한漢나라의 낙랑군에 소속된 현縣이다. 지금 조선국의 국경 안에 있다(朝鮮城 在府北四十里 漢樂浪郡屬縣也 在今朝鮮境內)"

고조우는 하북성 영평부에서 북쪽으로 40리가량 떨어진 곳에 위치한 조선성朝鮮城을 설명하면서 먼저 "한漢나라의 낙랑군에 소속된 현이다"라고 말하고 이어서 "지금 조선국의 경내에 있다"라고 하였다. 고조우가 여기서 말하는 '지금'이란 그가 살았던 청나라시대를 가리키고 '조선'이란 이씨조선을 가리킨다. 청나라 당시의 영평부는 오늘날의 하북성 진황도시 부근에 있었고 조선성은 그 영평부에서 북쪽으로 40리 가량 떨어진 곳에 위치하고 있었다. 그러나 청나라 당시의 이씨 조선국은 영평부에서 수천리나 떨어진 압록강 이남에 위치하고 있었다. 그런데 하북성 영평부에 있는 조선성을 설명하면서 "지금 조선국의 경내에 있다"라고 못 박아서 말한 것이다.

"조선성은 영평부의 북쪽 40리에 있다. 한漢나라의 낙랑군 속현이다"라는 말과 "지금 조선국의 경내에 있다"라는 말은 내용적으로 전혀 연결이 되지 않는다. 그야말로 "비 오는 달밤에 단둘이 홀로 앉아"와 같은 어불성설이요 언어도단이다. 가위 논리의 비약을 넘어 모순의 극치를 보여준 단적인 사례라고 할 수 있다.

고조선사·낙랑사 왜곡에 앞장선 장본인이 고조우顧祖禹라면 그러한 단초를 만들어 준 원흉이 『일지록日知錄』의 저자 고염무이다. 고염무가 주장한 논지의 핵심을 요약해 보면 대략 이런 것이다.

> "옛적에 조선이라는 나라가 있었는데 은나라가 쇠망하자 기자가 은나라를 떠나 조선으로 갔다. 『산해경』에 조선에 관한 기록이 나오는데 그 주석에서 지금의 낙랑군에 소속된 현이라고 하였다. 『산해경』의 주석에서 말한 낙랑군 조선현은 지금의 고려국 경내에 있었다. 모용씨慕容氏가 영주營州의 경내에 조선현을 설치하고 북위北魏가 또 평주平州의 경내에 조선현을 설치했는데 이는 단지 그 이름만 취한 것일 뿐 한漢나라의 낙랑군 조선현과는 완전히 다른 것이다"6)

즉 고염무의 주장은 "은나라가 망하자 기자가 찾아갔던 조선과 한漢나라의 낙랑군 조선현은 고려국 경내 즉 청淸나라 당시의 조선국 경내에 있었으며 영주營州에 모용씨慕容氏가 설치한 조선현과 평주平州에 북위가 설치한 조선현은 한漢나라의 낙랑군 조선현과는 이름만 같을 뿐 전혀 상관이 없다"는 것이다.

그러나 『진서晉書』와 『위서魏書』에서 조선현 관련 기록을 찾아보면 고염무의 주장은 전혀 사실무근이며 터무니없는 엉터리 주장이라는 것이 금방 들통이 난다. 『진서』 「평주 낙랑군」 〈조선현〉 조항에는 평주의 낙랑군 조선현이 "주나라가 기자를 봉한 땅(周封箕子地)"임이 분명하게 밝혀져 있다.

고염무의 말처럼 북위시대에, 기자조선이나 한나라의 낙랑군과는 전혀 무관한 조선현을 모용선비족이 평주에 처음으로 설치한 것이 아니라, 북위가 평주에 조선현을 설치하기 이전인 진晉나라 시대로부터 평주에는 이미 낙랑군 조선현이 설치되어 있었다. 또 그 낙랑군 조선현은 바로 기자조선 지역으로 여러 사서들은 기록하고 있는 것이다.

당唐·송宋시대, 우리 민족이 세운 고구려·고려가 강성한 힘을 가지고 대륙에 영향력을 행사하던 때의 중국기록을 보면 왜곡이 전혀 없는 것은 아니지만 그나마 사실에 가까운 부분이 많다. 왜냐하면 그때는 우리도 저들의 눈치를 보는 입장이지만 저들 또한 우리를 함부로 대할 수가 없었기 때문이다.

---

6) "故朝鮮國 武王封箕子於此 志曰 殷道衰 箕子去之朝鮮 山海經曰 朝鮮在列陽東海北山南 註朝鮮今 樂浪縣 箕子所封也 在高麗國境內 慕容氏於營州之境 立朝鮮縣 魏又於平州之境 立朝鮮縣 但取其名 與漢縣相去 則千有餘里"

그러나 명明·청淸시대에 이르면 상황이 완전히 달라진다. 우리의 이씨조선은 저들의 위세에 눌려 숨도 제대로 쉬지 못할 때가 아니던가. 이 시기 한족 고증학자들의 한국사에 대한 언급은 창광자자猖狂自恣, 그야말로 붓 가는대로 마음 내키는 대로 한국사를 자기들 입맛대로 왜곡하였는데 그 가운데 왜곡의 초점이 된 것이 바로 낙랑군이었다.

명·청 시대 중국학자들은 자기들의 속국이나 다를 바 없는, 당시 압록강 이남의 나약하기 이를 데 없던 조선을 바라보면서, 역사 조작을 통해 한사군의 낙랑군을 대동강 유역에 가져다 놓음으로써 지난날 찬란했던 대륙조선의 역사와 단절시키고자 하였다.

그리고 일제 강점기의 식민사학자들은 중국 사학자들의 낙랑사 조작을 토대로 거기서 한걸음 더 나아가 위조가능성이 높은 낙랑유물을 내세워 '대동강 낙랑설'을 고착화시키며 한국사를 반도사로 왜곡하였다.

중국인은 명·청 이후, 압록강 이남으로 축소된 이씨조선을 대륙조선과 단절시키기 위해 낙랑군의 역사를 왜곡하였고 일본인은 식민통치의 장기화를 위해 낙랑군의 역사를 왜곡하였다. 그래서 지난 역사상에서 낙랑사가 수난의 중심에 서 있었다.

 부여와 고구려

4.1 부여

▌고조선을 계승한 부여扶餘와 예濊의 땅

부여는 고대 중국의 동북방에 건립되었던 강대한 국가로 대략 700년가량 존속했다. 부여는 고조선을 계승한 나라이고 후세의 고구려와 백제가 모두 부여에 그 뿌리를 두고 있다. 따라서 한국사연구에서 부여는 필수 불가결한 요소이다.

그 동안 우리는 한국사가 단군조선, 기자조선, 위만조선으로 이어지다가 한 무제 때 한사군의 설치와 함께 고조선이 멸망하여 한국사의 맥이 끊긴 것으로 이해해 왔다. 그러나 그것은 부여사 연구가 제대로 이루어지지 않은 데서 나온 잘못된 견해이다. 기자조선, 위만조선은 고조선왕조의 서부지방정권에 불과했고 한나라가 공격하여 군현을 설치한 지역은 고조선왕조의 서부강역 일부에 지나지 않았다. 한사군시대에 고조선은 멸망한 것이 아니라 부여로 이어져 왕조의 정통성이 그대로 유지되었던 것이다.

그런데 이병도는 「부여고夫餘考」에서 다음과 같이 말하고 있다. "정작 문제는 부여의 기원이라든지 건국 연대에 대하여 먼저 제기되어야 하겠는데 이에 관하여는 지금 우리가 자세히 구명究明할 도리가 없다." [7]

이병도의 「부여고」에서 보는 바와 같이 부여사는 지금까지 부여의 기원, 발상지, 건국연대, 강역 등 그 어느 것 하나도 제대로 연구된 것이 없는 실정이다. 지금 한국에서 부여사 연구는 거의 전무한 상태라 해도 과언이 아니다. 부여사는 고조선사와 함께 한국사의 뿌리를 형성하고 있는데 부여사 연구가 이처럼 전무한 실정이니 한국사 연구가 제대로 될 리 만무한 것이다.

---

7) 이병도, 『한국고대사연구』, 박영사, 1987, p.216.

고구려 「영락호태왕비문永樂好太王碑文」에 "먼 옛날 시조 추모왕이 국가의 기초를 세우실 때 북부여로부터 나왔다(惟昔始祖鄒牟王之創基也 出自北夫餘)"라고·말하고, "동부여는 옛적에 추모왕에 소속된 백성이었다(東夫餘 舊是鄒牟王屬民)"라고 말하였다. 이는 추모왕鄒牟王 시대에 북부여北夫餘와 동부여東夫餘가 이미 존재했었다는 사실을 말해준다. 그러면 주몽朱蒙 시대의 이 북부여와 동부여는 과연 어디에 있었을까.

단재 신채호는 "우수리강(烏蘇里江) 유역에 양 대국(大國)을 건설하였으니 곧 동부여·북부여이고 압록강유역에 대국을 건설하였으니 곧 고구려이며 한강유역에 한 대국을 건설하였으니 곧 백제이며 낙동강유역에 양 대국을 세웠으니 곧 가락駕洛·신라이다"라고 하였다.8)

『대한지지大韓地誌』에서는 "해부루解夫婁"가 세운 동부여를 동해 바닷가에 있는 강원도라 말하기도 하였고 이병도는 해부루의 동부여東扶餘를 지금의 함경남도咸鏡南道 지방으로 간주하였다.9)

필자는 북부여北扶餘가 중국의 하북성 예하濊河 유역에 있었다고 본다. 그렇게 보는 이유를 관련 사료를 들어 아래에서 설명하기로 한다.

『삼국지三國志』「위지魏志」〈동이전東夷傳〉의 부여에 관한 기록 가운데 다음과 같은 내용이 나온다.

> "나라의 원로들이 스스로를 옛적에 도망쳐온 사람들이라고 말한다. ……그 나라에서 사용하는 인장의 문안에는 예왕의 인이라고 적혀 있다. 나라에 옛 성이 있는데 예성이라고 이름 한다. 아마도 본래는 예맥의 땅이었는데 부여가 그곳에서 왕 노릇을 하게 된 것으로서 그들이 스스로 도망쳐 온 사람들이라고 말하는 것은 그만한 이유가 있다고 할 것이다.
> (國之耆老 自說古之亡人…… 其(國王)印文 言濊王之印 國有故城 名濊城 蓋本濊貊之地 而夫餘王其中 自謂亡人 抑有以也)"〈魏略〉

---

8) 신채호, 『조선상고문화사』, 비봉출판사, 2007, p.247.
9) 이병도, 『국역삼국사기』, 을유문화사, 1980, p.125.

여기서 부여국의 나이 많은 노인들이 "자신들은 옛적의 망인亡人, 즉 도망쳐온 사람들이었다고 스스로 말했다"는 기록을 본다면 그들은 이곳 예濊땅에 오기 전에 다른 어떤 지역에 있다가 이곳으로 이동해 온 사실을 설명해 주는데 이는 서주의 주공周公 시대에 부여인들이 부여의 발상지로 말해지는 산동성의 부산鳧山을 서주세력에게 빼앗기고 이곳 예지濊地로 이동해 온 것으로 볼 수 있다.

『시경』「노송魯頌」의 〈비궁편〉에는 산동성 추현鄒縣의 부산鳧山과 역산嶧山이 본래는 동이족의 땅이었는데 주공세력이 이를 침략하여 소유하게 된 경위가 기록되어 있다. 그리고 『후한서』「동이열전」의 부여국에 관한 기록 가운데서도 "본래는 예濊의 땅이었다(本濊地也)"라고 설명한 것을 본다면 부여가 본래는 다른 지역에 있다가 나중에 예 땅으로 이동해 온 것은 확실한 것으로 보여 진다.

예하濊河는 포오거蒲吾渠, 포오거는 부여하扶餘河

부여사의 올바른 연구를 위해서는 예의 땅을 추적하여 그 정확한 위치를 찾아내는 일이 필요하다. 부여인들은 서주시대에 산동성의 부유鳧臾를 떠나 예맥濊貊의 땅 예성濊城으로 이동해 가서 다시 터전을 잡고 살았다고 볼 수 있다. 그러면 그 예성은 과연 오늘날의 어느 지역에 해당하는 것일까.

『수경주水經注』「탁장수濁漳水」조항에 예수濊水·예읍濊邑에 관한 다음과 같은 기록이 보인다.

> "청장수淸漳水가 장무현章武縣 고성故城 서쪽을 경유하면 옛 예읍濊邑이다. 여기서 청장수의 지류(枝瀆)가 출현하는데 그것을 예수濊水라고 말한다.
> (淸漳逕章武縣故城西 故濊邑也 枝瀆出焉 謂之濊水)"

『수경주』에서 말한 예수濊水와 예읍濊邑은 부여인들이 망명해서 나라를 세웠던 예성濊城과 관련이 있다고 본다. 예수濊水로 인해서 예읍濊邑·예성濊城이라는 지명이 생겨났는지 아니면 예인濊人들이 이곳에 와서 살아서 예수·예읍·예성이라는 지명이 생겨나게 되었는지 그 정확한 내막은 알 길이 없지만 어쨌든 예수가 예읍·예성과 서로 밀접하게 관련되어 있다는 사실은 부인할 수 없을 것이다.

예수濊水·예읍濊邑이 등장하는 『수경주』의 청장수清漳水·탁장수濁漳水는 어디에 있는 강물일까. 『명일통지明一統志』 권3. 「전정부真定府」 〈장하漳河〉 조항에

> "기주의 서북쪽 35리에 있다. 산서성 쪽에서 발원하여 동남쪽으로 흘러 영진현을 경유하고 기주의 경내를 지나면 바로 무읍현인데 여기를 통과하여 호타하에 도달된다(在冀州西北三十五里 源發山西界 東南流 經寧晉縣 過州境 乃武邑縣 達滹沱河)"

라는 기록이 나온다. 이는 장하漳河가 산서성 쪽에서 발원하여 하북성 호타하滹沱河로 진입되는 강물임을 말해준다.

『대청일통지大清一統志』 권18. 「예하濊河」 조항에는 다음과 같은 기록이 나온다.

> "예하濊河는 평산현平山縣 북쪽에 있다. 옛날에는 행당현行唐縣 경계로 유입되었는데 바로 목도구木刀溝 상류로서 옛 석구하石臼河이다. 원굉袁宏의 『후한기後漢紀』에는 '영평永平 연간에 호타하滹沱河와 석구하石臼河를 수리하여 도려都慮로부터 양장창羊腸倉까지 이르렀는데 조운漕運을 통하게 하려는 것이었다'라고 하였다……
> (濊河 在平山縣北 舊入行唐縣界 即木刀溝上源 古石臼河也 袁宏後漢紀 永平中 理滹沱石臼河 從都慮至羊腸倉 欲令通漕……)"

그리고 『대청일통지大清一統志』는 이어서 또 다음과 같이 말하고 있다.

> "생각컨대 예하濊河는 일명 포오거蒲吾渠라고 한다. 『후한서後漢書』「주注」에 『고금주古今注』를 인용하여 '영평永平 10년에 상산常山의 호타하滹沱河와 포오거를 내왕하는 조운선漕運船을 만들었다'라고 한 것은 바로 이 예하를 가리킨 것이다(按此河 亦名蒲吾渠 後漢書注 引古今注曰 永平十年 作常山滹沱河蒲吾渠 通漕船 卽此)"

『대청일통지』에 나오는 이 기록은 우리에게 예하濊河와 관련해서 몇 가지 매우 중요한 정보를 제공해준다. 첫째는 예하가 후한시대 명제明帝 영평永平 연간에는 포오거蒲吾渠로 불려진 사실이다. 둘째는 예하와 호타하滹沱河가 아주 서로 동떨어져 있었다면 조운선漕運船을 통하게 하기 위해 이 두 강을 함께 수리할 필요는 없었을 것이다. 따라서 이는 이 두 강물이 서로 가까이 있어 연결되는 강이었음을 말해준다. 셋째 『고금주古今注』의 기록은 영평 10년 "상산常山의 호타하와 포오거를 수리했다"라고 말함으로써 후한시기에 예하와 호타하가 상산군常山郡에 편입되어 있었던 사실을 밝혀주고 있다.

대만 중화학술원中華學術院에서 펴낸 『중문대사전中文大辭典』에서도 예수濊水에 대한 다음과 같은 기록을 발견할 수가 있다.

> "예하濊河는 예수라고도 한다. 옛날에는 포오거蒲吾渠라 하기도 하고 석구하石臼河라고도 하였다. 과거에는 지금의 하북성 평산현平山縣 서북쪽에서 발원하여 동쪽으로 흘러 호타하滹沱河에 유입되었으나 지금은 상류는 자수滋水에 의해서 어지럽혀 지고 하류도 역시 막혀 있다"

『중문대사전中文大辭典』은 『대청일통지大淸一統志』의 기록을 그대로 요약하여 소개한 것이다. 그런데 우리가 이들 자료에서 특별히 주목하는 것은 예하濊河가 바로 포오거蒲吾渠라고 말한 부분이다. 북부여가 이동해 간 호타하滹沱河 부근의 예하濊

河가 바로 후한 명제明帝 영평永平 연간에는 포오거蒲吾渠로 호칭되었다는 사실은 예하가 바로 부여하夫餘河임을 밝혀주는 결정적인 단서라고 본다.

포오거는 예하의 다른 이름인데 이 포오거가 바로 부여하夫餘河를 지칭한다고 보는 근거는 무엇인가. 금金나라에서는 서기 1125년 동북방지역을 통일한 다음 거기에 포여로蒲與路를 설치하고 흑룡강성과 우수리강烏蘇里江 유역의 고대 부여가 존재했던 광대한 지역을 관할하도록 하였다.

[그림-16] 호타하 지류인 예하에 위치한 요서부여

복여위福餘衛는 명明나라 올량합兀良哈 3위衛의 하나로 홍무洪武 22년(1389)에 설치했는데 관할 경계가 처음에는 흑룡강성 눈강嫩江 하류일대에 있다가 나중에 남쪽으로 지금의 요녕성 요양·심양·철령·개원 등의 시·현 일대로 옮겨갔다. 그 지역이 원래 옛 부여국夫餘國이 있던 곳이어서 그런 명칭이 붙여진 것이다. 금나라에서 설치한 포여로蒲與路와 명나라에서 설치한 복여위福餘衛는 다 부여夫餘의 음을 한자로 표기하는 과정에서 이렇게 부여와 음이 비슷한 다른 글자로 바꾸어 쓴 것이다.

후한시기에 부여하夫餘河를 포오거蒲吾渠라고 한 것은 바로 금金나라에서 부여지역을 통일한 다음 그 지역을 포여로蒲與路라 호칭하고 명나라에서 옛 부여가 있던 지역을 복여위福餘衛라 호칭한 것과 같은 맥락에서 이해할 수 있다. 중국어에서 복福은 fu 포蒲는 pu로 부여扶餘의 부扶 fu와 같은 발음이고 여與·오吾는 yu와 wu로 부여扶餘의 여餘 yu와 역시 같은 발음에 속한다.

금나라의 포여蒲與와 명나라의 복여福餘가 부여扶餘에 대한 다른 표기였던 것처럼 후한시기의 포오蒲吾도 부여扶餘에 대한 다른 표기였던 것이다. 복여福餘나 포여蒲與·

포오蒲吾는 한자 표기는 다르지만 중국어로 발음할 때는 "부여"와 비슷하게 발음하게 되는데 원래 부여라는 명칭을 이렇게 글자를 변경하여 사용하게 된 배경은 무엇일까. 어떤 나라가 망했다거나 또는 어느 지역의 주인이 바뀌었다고 할 때 새로 주인이 된 입장에서는 과거에 쓰던 이름을 그대로 사용하기 보다는 가능한 한 옛 흔적을 지워버릴 필요가 있었을 것이고 그런 과정에서 이런 본래의 이름과 글자가 다른 새로운 이름들이 등장하게 되었던 것이라고 본다.

부여하를 포오거蒲吾渠라고 바꾸면 그 당시 부여시대를 살았던 사람들은 그것이 부여하에서 따온 이름이라는 것을 알겠지만 수 천 년이 흐른 오늘의 시대에 이르러서 그 내막을 짐작할 사람이 과연 몇이나 되겠는가. 후한시기 호타하滹沱河와 함께 상산군常山郡에 소속되어 포오거蒲吾渠로 불려졌던 예하濊河는 『대청일통지大清一統志』의 기록에 "지금은 상류는 자수滋水에 의해 어지럽혀져 옛 물길이 이미 막혀 있고 하류도 물길이 막혀서 동쪽으로 흘러가지 않고 있다"라고 말한 것을 본다면 청淸나라시대에 이미 상류는 혼란스러워지고 하류는 막혀서 예하 본래의 모습을 상실했던 사실을 알 수 있다.

지금은 중국 지도상에 포오거는 물론 예하라는 이름조차도 종적을 감추고 아예 찾아 볼 수 없다. 그러나 우리는 『후한서後漢書』「고금주古今注」의 포오거라는 기록을 통해서 예하가 포오거이고, 포오거가 부여하扶餘河였다는 사실을 미루어 짐작할 수 있는 것이다.

▎부여의 해씨解氏와 호타하滹沱河 유역의 해왕성解王城 유적

북부여는 해모수解慕漱에 의해 창건된 국가이다. 그러나 오늘날 우리나라 국사교과서를 살펴보면 북부여의 기원, 발상지, 강역 등에 대해 어느 것 하나 제대로 밝혀놓은 것이 없다.

그런데 『후한서』에 "부여가 있는 곳은 본래 예濊의 땅이었다(本濊地)"라고 말하였고, 『삼국지』「위지」〈동이전〉에 "부여국에 옛 성성이 있는데 그 성 이름은 예성濊城이라고 한다(國有故城 名濊城)"라고 말한 것을 미루어 본다면 북부여는 예하濊河 유역에 있었던 것이 분명하다.

그리고 예하는 『명일통지明一統志』의 "평산현平山縣 서북쪽에서 나와 현의 동남쪽으로 흘러 호타하滹沱河로 들어간다"라는 기록에 의거하면 하북성 호타하 부근에 있었고 『대청일통지大淸一統志』의 "후한시기에 호타하와 함께 거명된 포오거蒲吾渠가 곧 예하이다"라고 한 기록에 의거하면 예하는 곧 부여하扶餘河의 다른 이름이었다. 이런 사료의 기록들을 종합하여 비교 검토해 본다면 북부여는 하북성 남부 호타하滹沱河 부근 예하濊河 유역에 있었던 것은 의심의 여지가 없다고 하겠다.

북부여가 하북성 남쪽 호타하 부근에 있었다는 사실을 뒷받침해주는 또 하나의 근거는 해왕성解王城 유적이다. 『서수신지徐水新志』의 「서수고적徐水古迹」 조항에는 해왕성解王城이 서수현徐水縣에 있다는 사실을 다음과 같이 기록하고 있다.

> "해왕성이 현의 서북쪽 40리에 있는데 고증할 길이 없다.
> (解王城 在縣西北四十里 無考)"

이는 지금은 비록 그 정확한 내막을 확인할 길이 없지만 하북성 보정시 서수현徐水縣에서 서북쪽으로 40리 거리에 옛 해왕성解王城 유적이 존재하고 있었다는 사실을 오늘의 우리에게 전해주고 있는 것이다.

이 해왕성解王城의 주인은 과연 누구였을까, 중국 역사상에는 5천년역사 전체를 뒤져보아도 해왕解王이라는 이름은 등장하지 않는다. 그러나 북부여의 군주는 해모수解慕漱·해부루解夫婁가 있다. 그리고 고구려의 시조 주몽朱蒙도 고구려를 창건하기 이전에는 고주몽高朱蒙이 아니라 해주몽解朱蒙이었다. 북부여의 발상지 예하濊河는 호타하滹沱河 유역 부근에 있었고 해왕성解王城 유적이 있는 서수현徐水縣은 호타하에서 북쪽으로 그리 멀지 않은 지역에 위치해 있다. 그렇다면 이 해왕성解王城을 북부여北夫餘 해씨解氏 왕조의 어느 왕이 세운 왕성王城으로 보는 것은 너무나도 자연스러운 일이 아닐까.

단재의 말대로 북부여의 발상지가 길림성 우수리강 유역에 있었다고 한다면 하북성 서수현徐水縣의 해왕성解王城 유적은 북부여와는 무관한 것이 된다. 그러나 북부여의 발상지 예하濊河가 호타하滹沱河 유역이고 해모수解慕漱·해부루解夫婁가 터전을 잡고 나라를 다스린 지역이 이곳 예하 유역이었다고 한다면 호타하 유역에서 그리 멀지 않은 서수현徐水縣에 위치하고 있는 해왕성解王城은 북부여의 해씨解氏의 왕성일 가능성이 충분한 것이다. 하북성 호타하滹沱河 유역은 이곳 부근에 북부여의 근거지로 여겨지는 예하濊河가 있었고 해부루解夫婁·해모수解慕漱 등 왕씨解氏 왕조의 왕성으로 보여지는 해왕성解王城이 있었으며 또 부여인의 발상지 산동성 추현鄒縣 부산鳧山의 북쪽에 위치하고 있었다는 점에서 볼 때 북부여北夫餘가 이곳에 있었던 것은 확실하다고 여겨진다.

밝달 민족의 역사영토는 식민사학자의 주장처럼 압록강 이남이 아닌 것은 물론 민족사학자가 주장한 것보다도 훨씬 더 대륙 깊숙이 들어가서 자리 잡고 있었다. 지난날 우리 예맥족濊貊族이 남긴 찬란한 발자취는 오늘도 여전히 대륙 안에서 살아 쉼 쉬고 있다. 다만 사대사관과 식민사관에 눈이 가리고 귀가 막히어 그것을 보고 들을 눈과 귀가 없을 따름인 것이다.

4.2 고구려

▍『삼국사기』가 증명하는 요서고구려 역사

우리 『국사교과서』에서 고구려에 관한 서술 부분을 살펴보면 어디에서도 요서遼西라는 단어는 찾아 볼 수가 없다. 그러나 『삼국사기三國史記』 「고구려본기」 〈태조대왕 고궁高宮〉 3년(서기 55) 봄 2월 조항에는 "요서에 10개의 성을 쌓아 한漢나라 군대의 침입에 대비하였다(築遼西十城 以備漢兵)"라는 기록이 나온다.

『삼국사기』의 이 기록은 이병도에 의해 오류가 아니면 오기라고 부정되었다. 그러나 그것이 오류가 아니라 역사적 사실이라는 것은 『삼국사기』 「고구려본기」 제2 모본왕慕本王 조항의 다음 내용을 통해서도 확인이 가능하다.

> "2년 봄에 장수를 보내 한나라의 북평·어양·상곡·태원 등지를 습격하였다. 요동태수 채용이 은혜와 신의로써 대접하므로 다시 화친관계를 회복하였다.
> (二年春 遣將襲漢北平 漁陽 上谷 太原 而遼東太守 蔡彤 以恩信待之 乃復和親)"

한나라의 어양군漁陽郡은 지금의 북경시 밀운현密雲縣 일대에 있었고 상곡군上谷郡은 하북성 서쪽 탁록涿鹿·역현易縣 일대에 있었으며 태원太原은 지금 산서성의 성도省都인 태원시를 가리킨다. 이때 만일 고구려가 압록강 유역에 있었고 오늘날의 요녕성 요하의 동쪽과 서쪽에는 한나라의 요동군·요서군이 있었다고 한다면 모본왕의 이 공격은 현실적으로 불가능한 일이다.

어떻게 고구려가 중간에 가로 막힌 한나라의 요동군과 요서군을 뛰어 넘어 하북성에 있는 북평군·어양군·상곡군을 공격하고 거기서 더 나아가 산서성 태원시까지 공격하는 일이 가능했겠는가. 이것은 당시에 하북성 동쪽으로부터 요동·요서 지역이 모두 고구려의 영토였음을 증명하는 확실한 근거가 되는 것이다.

고구려의 제5대 모본왕 해우解憂는 대무신왕大武神王의 장자로 민중왕閔中王이 서거하자 그 뒤를 이어서 왕이 되었다. 그러니까 고구려 제6대 태조대왕보다 1대 앞서 재위한 임금이 되는 셈이다. 그런데 모본왕 때의 기록에 "장수를 보내 한漢나라의 북평北平·어양漁陽·상곡上谷·태원太原을 습격했다"라는 내용이 있다. 그렇다면 바로 그 다음 왕인 태조대왕 당시의 기록에 "요서에 10개의 성을 쌓아서 한나라 군사의 침입에 대비하였다"고 한 것은 그것이 오류나 오기가 아니라 엄연한 역사적 사실임이 분명한 것이다.

고구려는 초기에 오늘날의 요하동쪽과 서쪽을 포함하는 요녕성 전 지역은 물론 하북성 동쪽의 진황도시 일대, 진·한시대의 요서군 지역까지 차지하고 있었으며 이 시기를 요서고구려 시대라고 말할 수 있다. 다만 우리는 지금 조선조에 형성된 사대사관과 일제강점기에 형성된 식민사관의 영향으로 인해 찬란했던 요서고구려 시대를 잃어버린 채 대동강 유역의 평양 고구려만을 알고 있는 것이다.

『산해경』에 의하면 "발해의 모퉁이에 나라가 있는데 그 이름을 조선이라 한다"라고 하였다. 발해의 모퉁이 발해만 일대가 수·당隋唐 이전의 요서지역이었고 거기에 고조선이 있었다. 고조선 땅에서 일어난 고구려 또한 초기에는 압록강 유역이 아니라 발해의 모퉁이 요서조선 지역에서 출발하였다. 고구려가 요서에 10개의 성을 쌓고 어양·상곡·북평 등지를 공격할 수 있었던 것은 중국의 한나라와 요서지역에서 대치했던 요서고구려시대가 있었기에 가능한 일이었다.

고구려 초기 한나라와 고구려의 전쟁기록을 살펴보면 한나라로부터 침략을 받은 것보다 고구려가 침략한 사례가 더 많았고 전쟁에서 실패한 것보다 승리한 경우가 더 많았다. 이것은 당시 고구려의 강대한 군사력을 보여주는 것인 동시에 고구려가 고조선의 고토회복을 위한 차원에서 적극적으로 벌인 전쟁이었음을 말해준다고 하겠다.

이병도계열의 강단사학 이론을 통설로 서술하고 있는 현행 우리 『국사교과서』는 요서조선·요서고구려 등의 대륙사를 부정하고 반도사 중심으로 기술되어 있다. 그런 까닭에 우리 민족이 이민족인 중국의 한족들과 싸워 승리를 쟁취한 자랑스러운 역사보다는 고구려·백제·신라 등 동족끼리 서로 싸우고 죽이는 부끄러운 역사 기록들로 교과서 내용이 가득 채워져 있다. 이것이 『삼국사기』가 증명하는 요서고구려의 역사를 올바로 기록한 바른역사 교과서가 필요한 이유이다.

북위시기 요서에 있었던 고구려 수도

우리는 고구려의 수도라 하면 의례히 압록강 유역에 있던 환도성·국내성과 대동강 유역의 평양성을 연상하고 요서의 평주平州, 즉 오늘날 중국의 하북성 동쪽 진황도시 노룡현 일대에 있었던 고구려의 수도를 아는 사람은 극히 드물다. 그러나 고구려가 대동강 유역 평양으로 도읍을 옮기기 이전에 그 수도가 하북성 동쪽 평주에 있었던 사실이 중국 고대의 여러 사서를 통해 입증되고 있다.

당나라 때, 두우杜佑가 편찬한 『통전通典』 권180 「주군州郡」 〈고청주古青州 안동부安東部〉 조항에는 당나라가 고구려를 멸망시키고 그 수도 평양성에 안동도호부를 설치한 내용이 다음과 같이 기록되어 있다.

"안동대도호부安東大都護府: 순舜임금이 청주青州를 분할하여 영주營州를 만들었고 목牧을 배치하였으니 마땅히 요수遼水의 동쪽이 이곳이다. 춘추시대 및 전국시대에는 아울러 연燕나라에 소속되었고 진秦나라와 전한·후한시대에는 요동군遼東郡이라 하였다.

동쪽으로는 낙랑樂浪과 통하였다. 진晉나라시기에는 그대로 따랐으며 겸하여 평주平州를 설치하였다. 후위後魏시대에 고구려高句麗가 그 지역에 도읍하였다. 대당大唐 총장總章(당나라 고종高宗의 연호) 원년(668년)에 이적李勣이 고구려를 평정하고 176개 성성을 얻어 그 지역을 도독부都督府 9·주州 42·현縣 100개로 분할했다. 평양성에 안동도호부를 설치하여 통치하고 그 지역의 토박이 지도자들을 도독都督·자사刺史·현령縣令으로 삼았다."

(安東大都護府 舜分青州為營州 置牧 宜遼水之東是也 春秋及戰國 並屬燕 秦二漢曰遼東郡 東通樂浪 晉因之 兼置平州 後魏時 高麗國都其地 大唐總章元年 李勣平高麗 得城百七十六 分其地為都督府九 州四十二 縣一百 置安東都護府於平壤城 以統之 用其酋渠 為都督刺史縣令)

이 자료에서 우리가 주목하는 부분은 진晉나라 때 평주平州를 설치했던 그 지역에 "후위시기에 이르러 고구려가 거기에 도읍을 정했다(後魏時 高麗國都其地)"라고 말한 대목이다. 후위는 조조曹操가 세운 위나라(曹魏)와 구분하기 위해 붙여진 명칭으로 선비족鮮卑族이 세운 북위北魏 정권을 가리킨다. 그러면 북위시대에 고구려가 도읍을 정했다는 평주는 과연 어디인가. 평주에 대해 좀 더 구체적으로 알아보기 위해 『통전通典』에서 「북평군北平郡」〈평주〉 조항을 살펴보기로 한다.

"평주는 지금 주청사 소재지는 노룡현盧龍縣에 있다. 은殷나라 때는 고죽국孤竹國이었고 춘추시대에는 산융山戎·비자肥子 두 나라 땅이었다. 오늘날의 노룡현이다. 옛 고죽성孤竹城이 있는데 백이伯夷·숙제叔齊의 나라였다. 전국시대에는 연燕나라에 속하였고 진秦나라 때는 우북평右北平과 요서군遼西郡 지역이었다. 전한·후한시대에는 진나라의 행정구역을 그대로 따랐다. 진晉나라 때는 요서군遼西郡에 소속되었고 후위後魏시대에도 역시 요서군이라 하였다. 수隋나라 초기에 평주를 설치하였고 양제煬帝 초기에는 평주를 폐지하고 다시 북평군을 설치하였다. 당나라 때는 수나라의 행정구역을 그대로 따랐다. 관할한 현縣은 3개 현인데 노룡현盧龍縣·석성현石城縣·마성현馬城縣이다."

> (平州 今理盧龍縣 殷時孤竹國 春秋山戎肥子二國地也 今盧龍縣 有古孤竹城 伯夷叔齊之國也 戰國時屬燕 秦為右北平及遼西二郡之境 二漢因之 晉屬遼西郡 後魏亦曰遼西郡 隋初置平州 煬帝初州廢 復置北平郡 大唐因之 領縣三 盧龍 石城 馬城)"

이 기록에 따르면 수·당시대의 북평군北平郡 평주平州는 은殷나라 때는 백이伯夷·숙제叔齊의 나라 고죽국孤竹國 땅이고 춘추시대에는 산융山戎·비자肥子 두 나라 땅이며 전국시대에는 연燕나라 땅이고 진秦나라·한漢나라·진晉나라·북위北魏 시대에는 요서군遼西郡 지역이었다.

그렇다면 이 지역이 오늘날은 어디에 해당하는가. 『통전』에서 "지금 평주의 주청사 소재지가 노룡현에 있다"라고 말했는데 요행이도 수·당시대의 노룡현은 중국 지도 상에서 자취를 감추지 않고 오늘에 이르기까지 그 지명이 그대로 살아 있다. 중국 공산당 간부들의 여름철 휴양지로 유명한 하북성 진황도시 북대하北戴河 부근 노룡현 일대가 바로 이 북위시대에 고구려의 수도가 있었던 평주지역이다.

북위시대에 고구려가 수도를 정하고 있었다는 하북성 진황도시 노룡현 일대는 다름 아닌 『태평환우기』에 의해서 고조선의 "조선성朝鮮城이 있다"라고 밝혀진 바로 그 곳이다. 여기서 우리는 수·당 시기의 북평군 평주, 즉 지금의 하북성 진황도시 노룡현 일대에는 본래는 고조선의 조선성이 있었고 그 뒤 요서고구려의 수도 또한 이 지역에 있었다는, 우리의 역사교과서가 가르쳐주지 않아서 그동안 까마득히 모르고 지냈던, 한국고대사 상의 아주 중요한 새로운 역사사실을 알 수 있게 된 것이다.

[그림-17] 요서고구려의 수도

요서고구려의 수도, 평주平州 창려현

고구려가 북위시기에 평주平州에 도읍을 정하고 있었다는 당나라 때 두우杜佑의 주장이, 혹시 진실과 거리가 먼 오류를 범한 것이라면 그 뒤 송宋나라나 원元나라시대의 학자들에 의해 이 내용이 비판 받았어야 마땅하다. 그러나 그 뒤 두우杜佑의 이 주장에 대해 반론을 제기하며 비판을 한 학자는 단 한 사람도 없었다.

반면에 남송南宋 말년의 학자 왕응린王應麟(1223~1296)은 『통감通鑑』의 지리에 관한 내용을 간추려 주석을 낸 책 『통감지리통석通鑑地理通釋』에서 두우杜佑의 주장을 그대로 계승하여 다음과 같이 말했다.

> "진晉나라 때 평주平州를 설치했던 지역에 후위後魏 시기에는 고구려가 그곳에 도읍을 정하였고 당唐나라에서는 안동도호부安東都護府를 설치하였다. (晉置平州 後魏時 高麗國都其地 唐置安東都護府)"

오늘날의 하북성 진황도시 노룡현 일대에, 진晉나라 때는 평주平州가 설치되었고 북위시대에는 고구려가 거기에 도읍을 정하였으며 당나라 때는 그 곳에 안동도호부가 설치된 사실이 『통감지리통석』에는 보다 명확하게 기록되어 있다. 그리고 『통감지리통석』의 「진19주 晉19州」 조항에는 "평주平州는 창려昌黎를 치소治所로 하였는데 창려昌黎는 한漢나라의 요서군遼西郡 교려현交黎縣 지역이고 당唐나라 때는 안동부安東府가 설치된 곳이다(平治昌黎 漢遼西交黎 唐安東府)"라는 기록도 보인다.

이것은 진晉나라 때 평주平州의 주청사 소재지가 창려현昌黎縣에 있었는데 진나라의 평주 창려현은 한나라시기로 말하면 요서군 교려현 지역이고 당나라 때는 안동도호부安東都護府가 바로 그곳에 설치되었다는 것을 설명한 것이다. 당나라가 고구려를 멸망시키고 세운 안동부의 위치가 그동안 우리가 국사시간에 배운 것처럼 대동강 유역 평양인 것이 아니라 요서의 평주 창려현이라는 사실을 『통감지리통석』은 보다 구체적으로 분명하게 밝혀주고 있다.

이상의 기록들을 통해 살펴본다면 고구려 장수왕시기, 즉 중국의 북위시기에 고구려는 본래 고조선의 수도였던 진晉나라의 평주平州, 즉 오늘날의 하북성 진황도시 노룡현, 창려현 일대에 천도하여 수·당 시기까지 줄곧 거기에 머물러 있었다. 그러다가 당나라 고종 때에 이르러 중국의 침략을 받아 그곳에 안동도호부가 설치되자 고구려는 그때 압록강이남 오늘날의 북한 평양지방으로 천도했다고 보는 것이 문헌기록과 부합되는 역사적 진실이라고 하겠다.

>>> 참고문헌

1. 노태돈, 『단군과 고조선사』, 사계절, 2010.
2. 소병기, 『중국문명기원신탐』, 삼련서점, 1999.
3. 신채호, 『조선상고문화사』, 비봉출판사, 2007, p.247.
4. 심백강, 『조선왕조실록 중의 단군사료』, 민족문화연구원, 2001.
5. 심백강, 『단군고기록 4종』, 민족문화연구원, 2001.
6. 심백강, 『조선왕조실록 중의 기자사료』, 민족문화연구원, 2002.
7. 심백강, 『기자고기록 선편』, 민족문화연구원, 2002.
8. 심백강, 『사고전서 중의 단군사료』, 민족문화연구원, 2002.
9. 심백강, 『사고전서 경부 중의 동이사료』, 민족문화연구원, 2003.
10. 심백강, 『사고전서 사부 중의 동이사료』, 민족문화연구원, 2003.
11. 심백강, 『사고전서 자부 중의 동이사료』, 민족문화연구원, 2003.
12. 심백강, 『사고전서 집부 중의 동이사료』, 민족문화연구원, 2003.
13. 심백강, 『사고전서 중의 동이사료 해제』, 민족문화연구원, 2003.
14. 심백강, 『2000만에 밝혀지는 한민족의 역사, - 황하에서 한라까지- 참좋은세상, 2007.
15. 심백강, 『사고전서 중의 동이관련 사료 역주』, 서울컴, 2013.
16. 심백강, 『사고전서 사료로 보는 한사군의 낙랑』, 바른역사(주), 2014.

17. 심백강, 『잃어버린 상고사 되찾은 고조선』, 바른역사(주), 2014.
18. 심백강, 『교과서에서 배우지 못한 우리역사』, 바른역사(주), 2014.
19. 이기동, 『한국사강좌』 1. 고대편, 일조각, 2001.
20. 이기백, 『한국사신론』, 일조각, 2005.
21. 이병도, 『국역삼국사기』, 을유문화사, 1980, p.125.
22. 이병도, 『한국고대사연구』, 박영사, 1987. p.216.
23. 이성규, 『낙랑문화연구』, 동북아역사재단, 2006.
24. 『고려사』
25. 『관자』
26. 『국어』
27. 『규원사화』
28. 『기보통지』
29. 『기자세가』
30. 『기자실기』
31. 『기자유제설』
32. 『기자지』
33. 『노사』
34. 『단군세기』
35. 『단기고사』
36. 『당서』
37. 『대청일통지』
38. 『독사방여기요』
39. 『맹자』
40. 『명일통지』
41. 『무경총요』
42. 『사고전서』
43. 『사기』
44. 『산해경』
45. 『삼국사기』
46. 『삼국유사』
47. 『삼국지』
48. 『상서대전』
49. 『서수현신지』
50. 『서수현지』
51. 『수경주』
52. 『수서』
53. 『시경』
54. 『서경』
55. 『예기』
56. 『위서』
57. 『일본서기』
58. 『일지록』
59. 『자양현지』
60. 『전한서』
61. 『제왕운기』
62. 『조선경국전』
63. 『조선왕조실록』
64. 『진서』
65. 『진태강지리지』
66. 『춘추좌전』
67. 『태평환우기』
68. 『통감지리통석』
69. 『통전』
70. 『통지』
71. 『한비자』
72. 『환단고기』
73. 『회남자』
74. 『후한서』

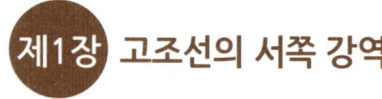

II. 고대사의 핵심 쟁점

저자: 이덕일

제1장 고조선의 서쪽 강역

1.1 고조선의 서쪽 국경과 중심지

　고조선사에서 건국시기 문제와 함께 중요한 것이 강역 문제이다. 이는 고조선의 영토가 얼마나 넓었는가 하는 문제인데, 이중에서도 중요한 것은 서쪽 국경선이 어디까지인가 하는 부분이다. 즉 고조선이 존속하고 있던 시기에 중국사에 존재했던 연(燕), 진(秦), 한(漢)과의 국경이 어디였는가를 찾는 문제이기도 하다. 이와 더불어 이 시기 고조선의 중심지, 즉 도읍지가 어디였는가 하는 점도 중요하다.
　먼저 고조선의 서쪽 국경선은 어디까지였는가? 고조선은 춘추 전국시대의 연(燕)나라, 전국시대를 통일한 진(秦)나라, 그리고 한(漢)나라와 국경을 맞대고 있었다. 고조선의 서쪽 국경이 어디인가 하는 문제는 연나라, 진나라, 한나라의 동쪽 국경이 어디인가 하는 문제와 같은 것이다. 고조선의 중심지, 즉 도읍은 어디였는가에 대해서 3가지 설이 있다. 대동강 유역이었다는 대동강 중심설, 고대 요동지역이었다는 요동 중심설, 그리고 요동지역에 있다가 대동강 유역으로 천도했다는 중심지 이동설이 그것이다. 먼저 고조선과 중국의 국경문제를 살펴보자.

▌산동반도까지 걸쳐 있던 고조선

중국 문헌 가운데 '조선'이라는 명칭이 가장 먼저 등장하는 것은 서기 전 8~7세기 때의 사실을 기록한 『관자(管子)』이다. 『관자』는 춘추시대 제나라 재상이며 '관포지교(管鮑之交)'로 널리 알려진 관중(管仲)이 지은 것이다. 이는 최소한 서기전 7세기경에 중국인들은 이미 조선의 존재를 알고 있었음을 말해준다. 『관자』의 해당 조항을 보자.

> "(제나라의) 환공이 말하기를 '사방의 오랑캐가 복종하지 않는 것은 아마도 잘못된 정치가 천하에 퍼져서 그런 것이 아닌가 걱정이다……'관자가 말하기를 '……발조선(發朝鮮)이 조근(朝覲)을 오지 않는 것은 문피와 털옷(毤服)을 예물로 요청하기 때문입니다. (중략) 한 장의 표범 가죽이라도 여유있는 값으로 계산해 준다면 8천 리 떨어진 발조선도 조근을 오게 될 것입니다' 라 하였다."
>
> (『관자』 제80편 「경중갑輕重甲」)10)

이는 서기전 8~7세기 춘추 시대 때의 인물인 관중이 조선의 존재를 알고 있었음을 말해준다. 관중은 산융(山戎)·고죽(孤竹) 등을 정벌하기 위해 연나라의 북방을 지나 난하 유역까지 진출했던 일이 있었다. 그는 이때 이미 조선의 존재와 그 위치에 대해서 알고 있었을 것이다. 여기에서 발조선이 어디인지 이해하려면 식신(息愼), 또는 숙신(肅愼)을 이해해야 한다. 『사기』 「오제(五帝)본기」 제순(帝舜)조를 보면 "북쪽에는 산융과 발, 식신(發, 息愼)이 있다"는 구절이 나온다. 이는 서기 전 23세기경의 일을 기록한 것인데, 이 구절에 대해서 고대 중국의 역사가인 정현(鄭玄)은 "식신은 혹 숙신이라고 이르는데, 동북의 이(夷)족이다"라는 주석을 달았다. 여기에서 알 수 있는 것은

---

10) 桓公曰, "四夷不服, 恐其逆政, 游於天下, 而傷寡人, 寡人之行, 為此有道乎?" 管子對曰, "吳越不朝, 珠象而以為幣乎! 發朝鮮不朝, 請文皮毤°服而以為幣乎! 禺氏不朝, 請以白璧為幣乎! 崑崙之虛不朝, 請以璆琳琅玕為幣乎! 故夫握而不見於手, 含而不見於口, 而辟千金者, 珠也, 然後八千里之吳越可得而朝也" 一豹之皮容金而金也, 然後八千里之發朝鮮可得而朝也" 『管子』, 「輕重甲」

서기 전 23세기경의 일을 기록한 『사기』 제순 조의 발·숙신이 1600여년 후인 서기 전 8~7세기경의 일을 기록한 『관자』에는 '발·조선'으로 표기되었다는 사실이다. 즉 '식신=숙신=조선'이라는 사실이다. 그래서 조선의 정약용은 물론 독립운동가 신채호, 정인보 및 북한의 리지린 등이 모두 숙신을 조선과 같은 명칭으로 보았다. 『사기』「사마상여(司馬相如) 열전」에는 제(齊)나라가 국경을 맞대고 있는 다른 나라들에 대해서 이렇게 설명하고 있다.

> "또 제나라는……동북쪽으로 숙신과 이웃하고 있으며 오른쪽은 탕곡과 경계를 이루고 있다" 11)

제나라는 산동반도에 있던 나라인데, 이 구절의 '사(邪)'자에 대해 《사기정의》는 "동북으로 접하고 있는 것을 이른다"는 주석을 달고 있다. 숙신, 곧 고조선은 제나라와 동북쪽으로 국경을 접하고 있었다는 뜻이다. 이 내용은 한나라 경제(景帝)와 무제(武帝) 때인 서기 전 2세기경의 인물인 사마상여(司馬相如)의「자허부(子虛賦)」라는 사부(辭賦)에 나오는 것이다. 이때가 언제인지 시기를 특정하지는 않았지만 고조선이 멸망하기 직전인 서기 전 2세기경의 중국 지식인들은 고조선이 산동반도 일부까지 차지하고 있었다는 사실을 알고 있었음을 말해준다. 이 글은 고조선이 동북쪽으로는 제나라와 접하고 있었고, 탕곡으로 경계를 이루었다는 내용이다. 탕곡은 『사기』「오제본기」의 '제요(帝堯)'조에 "희중(羲仲)에게 따로 명해서 욱이(郁夷)에 살게 했는데 이곳을 양곡(暘谷)이라고 했다"는 구절에 대한 주석에서 현재 산동반도의 청주(青州)라고 설명하고 있다. 중국 고대사서의 이런 구절들은 고조선이 한때 산동반도 일각까지 차지하고 있었음을 말해준다.

고조선의 강역에 대해서 설명하는 책 중에 중국의 고대의 지리서인 『산해경(山海經)』도 있다. 『산해경』은 "조선은 열양(列陽)의 동쪽에 있는데 바다(海)의 북쪽이며

---

11) "且齊…邪與肅慎爲鄰, 右以湯谷爲界", 『史記』「司馬相如」

산의 남쪽에 있다. 열양은 연(燕)나라에 속한다"라고 말하고 있다. 여기에서 열양(列陽)은 열수(列水)의 북쪽을 뜻하는데, 『후한서』「군국지」의 유주(幽州) 낙랑군 조에는 후한 때 낙랑군에 열구(列口)현이 있었다고 말하는데 이는 열구현에는 열수가 있기 때문에 생긴 지명임을 말해주고 있다. 이 구절에 대해서 『후한서』는 "곽박(郭璞)이 『산해경』에 주석하기를 '열(列)은 강 이름이다. 열수는 요동에 있다'고 했다(郭璞注山海經曰, '列, 水名。列水在遼東')"고 설명하고 이다. 후한 때 현재의 북경 부근인 유주(幽州)에서 관할하던 군(郡) 중에 낙랑군이 있었는데, 그 산하에 열구현이 있었다. 열구현은 현 내에 열수가 흐르기 때문에 생긴 지명인데, 열수는 요동에 있었다는 뜻이다.

이때의 요동은 고대의 요동으로서 현재 요녕성 요하를 기준으로 그 동쪽을 요동, 서쪽을 요서라고 부르는 현재의 요동과는 다른 지역이다. 현재의 요동에서 서쪽으로 몇 백km 더 떨어진 현재의 하북성 일대가 고대의 요동이었다.

국내 일부 학자들은 열수를 대동강이라고 주장하고 있는데, 중국의 이런 1차 사료를 전혀 무시한 비학문적 주장이다. 앞서 본 것처럼 『산해경』은 "조선은 열양(列陽)의 동쪽에 있는데 바다(海)의 북쪽이며 산의 남쪽에 있다. 열양은 연(燕)나라에 속한다"라고 말하고 있는데, 열수가 대동강이면 열수의 북쪽인 열양은 연나라라고 했으니 언제부터 대동강 북쪽 평양이 연나라 땅이 되었는가? 대동강 북쪽 평양까지 연나라에 내 주고 나면 고조선은 어디에 비정해야 하는가? 함경도나 강원도로 가야하는가?

『산해경』에는 또 "동해(東海)의 안쪽, 북해(北海) 귀퉁이에 조선이라는 나라가 있다"는 기록이 있다. 여기에서 말하는 동해와 북해는 어느 바다일까? 이 역시 식민사학에서는 지금의 서해라고 주장해왔다. 1차 사료적 근거를 가지고 있는 것이 아니라 고조선이 평양일대에 있었다는 고정관념을 가지고 서해라고 근거 없이 비정했던 것이다. 그런데 『사기』'조선열전'에는 한나라의 양복(楊僕)이 제(齊)를 출발해서 발해(渤海)에 떠서 고조선의 왕검성을 공격했다는 기록이 있다. 『산해경』에서 말하는 바다는 발해라고 볼 수 있다. 『사기』'조선열전'의 이 구절은 고조선을 공격하는 한(漢)나라 군사가 제(齊), 곧 오늘날 산동반도에서 북쪽 발해를 거쳐 고조선 왕검성을 공격했다는 뜻이다. 『전국책(戰國策)』에 "제(齊)나라 북쪽에는 발해가 있다"는 기록도 마찬가지다. 이 당시 중국인들에게 바다란 북쪽으로는 발해이고, 그 남쪽으로는 중국의 산동반도 및 그 아래 내륙에 접한 바다를 뜻하는 것이다. 중국의 여러 사료들은 고조선과 연나라가 국경을 맞댔다고 기록하고 있다. 『전국책』에는 "소진(蘇秦)이 연나라 문후(文侯)에게 '연나라는 동쪽으로 조선과 요동에 접해 있고 북으로는 임호(林胡)와 누번(樓煩)이 있으며, 서로는 운중(雲中)과 구원(九原)이 있고 남으로는 호타(呼沱)와 역수(易水)로 둘러싸여 있다'고 말했다"는 기록이 있다. 이 기록도 역시 연나라의 동쪽 국경과 조선의 서쪽 국경은 요동, 즉 고대 요동이라는 사실을 말해준다.

고대요동의 위치

이 시기 중국의 고대 기록들에서 말하는 요동은 현재의 요동이 아니다. 현재의 요동인 요녕성 요하(遼河) 동쪽을 기준으로 삼더라도 고조선의 국경이 압록강 또는 청천강이라는 식민사학의 주장들은 설득력이 없다. 그럼 간략하게나마 고대 요동에 대해서 살펴보자. 고대 요동의 위치를 비정하는데 중요한 것은 만리장성의 동쪽 끝이다. 만리장성의 동쪽 끝이 어디인가를 비정하면 고대 요동의 위치도 자연히 드러나게 되고, 낙랑군을 비롯한 한사군의 위치도 드러난다.

『삼국지』「동이열전」에는 "진나라가 천하를 통일한 뒤 몽염(蒙恬)을 시켜 장성(長城)을 쌓게 했는데, 요동(遼東)까지 이르렀다"[12]는 기사가 있다. 전국 7웅(雄)의 하나였던 진(秦)나라 시황이 나머지 여섯 나라를 모두 멸망시켜서 전국을 통일한 후 태자 부소와 장군 몽염을 시켜서 만리장성을 쌓았는데, 그 동쪽 끝이 요동이었다는 뜻이다. 이때의 요동이 어디를 말하는가에 대해서는 『수경주』가 말해주고 있다. 『수경주』는 "진시황이 태자 부소와 몽념에게 명하여 장성을 쌓게 했는데 (서쪽 끝은)임조(臨兆)에서 시작해서 (동쪽 끝은)갈석(碣石)에 이르렀다"[13]고 전해주고 있다.

---

12) "及秦并天下, 使蒙恬築長城, 到遼東", 『三國志』 「東夷列傳」
13) "始皇令太子扶蘇與蒙恬築長城, 起自臨洮, 至于碣石, 即是城也", 『水經注』 卷3.

『삼국지』 「동이열전」은 진시황 때 쌓은 만리장성의 동쪽 끝을 '요동'이라고 말하고 있는데, 『수경주』는 동쪽 끝을 '갈석산'이라고 말하고 있는 것이다. 고대 중국인들이 인식하는 요동은 갈석산과 같은 지역이었다는 뜻이다. 갈석산은 지금도 하북성 창려현 북쪽에 있다. 이는 현재의 갈석산 부근이 고조선과 진(秦)나라의 국경이었다는 뜻이다.

진·한 시대 고조선의 서쪽 국경

그러면 한나라 때 고조선의 서쪽 국경은 어디였을까? 고조선 멸망 직전의 기록으로 『회남자(淮南子)』가 있다. 『회남자』는 한(漢) 고조 유방(劉邦)의 손자인 회남왕(淮南王) 유안(劉安: 서기전 179~서기전 122)이 편찬한 것인데, 유안은 한사군 설치 14년 전까지 생존했던 인물이다. 따라서 『회남자』에는 한사군 설치 직전의 위만조선과 한나라의 국경에 대한 한(漢)나라 왕실 지식인의 인식이 담겨 있다. 『회남자』 「시측훈(時則訓)」에는 두 나라 국경과 관련해서, "오위(五位); 동방의 끝, 갈석산에서 (고)조선을 지나 대인(大人)의 나라를 통과하여……"14) 라고 말하고 있다. "갈석산에서 (고)조선을 지나"라는 말은 갈석산을 지나면 곧 고조선이라는 말이다. 여기에서 말하는 조선은 고조선의 서쪽 변방에 있던 위만조선을 뜻한다. 이는 위만조선과 한나라의 국경이 갈석산이었다는 뜻이다. 한나라 왕실 출신의 지식인이 위만조선 멸망 직전에 말한 두 나라의 국경에 대한 언급은 정확한 역사지리 지식을 담고 있다고 해야 할 것이다. 즉 조한전쟁(朝漢戰爭) 직전 위만조선과 전한(前漢)의 국경은 갈석산이었다.

『한서(漢書)』 「가연지 열전(賈捐之列傳)」에도 위만조선과 한나라의 국경선을 말하는 기록이 있다. 즉 「가연지 열전」에는 "(한나라가)서쪽으로는 여러 나라와 연대하여 안식(安息)에 이르렀고, 동쪽으로는 갈석을 지나 현도, 낙랑으로써 군을 삼았습니다"15) 라는 구절이 있다. 가연지(賈捐之: ?~서기전 43년)는 유명한 문인이었던

---

14) "五位 : 東方之極, 自碣石山過朝鮮, 貫大人之國", 劉安, 『淮南子』 「時則訓」
15) "西連諸國至于安息, 東過碣石以玄菟´ 樂浪為郡" 『漢書』 「賈捐之 列傳」

가의(賈誼)의 증손(曾孫)으로서 전한 원제(元帝: 재위 서기전 49~서기전 33) 때의 상서령까지 역임한 관료 지식인이었다. 한나라 원제는 위만조선이 멸망한 지 약 50여 년 후의 인물이니 가연지 역시 이 무렵 한나라 사람들의 국경지식을 말하고 있는 것이다. 가연지가 "동쪽으로 갈석을 지나 현도, 낙랑으로써 군을 삼았다"라고 말하는 것은 갈석산을 지나면 있었던 위만조선 자리에 현도군과 낙랑군을 설치했다는 뜻이다. 이는 다시 말해 갈석산 가까운 곳에서 현도군과 낙랑군의 위치를 찾아야 한다는 뜻이기도 하다.

고조선 왕검성의 위치

위만조선의 수도였던 왕검성의 위치에 대해서 그간 평양이라는 설이 유력했다. 이는 고조선의 계통을 '단군조선→기자조선→위만조선'으로 인식해온 것과 밀접한 관련이 있다. 기자가 동쪽 조선으로 왔다는 '기자동래설'이 고려 중기 이후 유학자들의 사대주의 의식과 맞물리면서 기자가 실제로 평양에 왔던 것처럼 인식하게 되었던 것이다. 서기 전 108년 설치되었다는 낙랑군 조선현의 위치를 현재의 평양으로 보는 시각은 고려 중·후기에 처음 등장했다. 『고려사』 「지리지」 북계(北界)조에 평양을 위만조선의 수도 왕검경과 낙랑군 조선현으로 바라보는 인식이 등장한다. 『고려사』는 조선 초기 편찬된 것이다.

> "(평양은) 본래 3조선[16]의 옛 도읍이다. 당(唐) 요(堯) 무진(戊辰)년에 신인이 단목수 아래 내려오니 국인들이 임금으로 삼았는데, 평양에 도읍하고 호를 단군이라고 했으니 이것이 전조선(前朝鮮)이다. 주(周)나라 무왕이 상(商)나라를 정벌하고 기자(箕子)를 조선에 봉했는데, 이것이 후조선(後朝鮮)이다. 41대 준왕 때에 이르러 연(燕)나라 사람 위만이 있어서 망명자들 천여 명을 모아 와서 준왕의 땅을 탈취하고 왕험성(王險城: 험(險)은 다른 본에는 검(儉)으로 되어 있는데, 곧 평양이다)에 도읍했으

---

16) 단군 · 기자 · 위만조선을 말한다.

> 니 이것이 위만조선이다. 그 손자 우거 때에(한나라의) 조칙을 즐겨 받지 않자 한 무제가 원봉 2년 장수를 보내 토벌하고 사군으로 삼았는데, 왕험성은 낙랑군이 되었다. 고구려 장수왕 15년에 국내성에서 도읍지를(평양으로) 옮겼고, 보장왕 27년에 신라 문무왕이 당과 함께 공격해서 멸망시키니 비로소 그 땅이 신라에 들어갔다(『고려사』, 권 58, 「지리지」 3, 북계)" 17)

조선 초기 작성된 『고려사』 「지리지」에서 알 수 있는 것은 삼조선, 즉 단군·기자·위만조선의 수도를 시기 구분 없이 평양으로 고정시키고 있다는 점이다. 단군조선의 수도와 기자조선의 수도와 위만조선의 수도를 모두 평양으로 고정시키고 있는 것이다. 『삼국유사』의 「고조선(古朝鮮) 왕검조선(王儉朝鮮)」에만도 고조선의 수도가 '평양성(平壤城)→아사달(阿斯達)→장당경(藏唐京)'으로 이전한 것으로 기록하고 있는데, 『고려사』는 이런 천도 기사를 고려하지 않고 평양으로 고정시켜 인식하고 있는 것이다.

이런 현상이 발생한 것은 중국인들의 역사 지리지식과 고려·조선인들의 지리지식이 뒤섞이게 된 것이 주요 요인이라고 할 수 있다. 위만조선의 수도 자리에 대한 중국인들의 인식이 잘못되게 하는데 결정적 영향을 끼친 것은 북위(北魏) 역도원(酈道元: 466, 혹 472~527)의 『수경주(水經注)』이다. 고구려 장수왕이 재위 15년(427) 평양성으로 천도한 지 100여년 후의 인물인 역도원은 고구려의 도읍 변천사에 밝지 못했다. 그래서 장수왕이 천도한 평양을 위만조선의 왕검성으로 생각했다. 『사기』 「조선열전」과 『한서』 「조선열전」에는 모두 위만조선과 한나라의 국경선을 패수(浿水)라고 말하고 있다. 이 패수의 위치를 어디로 보느냐에 따라서 고조선과 한나라의 국경선에 대해서 많은 견해가 도출되었다. 그런데 중국의 고대 지리서인 『수경(水經)

---

17) "本三朝鮮舊都. 唐堯戊辰歲, 神人降于檀木之下, 國人立爲君, 都平壤, 號檀君, 是爲前朝鮮. 周武王克商, 封箕子於朝鮮, 是爲後朝鮮. 逮四十一代孫準時, 有燕人衛滿, 亡命聚黨千餘人, 來奪準地, 都于王險城【險一作儉, 卽平壤】, 是爲衛滿朝鮮. 其孫右渠, 不肯奉詔, 漢武帝元封二年, 遣將討之, 定爲四郡, 以王險爲樂浪郡. 高句麗長壽王十五年, 自國內城, 徙都之. 寶藏王二十七年, 新羅文武王, 與唐夾攻, 滅之, 地遂入於新羅."

』 원문은 고조선과 한나라의 국경 역할을 했던 패수(浿水)의 흐름에 대해서 "동쪽으로 흘러서 바다로 들어간다"고 설명했다.18) 역도원은 장수왕이 천도한 평양을 위만조선의 왕검성으로 생각했으므로 『수경』 원문의 패수 설명에 의문을 가졌다. 역도원은 평양을 끼고 도는 대동강을 패수라고 생각했던 것이다. 그래서 역도원은 위나라를 방문한 고구려 사신들에게 패수의 흐름에 대해서 물었고, 고구려 사신들은 서쪽으로 흘러서 바다로 들어간다고 대답했다. 그래서 역도원은 패수(浿水)가 동쪽으로 흘러서 바다로 들어간다는 『수경』 원문이 틀렸다고 생각해서 서쪽으로 흘러서 바다로 들어간다고 고쳤던 것이다.19)

그런데 이는 역도원이 고구려 도읍 변천사에 밝지 못했기 때문에 생긴 착각이다. 『삼국사기』 고구려 동천왕 21년(247)조에는 고구려가 평양성으로 천도했다는 기사가 있다. 이 기사가 역도원이 평양성의 위치에 대해서 착각했다는 사실을 말해주고 있다.

> "동천왕 21년(247) 봄 2월에 왕은 환도성에서 전란을 겪었는데, 다시 도읍으로 삼을 수는 없다고 해서 평양성을 쌓고 백성들과 종묘와 사직을 옮겼다. 평양성은 본래 선인(仙人) 왕검(王儉)의 땅이다. 혹은 (동천)왕이 왕검성에 도읍했다고 말했다."
>
> (『삼국사기』, 「고구려본기」 동천왕 21년)20)

---

18) "패수는 낙랑군 누방현에서 나와서 동남쪽으로 흘러서 임패현을 지나서 동쪽으로 바다에 들어간다(浿水出樂浪鏤方縣 東南過臨浿縣 東入于海)", 『水經注』 14.
19) "若浿水東流, 無渡浿之理, 其地今高句麗之國治, 余訪番使, 言城在浿水之陽° 其水西流逕故樂浪朝鮮縣, 即樂浪郡治, 漢武帝置, 而西北流° 故《地理志》曰 : 浿水西至增地縣入海° 又漢興, 以朝鮮爲遠, 循遼東故塞至浿水爲界° 考之今古, 於事差謬, 蓋《經》誤證也" 『水經注』 14.
20) "春二月 王以丸都城經亂 不可復都 築平壤城 移民及廟社 平壤者本仙人王儉之宅也 或云王之都王險" (『三國史記』, 「高句麗本紀」 東川王 21년)

서기 247년 동천왕이 천도한 평양성은 장수왕이 서기 417년에 천도한 평양성과는 다른 곳이다. 동천왕이 천도한 평양성은 물론 만주에 있던 평양성이다. 이 평양성에 대해서 "평양성은 본래 선인(仙人) 왕검(王儉)의 땅이다. 혹은 왕이 왕검성에 도읍했다고 말했다"라고 말하고 있는 것은 동천왕 때 천도한 평양성이 고조선 왕검성이라는 사실을 말해준다. 즉 장수왕이 천도한 평양성을 왕검성으로 보고 패수가 동쪽으로 흐르는 강이라는 『수경』 원문이 틀렸다고 생각한 역도원의 견해가 틀렸다는 사실을 말해주는 것이다. 역도원이 패수를 대동강으로 생각해서 패수가 서쪽으로 흐른다고 말한 것이 이후 고구려 도읍 변천사에 밝지 못한 중국의 역대 지식인들에게 큰 영향을 끼쳤고, 이것이 역으로 고려, 조선에 들어와 고려·조선의 지식인들에게 그릇된 인식을 낳게 했다.

이런 과정에서 나온 것이 기자 조선의 수도를 평양으로 보는 '기자동래설(箕子東來說)'이다. 은(殷)나라 사람 기자(箕子)가 동쪽 조선으로 와서 조선의 제후가 되었다는 것이 기자동래설인데, 이 논리가 언제 한국사에 등장하는 지를 살펴보면 '평양=왕검성=낙랑군설'의 뿌리를 알 수 있다. 기자는 서기 전 12세기경의 인물인데, 이런 기자가 한국사에 처음 문헌으로 등장하는 것은 『고려사』 「예지(禮志)」 숙종 7년(1102) 10월 초이다.

> "10월 임자 초하루에 예부에서 주청하기를 '우리나라가 교화되고 예의를 알게 된 것은 기자로부터 비롯되었습니다. 그러나 제사를 지내는 예전(禮典)에 기자가 실려 있지 않으니 그 무덤을 찾고, 사당을 세워서 제사를 지내기를 바랍니다'라고 하자 그대로 따랐다"[21]

---

21) 「十月壬子朔, 禮部奏, "我國敎化禮義, 自箕子始, 而不載祀典. 乞求其墳塋, 立祠以祭." 從之」, 『고려사』, 「예지(禮志)」, 숙종 7년 조.

고려 예부에서 기자의 무덤을 찾자고 주청한 해가 1102년이다. 다시 말해서 그때까지 평양에 기자의 무덤은 없었다는 이야기다. 기자 사후 2300여년 후에 느닷없이 기자의 무덤을 평양에서 찾기 시작한 것이다. 그러나 평양에 있을 리가 없는 기자의 무덤을 평양에서 찾으려니 있을 턱이 없었다. 그 후 유학 이데올로기가 더 강해지면서 평양 내의 적당한 곳을 골라서 기자의 무덤이라고 결정하고 봉분을 만들어 사당을 세웠다. 『고려사』 「예지(禮志)」에 따르면 고려에서 지금의 평양에 기자의 사당을 세우고 제사한 때는 이때보다도 200여년 후인 충숙왕 12년(1325) 10월로서[22] 14세기 중엽이다. 이처럼 고려의 유학자들이 사대주의에 경도되어서 기자가 온 곳을 평양이라고 믿었고, 이에 따라 위만조선의 도읍도 평양이라고 믿게 되었다. 유학 사대주의가 일종의 이데올로기가 된 것이다.

『고려사』 「악지(樂志)」 속악 조는 지금의 평양을 뜻하는 '서경(西京)'을 설명하면서, "서경은 고조선이니, 곧 기자가 봉함을 받은 지역이다"[23] 라고 설명하고 있다. 또한 '대동강(大同江)'이란 곡에 대한 설명에서는 "주 무왕이 은나라 태사 기자를 조선에 봉해서 팔조법금을 펼치게 했다……대동강을 황하에 비교했다"[24] 라고 말하고 있다.

그러나 이런 시각이 고려 후기까지도 일치된 것은 아니었다. 『고려사』 「지용수 열전」에는 "본국은 요(堯: 하)나라와 같은 시기에 건국되어서 주 무왕이 기자를 조선에 봉했는데, 하사 받은 땅은 서쪽으로 요하까지 이르러 대대로 강역으로 지켜왔습니다"[25] 라는 말이 나온다. 지용수는 공민왕 때의 무장인데, 기자 수봉지를 서쪽 요하까지로 보았던 것이다. 그러나 유학자들의 집권이 대세가 되면서 14세기 들어서 기자의 사당을 세우고, 서경(西京: 평양), 대동강(大同江) 지역을 기자와 연결시키는 이데올로

---

22) 忠 "肅王十二年十月, 令平壤府, 立箕子祠以祭", 『고려사』, 「예지(禮志)」, 충숙왕 12년 조.
23) "西京. 古朝鮮卽箕子所封之地" 『고려사』, 「악지(樂志)」, 서경(西京)
24) "周武王, 封殷太師箕子于朝鮮, 施八條之敎, 以興禮俗, 朝野無事. 人民懽悅, 以大同江, 比黃河" 『고려사』, 「악지(樂志)」, 대동강(大同江)
25) "本國與堯並立, 周武王封箕子于朝鮮, 而賜之履, 西至于遼河, 世守疆域", 『고려사』 권 140, 「지용수 열전」

기 조작 작업에 박차를 가했던 것이다.

'기자동래설'은 이처럼 기자 사후 2300여 년 후인 12세기에 유학 이데올로기의 하나로서 처음 등장했다가 유학자들이 차차 권력을 장악하는 14세기부터 확산되는 것으로서 『고려사』의 기자 관련 기록들은 모두 후대에 유학 이데올로기 차원에서 만들어진 것이다.

반면 『사기(史記)』 「송미자(宋微子) 세가」의 주석에는 "두예(杜預)가 말하기를 '양국(梁國) 몽현(蒙縣)에 기자의 무덤이 있다'고 했다"26)는 구절이 있다. 두예(杜預: 222~285)는 3세기 중엽의 서진(西晉) 학자이고 양국 몽현은 지금 하남성 상구(商丘) 근처이다. 기자가 속했던 은(殷)나라가 곧 상(商)나라이니 상나라 언덕이란 뜻의 하남성 상구(商丘)에 기자의 무덤이 있는 것이 훨씬 이치에 맞다. 북위(北魏)의 역도원(酈道元)은 『수경주(水經注)』 권 23에 변수(汳水)조에 대한 주석에서 역시 두예의 말을 인용했는데, 보다 자세하다. 역도원은 "두예가 말하기를 '양국 몽현 북쪽에 박벌성(薄伐城)이 있는데 성 안에 성탕(成湯)의 무덤이 있고, 그 서쪽에 기자의 무덤이 있다." 27)라고 말하고 있다. 이것은 변수(汳水)조에 대한 설명이니 변수가 어디인지 알면 기자의 무덤이 어딘지는 자연히 해결된다. 『독사방여기요(讀史方輿紀要)』 권 46은 하남성에 대한 설명인데, 지금의 하남성 개봉시 부근에 있는 변수(汴水)를 변수(汳水)라고 보고 있다. 하남성 상구에 기자의 무덤이 있다는 두예의 설명과 하남성 개봉시의 변수가 흐르는 곳에 박벌성이 있다는 것이니 두 서술이 일관성이 있다. 평양에 기자의 무덤이 생긴 것은 14세기 이후이다.

---

26) "杜預云, '梁國蒙縣有箕子冢'" 『史記』, 「宋微子世家」, 주석 「索隱」

1.2 대동강 남쪽으로 비정한 낙랑군 조선현의 위치

중국 한나라에서 위만조선을 멸망시키고 세웠다는 한사군의 중심군은 낙랑군이다. 그리고 그 낙랑군의 군치(郡治)는 조선현인데, 낙랑군 조선현의 위치는 평양이라고 보는 견해가 있어왔다. 기자조선의 도읍을 평양으로 보면서 위만조선의 도읍지도 평양이라고 보아왔던 것이다. 그러나 일제 강점기 때 일본인 학자들이 낙랑군 조선현은 대동강 북쪽에 있는 평양보다는 대동강 남쪽에 있어야 한다고 주장하면서 일부 혼선이 생기게 되었다. 그래서 대동강 남쪽의 토성리를 낙랑군 조선현 자리라고 주장하게 되었다. 조선총독부에서 1915년 편찬한 『조선고적도보(朝鮮古蹟圖譜)』를 보자. 도쿄공대 교수 세키노 타다시(關野貞)가 쓴 것이다.

> "평안남도 대동군 대동강면의 토성동(土城洞)은 대동강 좌안(左岸)에 있는데, 사방 45정(町)의 지역에 흙으로 쌓은 성벽을 두른 유적의 자취가 뚜렷하다. 그 안팎에서 한나라 때 와당(瓦當)이 발견되었는데, 이와 같은 문양을 갖고 있는 기와 및 한·위(漢魏)시대에 속하는 벽돌을 다수 발견했다. 또 그 부근에 낙랑군 시대의 고분군(古墳群)이 존재하는데, 이곳은 아마도 낙랑군치(樂浪郡治)의 유적일 것이다"
>
> 조선총독부, 『조선고적도보(1915)』, 낙랑군 치지(治址)

이처럼 조선총독부는 낙랑군 조선현을 평양으로 보던 기존 유학자들의 견해를 따르지 않고 대동강 남쪽 토성리로 비정했다.

대동강 북쪽의 평양이나 남쪽의 토성리나 서로 지척인데, 왜 이런 결과가 나왔던 것일까?

그 해답은 이병도의 스승인 이나바 이와기치(稻葉岩吉)에게 있다. 조선총독부 수사관(修史官)으로서 『조선사(朝鮮史)』 35권을 편수(編修)했던 이나바 이와기치 역시 패수를 대동강으로 생각했다. 그런데 그는 위만조선의 왕검성 및 낙랑군 조선현

[그림-18] 낙랑군위치-조선사 편수회(조선총독부 산하) (자료: 지리학 박사 정암)

은 대동강 북쪽에 있는 평양일 수 없다고 생각했다. 『사기』 「조선열전」 은 '연나라 사람 위만이 동쪽으로 새외를 나와서 패수를 건너 왕험성에 도읍했다'[28] 라고 기술하고 있기 때문이다.

위만은 패수를 건너 왕검성에 도읍했기 때문에 대동강 북쪽이 아니라 남쪽에 있어야 한다고 생각한 것이다. 그래서 이나바 이와기치는 대동강 남쪽에서 낙랑군 조선현의 치소를 찾기 시작했고 토성동에서 토성 흔적과 와당과 벽돌 몇 편이 나오자 조선현 치소라고 주장했다. 그리고 이것을 조선총독부에서 받아들여 대동강 남쪽의 토성동을 위만조선의 왕검성 및 낙랑군 조선현이라고 비정했다. 해방 후에도 일제 식민사관을 극복하지 못한 한국 사학계 일부에서는 조선총독부의 위치비정을 그대로 따라서 토성동을 낙랑군 조선현의 치소라고 계속 비정했던 것이다.

▎낙랑군 조선현의 위치

그럼 낙랑군 조선현의 위치는 어디일까? 낙랑군 조선현의 성격에 대해서 『한서』 『지리지』 낙랑군 조선현에 대해서 응소(應劭)는 "기자(箕子)를 봉한 곳이다"라고 설명하고 있다. 응소는 2세기 후반의 인물이다. 낙랑군 조선현은 중국 사료에 때로는 조선성(朝鮮城)이라고 적고 있다. 조선성, 즉 조선현의 위치에 대해서 『태평환우기(太

---

28) "滿亡命, 聚黨千餘人, 魋結蠻夷服而東走出塞, 渡浿水, 居秦故空地 上下鄣, 稍役屬真番' 朝鮮蠻夷 及故燕' 齊亡命者王之, 都王險" 『史記』 「朝鮮列傳」

平寰宇記)』는 "노룡현(蘆龍縣) 조선성(朝鮮城)은 즉 기자가 은나라로 봉함을 받은 지역이다. 지금은 폐성이다"29) 라고 말하고 있다. 노룡현이라는 곳에 조선성이 있는데, 여기가 바로 기자가 은나라로 봉함을 받은 지역이라는 것이다. 즉, 이 지역이 낙랑군 조선현 지역이라는 뜻이다.

『태평환우기』는 북송(北宋)의 낙사(樂史 : 930~1007)가 편찬했는데, 이때의 노룡현은 현재의 중국 하북성 노룡현을 뜻한다. 낙랑군 조선현은 평양도 아니고 대동강 남쪽의 토성리도 아니고 하북성 노룡현 지역에 있었다는 뜻이다. 이는 송나라 때 하북성 노룡현에 낙랑군 조선현으로 알려진 폐성(廢城)이 존재하고 있었다는 뜻이다.

다음은 명나라 때 기록인 『일지록(日知錄)』을 보자.

> "『일통지(一統誌)』에서 말하기를 "조선성이 영평부(永平府) 경내에 있는데, 기자(箕子)가 봉함을 받은 지역이다"라고 했다. 즉 이는 기자가 봉함을 받은 지역이 영평부라는 뜻이다"30)

명나라 때 기록인 『일지록』은 영평부 경내에 조선성이 있다고 말하고 있다. 이 지역이 기자가 봉함을 받은 지역이라는 것으로서 곧 낙랑군 조선현을 뜻한다. 『일지록』은 명나라 때의 저명한 학자 고염무(顧炎武 : 1613~1682)가 지은 유명한 책이다. 이때의 영평부도 현재의 하북성 노룡현을 뜻한다. 그런데 고염무가 인용한 『일통지(一統誌)』는 13세기 작성된 『대원일통지(大元一統志)』를 뜻할 것이다. 『대원일통지』에도 하북성 노룡현에 낙랑군 조선현이 있었다고 기술되어 있었다는 뜻이다.

다음은 청나라 고조우(顧祖禹 : 1631~1692)가 편찬한 『독사방여기요(讀史方輿紀要)』를 보자. 『독사방여기요』의 영평부(永平府)조는 지금의 하북성 노룡현에 대한

---

29) "蘆龍縣: 朝鮮城 卽箕子受殷封之地 今有廢城" 『太平寰宇記』권70.
30) "『一統誌』 乃曰, "朝鮮城在永平府境內, 箕子受封之地." 則是箕子封於今之永平矣" 『日知錄』권31.

역대의 변천 사실을 기록했는데, 이렇게 기술하고 있다.

> "노룡현 신창성: (지금 영평부를 다스리는 곳이다……)수(隋)나라에서 노룡현으로 개칭했다. 또 조선성(朝鮮城)이 있는데, 영평부 북쪽 40리이고, 한나라 낙랑군 속현이다"[31]

청나라 때 작성한 『독사방여기요』도 영평부, 즉 지금의 하북성 노룡현에 조선성이 있었는데, 이곳이 바로 한나라 낙랑군 속현이라는 것이다. 한나라 낙랑군 속현이라는 말은 낙랑군 조선현이라는 뜻이다.

이처럼 송나라 때 작성한 『태평환우기(太平寰宇記)』와 명나라 때 작성한 『일지록(日知錄)』, 그리고 청나라 때 작성한 『독사방여기요(讀史方輿紀要)』는 일관되게 지금의 하북성 노룡현을 낙랑군 조선현이라고 설명하고 있다.

'송나라→명나라→청나라'의 역사학자나 역사지리학자들은 일관되게 현재의 하북성 노룡현을 낙랑군 조선현으로 비정하고 있다. 낙랑군 조선현을 평양으로 본 고려·조선의 유학자들이나 대동강 남쪽의 토성리로 본 조선총독부 소속의 일본인 학자들의 견해는 아무런 사료적 근거가 없거나 잘못된 사료를 근거로 한 자의적 해석일 뿐이다.

---

31) "新昌城. 即今府治……隋改曰盧龍縣" 又朝鮮城, 在府北四十里, 漢樂浪郡屬縣也" 『讀史方輿紀要』 「北直 八」 永平府.

제2장 임나일본부설의 실체

2.1 임나일본부란 무엇인가?

임나일본부란 일본의 고대 야마토 왕국이 한반도 남부를 지배하고 임나일본부라는 식민통치 기관을 설치했다는 주장이다. 그 주장의 핵심은 두 가지인데, 첫째는 임나의 위치로서 한반도 남부라는 것인데, 보다 구체적으로는 가야가 임나라는 것이다. 둘째는 임나가 한반도 남부를 지배한 기간으로서 369년, 즉 서기 4세기 후반에 시작해서 6세기 후반까지 한반도 남부를 식민통치했다는 것이다.

그런데 임나일본부설은 일본이 제국주의로 발돋움하던 메이지 시대 때 시작되었는데, 그 목적은 한국을 식민통치하기 위한 것이었다. 즉 한반도 남부는 과거 일본의 강역이었으니 근대의 한국 점령은 침략이 아니라 고토회복에 불과하다고 주장하기 위한 것이었다. 일본 내의 임나일본부의 흐름에 대해서 일본의 위키백과는 이렇게 쓰고 있다.

> "제2차 세계대전 이전의 일본의 가야지방의 연구에서는 『일본서기』에 나타나는 임나일본부를 왜국이 조선반도 남부를 지배하기 위해서 설치한 파견기관으로 사서(史書: 일본서기)대로 해석한 것이었다.
> 그 흐름의 연구는 메이지 때 나가 미찌요(那珂通世: 1851~1908), 스가마 사토모(菅政友: 1824~1897) 등을 비롯해서 쓰다 소키치(津田左右吉: 1873~1961)를 거쳐 전후(前後)에 스에마쓰 야스카즈(末松保和: 1904~1992)의 『임나흥망사』에서 집대성되었다(일본 위키백과 임나일본부)"

여기에 이름이 등장하는 나가 미찌요, 스가마 사토모, 쓰다 소키치, 스에마쓰 야스카즈는 모두 식민사학자들이다. 바로 이 대목에서 임나일본부설이란 일제 식민사학에서 만든 것이란 사실을 알 수 있다. 이중에서도 특히 중요한 인물이 조선총독부 및 경성제대에서 근무했던 스에마쓰 야스카즈이다. 그는 일제 패전 후 일본으로 쫓겨 가서 1947년부터 일본의 왕족 및 귀족 자제들을 교육시키던 학습원대학의 교수로 근무하면서 1949년 『임나흥망사(任那興亡史)』를 출간했다. 스에마쓰 야스카즈의 『임나흥망사』가 그 이전의 '임나'에 대한 일본인 식민사학자들의 견해와 다른 점은 경상남북도에 국한되었던 이른바 임나의 강역을 충청도 및 전라도까지 확대시켰다는 점이다. 스에마쓰 야스카즈는 패전으로 실의에 찬 일본 국민들에게 "대일본제국은 다시 한국을 점령할 수 있으니 좌절하지 말라"는 메시지를 전한 것이다. 실제로 2015년 4월 일본 문부성의 검정을 통과한 8종의 일본사 교과서 중 4종의 교과서에서 임나일본부에 관한 내용이 다시 실렸다.

일본의 사회 분위기가 극우적으로 흘러가면 임나일본부는 다시 살아나게 되어 있고, 여차하면 다시 한국 침략의 논리로 악용될 수 있다. 그래서 이 문제는 순수한 고대사 논쟁이 아니라 첨예한 현대사가 되며 대한민국의 수호에 관한 문제로까지 연결되는 것이다.

2.2 일본 극우파가 전개한 임나사(任那史)의 흐름

스에마쓰 야스카즈의 『임나흥망사』 서문에는 명치(明治: 메이지) 20년대(1890년대) 스가마 사토모(菅政友: 1824~1897)의 『임나사(任那史)』 3권이 나왔다고 서술하고 있다. 스가마 사토모는 메이지 시대 일본 황국사관의 뿌리 역할을 하던 미도번(水戶藩) 출신의 학자이다. 미도번은 이른바 존황양이(尊皇攘夷) 사상, 즉 황국사관(皇國史觀)의 수원지 역할을 한 곳으로서 스가마 사토모 자신이 황국사관으로 일본 전체 역사를 개관한 『대일본사(大日本史)』 편찬에 참가했던 인물이다.

메이지 시절 여러 일본인 학자들이 '임나'에 주목했던 것은 이것이 일제가 한국을 정벌해야 한다는 정한론(征韓論)의 기초가 될 수 있기 때문이었다. 정한론의 핵심은 '

임나=가라(가야)'라는 것으로서 과거 한반도 남부의 임나가 고대 일본의 식민지였으니 일제의 한국 정복은 옛 땅을 되찾는 역사적 귀결이라는 논리이다. 그런데 임나일본부에 대한 내용은 『일본서기』에만 나오고 『삼국사기』에는 전혀 나오지 않는다. 그래서 일본인 학자들은 『삼국사기』가 조작되었다는 이른바 '『삼국사기』 초기기록 불신론'을 같이 주장했다.

임나일본부설과 정한론을 살펴볼 때 반드시 연구해야 할 조직이 일본군 참모본부이다. 참모본부는 조선을 강제로 개항시킨 지 6년 후인 1882년 『임나고고(任那稿考)』 및 『임나명고(任那名稿)』 등 두 권의 저서를 간행했다. 이듬해에는 참모본부 소속의 간첩인 사코 가케노부(酒勾景信) 중위가 만주 집안현에 있던 『광개토대왕릉비』의 탁본을 가져왔다. 참모본부가 최초로 손을 댔기 때문에 지금껏 위조논쟁이 일어나게 되는데, 비문에 '임나가라(任那加羅)'라는 용어가 나오는 2면 하단과 3면 상단만 집중적으로 훼손되어서 이때 이미 일본군 참모본부가 일본에 불리한 내용을 지웠다는 의혹을 사고 있다. 학계도 아닌 일본군 참모본부가 광개토대왕릉비 탁본과 해석에 관여하고, 임나에 관한 두 권의 저서를 발간했다는 자체가 '임나'를 정한론으로 해석하고 이를 바탕으로 한국 침략의 도구로 삼았다는 것을 말해주고 있다.

『임나사(任那史)』 3권을 쓴 반 노부토모(伴信友)는 1848년 일본을 '대황국(大皇國)', 즉 '위대한 천황의 나라'라고 서술하면서 『일본서기』와 배치되는 『삼국사기』는 거짓 기술과 과장이 많아서 믿을 수 없다는 '『삼국사기』 불신론'을 주장했다(『中外經緯草稿(1848)』). 뒤이어 나카 미치요(那珂通世)는 『가라고(加羅考)』에서 임나가 곧 가라(가야)라면서 『일본서기』 「신공황후(神功皇后)기」를 근거로 신공황후가 신라를 비롯한 삼한과 가라를 정벌했다고 서술했다.

그런데 신공왕후가 삼한과 가라를 정벌했다는 내용이 『삼국사기』에는 전혀 나오지 않는다. 즉 『일본서기』와 『삼국사기』 둘 중 하나는 거짓이다. 만약 『삼국사기』가 거짓이면 일본인들은 『삼국사기』가 왜 거짓인지를 조목조목 밝혀냈을 것이다. 그러나 연구하면 연구할수록 『삼국사기』는 사실을 기술한 사서이고 『일본서기』는 거짓이라는 점이 드러나기 때문에 무조건 『삼국사기』를 믿을 수 없다고 주장했다. 이른바 '『삼국사기』 초기기록 불신론'이 탄생한 것이다. 나카 미치요 역시 『삼국사기』는 믿을 수 없다는 '『삼국사기』 불신론'을 주장하면서, '임나=가라'를 지금의 김해 일대로 비정했다(『朝鮮古史考』, 1894~1896). 만주철도의 쓰다 소키치(津田左右吉)도 『삼국사기』를 부정하고, '임나=가라'라고 주장하면서 그 강역은 나카 미치요처럼 김해 일대라고 비정했다(『任那疆域考(1913)』).

이때만 해도 임나의 강역은 경남 일부에 국한되었다. 그 후 조선총독부의 이마니시 류(今西龍)는 김해를 남가라라고 한정하면서 임나일본부, 즉 임나를 다스리는 치소(治所)는 경북 고령에 있었다고 임나 강역을 경남에서 경북까지 확대시켰다(『加羅疆域考(1919)』). 지금 한국의 일부 학자들이 임나의 중심을 고령이라고 주장하는 것은 이마니시 류의 학설을 추종하는 것이다. 그 후 스에마쓰 야스카즈는 일제 패전 후 쓴 『임나흥망사(1949)』에서 임나의 강역을 충청도 및 전라도까지 확대시켰다. 이렇게 임나는 일제가 한국을 정복해야 한다는 정한론에서 출발해서 그 강역도 경남 김해에서 경북 고령으로, 그리고 전라도까지 점점 확대되어 갔다. 이 문제에 대해서 국내외에서 가장 많은 연구를 한 최재석 교수는 이렇게 지적하고 있다.

> 「필자는 아무리 읽어도 『일본서기』에서 가야와 임나가 동일한 나라라는 기사를 찾지 못하였으며, 또한 가야는 물론이려니와 이른바 임나가 '일본부'의 지배를 받았다는 기사도 보지 못하고 있다. 그렇다면 가야와 임나가 동일국이라는 주장은 일인(日人)학자들의 역사왜곡에서 비롯됨을 알게 된다. 이러한 왜곡 주장은 『삼국사기』가 조작·전설이라고 하는 주장과 함께 한국 사학계에도 영향을 주어 한국학계의 통설 내지 정설로 받아들여지고 있다. 이병도·김정학·이기동·김현구처럼 가야와 임나가 동일하다고 공공연하게 주장하고 있는 사람이 있는가 하면, 그러한 공언은 하지 않더라도 양자(兩者)가 동일함을 전제로 하고 논리를 전개시키는 사람도 있다.」 [32]

---

32) 최재석, 「임나왜곡사 비판」, 『통일신라·발해와 일본의 관계』, 일지사, 1993, 493~494쪽」

최재석 교수의 지적대로 국내에서도 가야를 임나라고 주장하는 학자들이 존재하고 있다. 그런데 이런 주장을 하는 학자들은 이구동성으로 이른바 '『삼국사기』 불신론'을 함께 주장한다. 『삼국사기』 기사를 인정하면 임나일본부설 자체가 성립될 수 없기 때문이다. 그래서 『일본서기』와 『삼국사기』 중 어느 것이 사실을 반영한 역사서인가를 검토해야 한다.

2.3 『일본서기』와 『삼국사기』·『삼국유사』

『일본서기』

그런데 『일본서기』는 일본 내에서도 일부 극우파를 제외한 대부분의 일본 학자들도 사실 그대로를 기록한 역사서라고 인정하지 않는다. 먼저 『일본서기』는 역사서의 기초 중의 기초인 연대 자체가 맞지 않는다. 다음은 일본의 『일본사대사전(1996, 평범사, 전7권)』에서 『일본서기』를 평가한 대목이다.

> "(일본서기의)기술(記述) 체재는 권3 이하를 중국의 역사서에 따라 편년체, 즉 기사를 연월일(날짜는 간지로 기술한다) 순으로 배열했기 때문에 책력(曆)이나 기록이 없는 옛 시대에 대해서는, 이야기를 그 진행에 따라 잘라서 적당한 연월일에 끼워 넣은 꼴이 되어서 사실(史實)인가 하는 의문을 증가시켜 이야기가 정리가 되어 있지 않다. 게다가 신무(神武) 즉위를 서기 기원전 660년에 해당하는 신유년(辛酉年)으로 설정했기 때문에 초기의 천황은 부자연스러울 정도로 장수하게 되었고, 신공왕후기(神功皇后紀)에서도 황후를 『위지왜인전(魏志倭人傳)』에 전하는 히미코(卑弥呼)라고 생각했기 때문에 120년 정도 연대를 끌어올렸다(『일본사대사전』 5권)"

일본에서 가장 권위 있는 『일본사대사전』 자체가 『일본서기』에 대해서 "사실(史實)인가 하는 의문"이 증가하고 있다고 평가하고 있다. 그 핵심에 실제 사실과 맞지 않는 연대 문제가 있다. 『일본사대사전』은 『일본서기』가 연대를 2주갑, 즉 120년 끌어올렸다고 말했다. 이를 주갑제(周甲制)라고 하는데, 1주갑은 60년, 2주갑은 120년이다. 서기 369년 신공왕후가 가라 7국을 점령하고 임나를 설치했다는 『일본서기』 『신공황후기』도 연대를 120년 끌어올려서 369년으로 해석하고 있는 것이다. 그런데 같은 『일본서기』 『신공황후기』지만 어느 대목은 120년을 끌어올리면 맞지 않는 대목이 있다. 『일본서기』 『신공황후기』에는 중국의 『삼국지』 「위서(魏書)」를 인용한 대목들이 있는데 이는 120년을 끌어올리면 맞지 않고 그대로 해석해야 한다. 한마디로 연대 자체가 맞지 않는 역사서가 『일본서기』이다. 그래서 일본학자들은 『신공기』의 어느 부분은 120년을 끌어올려서 해석하고, 어느 부분은 끌어올리지 않고 그대로 해석한다. 『일본서기』는 정상적인 역사서라고 보기 힘든 것이다.

한 예로 『일본서기』 『응신기』 7년(276)조는 이렇게 기록하고 있다.

> "가을 9월 고구려인, 백제인, 임나인, 신라인이 같이 내조했다. 무내숙녜(武內宿禰: 다케우치노 스쿠네)에게 명하여 여러 한인들을 거느리고 연못을 만들게 했다. 그래서 그 못을 한인지(韓人池: 한인의 연못)라고 한다."
>
> 『일본서기』 『응신기』 7년(276)

한 해의 가을 9월에 고구려·백제·임나·신라 사신이 동시에 조공했다는 것이다. 『일본서기』 『응신기』를 120년을 끌어올리면 396년이 되는데, 이때는 고구려 광개토대왕 6년이고, 백제 아신왕 5년이다. 『광개토대왕비문』에 따르면 396년은 영락(永樂) 6년인데, 백제 정벌에 나서 58성 700촌을 획득하고 백제 임금의 아우와 대신 10명을 데리고 개선했다고 말하고 있다. 이런 광개토대왕이 야마토왜에 조공을 바쳤고, 그것도 백제, 신라, 임나 사신과 동시에 고종했다는 것이 『일본서기』의 내용이기 때문에 당연히 이런 기록은 조작으로 보아야 한다.

▎『일본서기』에 대한 새로운 해석 – 분국설

그런데 어느 역사서 전부를 거짓이라고 보는 것도 문제가 있다. 역사서 전체를 거짓으로 썼다고 보기도 어렵기 때문이다. 그러나 『일본서기』에 나오는 고구려, 백제, 신라, 임나에 관한 기록을 『삼국사기』에 나오는 고구려, 백제, 신라라고 볼 수는 없다. 그래서 『일본서기』에 나오는 고구려, 백제, 신라, 임나 등은 『삼국사기』에 나오는 고구려, 백제, 신라와는 다른 정치세력이라는 해석이 나오게 되었다. 즉, 『삼국사기』에 나오는 고구려, 백제, 신라, 가야 등이 일본열도에 진출해서 세운 분국(分國)이라는 주장이다. 이를 분국설이라고 하는데, 북한의 김석형이 1963년에 최초로 주장한 것이다. 이 주장은 일본 내의 학자들에게 큰 충격을 주었다. 일본인 학자들 중에서도 『일본서기』에 나오는 고구려, 백제, 신라, 임나 등에 관한 기사를 사실로 보기 어렵다는 생각을 하는 사람들이 많았기 때문이다. 또한 일본 열도 내에는 고구려, 백제, 신라, 가야계의 지명이 전국 각지에 퍼져있다. 이런 지명들이 지금까지 존재하는 것은 고대에 고구려, 백제, 신라, 가야계 사람들이 일본 열도에 진출했고, 그 후예들이 지금까지 이어진다는 증거이기 때문이다.

『일본서기』에 나오는 임나가 현재 어디인가에 대해서는 여러 학설이 존재한다. 북한 학계에서는 고대 일본의 수도였던 나라 부근의 기비(吉備)지역이라고 보고 있다. 이 지역은 고구려, 백제, 신라계 지명들이 많이 남아 있고 고대 한국계 무덤인 전방후원분이 다수 남아 있는 지역이다.

한국 내에서는 대마도로 보는 학자들이 다수 있다. 최재석, 이병선, 윤내현, 문정창 같은 학자들이 이구동성으로 임나의 위치는 대마도에 있었다고 보고 있다. 또한 김문배, 김인배 같은 학자들은 지금의 큐슈지역을 고대 임나지역이라고 보고 있다. 『일본서기』에 나오는 임나는 여러 면에서 검토했을 때 한반도 남부에 있었다고 볼 수 없다. 서기 4세기 말에서 6세기까지 한반도 남부에 임나가 존재했다면 『삼국사기』 본문에 나오지 않을 리가 없다. 그래서 임나가 존재했다면 일본 열도 내에 있었다고 보는 것이 합리적이다. 그런데 『일본서기』는 일본에서 편찬한 『고사기』와도 그 내용이 다르다는 문제점이 있다.

『일본서기』와 『고사기』

『일본서기』와 비교할 수 있는 일본측 사료로는 『고사기(古事記)』가 있다. 『일본서기』는 720년에 편찬되었고, 『고사기』는 712년에 편찬되었기 때문에 두 사서는 사실상 같은 시기에 편찬되었다. 같은 시기에 편찬된 사서지만 두 사서의 내용이 너무 다르다. 먼저 다음 표를 통해 두 사서에서 일왕의 수명을 비교해보자.

천황명	『일본서기』	『고사기』	차이
1대 신무	127세	137세	10년
2대 수정	84세	45세	39년
3대 안녕	57세	49세	8년
4대 의덕	77세	45세	32년
5대 효소	113세	93세	20년
6대 효안	137세	123세	14년
7대 효령	128세	106세	26년
8대 효원	116세	57세	59년
9대 개화	111 또는 116세	63세	48년 또는 53년
10대 숭신	120세	168세	48년
11대 수인	140세	153세	13년
12대 경행	106세	137세	21년
13대 성무	107세	95세	12년
14대 중애	52세	52세	일치
신공황후	100세	100세	일치
15대 응신	110세	130세	20년
17대 이중	70세	64세	6년
26대 계체	82세	43세	39년

이처럼 8년의 차이를 두고 편찬한 『일본서기』와 『고사기』는 국왕의 수명과 재위연대부터 맞지 않는다. 『일본사대사전』이 지적한 것처럼 100세 이상 장수는 기본이고 심지어 168세(고사기), 140세(일본서기)까지도 장수했다니 그 사실성에 대한

의문이 제기되는 것은 당연한 것이다. 그래서 초기의 여러 일왕들은 실존인물이 아니라 허구라는 설이 등장했지만 제국주의 시대에는 초대 신무(神武)가 서기전 660년에 즉위한 것을 기정사실화해서 일본사가 2600년 되었다고 가르쳤다. 일제 패전 후 쓰다 소키치가 15대 응신(應神: 오진)부터는 실존했던 왕이고, 그 이전까지는 가공의 왕이라고 주장한 것에 따라서 응신부터를 실존했던 왕으로 보는 학설이 다수이다. 그러나 응신도 나이가 각각 110세(일본서기), 130세(고사기)나 되어 사실로 볼 수 있을까 의문이다. 응신부터 실재했던 임금으로 보니 응신의 어머니라는 신공왕후 역시 가공인물이다.

『고사기』에도 신공왕후는 등장하지만 『일본서기』와 달리 삼한을 정벌했다거나 가라 7국을 정벌하고 임나를 세웠다는 따위의 내용은 없다. 같은 시기에 편찬한 사서들이지만 서로 손발이 맞지 않는 것이다. 그럼에도 불구하고 『일본서기』「신공황후기」의 가라 7국 정벌에 관한 『일본서기』를 기준으로 삼아 '임나' 이야기를 꾸며내고 있기 때문에 기본적인 문제가 있다. 신공왕후 자체가 가공인물이기 때문에 『일본서기』 신공기를 근거로 세운 임나는 허구일 수밖에 없다.

▌『일본서기』와 『삼국사기』·『삼국유사』

『일본서기』와 『삼국사기』·『삼국유사』를 비교해 보자. 『일본서기』 신공황후 섭정 55년(서기 255)조에 "백제 초고왕이 세상을 떠났다(百濟肖古王薨)"는 기사가 있는데, 『삼국사기』에 따르면 서기 255년은 백제 8대 고이왕 22년이다. 고이왕은 286년까지 살았다. 그래서 2주갑 『일본서기』를 120년을 끌어올리면 375년이 되는데, 이해는 백제 13대 근초고왕 30년(375)이다. 『삼국사기』에는 이해 "겨울 11월 근초고왕이 세상을 떠났다(冬十一月王薨)"고 기록하고 있다. 그래서 『일본서기』 신공황후 섭정 55년(서기 255)조는 120년을 끌어올려 서기 375년의 일로 해석하면 『삼국사기』와 부합한다.

그러나 『일본서기』의 모든 연대를 120년 끌어올려서 해석할 수 없다. 그래서 『일본서기』는 연구하는 학자가 100명이면 100개의 학설이 나온다는 말이 있는 것이다. 그런데 그 기준은 『삼국사기』 및 『삼국유사』이다. 에도(江戶) 시대까지 일본의 역사학자들은 『삼국사기』·『삼국유사』를 기준으로 『일본서기』를 해석해왔다. 그러다가 정한론이 등장하면서 달라지기 시작한다. 일본이 한국을 지배해야 한다는 정치논리를 앞세우다보니까 역사학의 기본인 사료검증도 팽개치고 『일본서기』의 내용을 무조건 사실이라고 우기기 시작한 것이다. 그래서 '『삼국사기』 조작설', 또는 '『삼국사기』 불신설' 따위 비학문적 주장을 하게 된 것이다.

일본인 학자들이 조작설을 제기한 근본 이유는 『삼국사기』·『삼국유사』를 가지고 분석하면 한반도 남부에 '임나'는 존속할 수 없기 때문이다. 그래서 『삼국사기』·『삼국유사』를 부인하고 『일본서기』만이 사실이라는 제국주의 침략사관이 만들어졌다. 해방 후 한국 학계는 일제가 침략의 목적으로 만든 『삼국사기』·『삼국유사』 불신설을 타파해야 했지만 조선총독부 조선사편수회 출신 학자들이 학계의 주축이 되는 바람에 이 정치선전을 그대로 이어왔던 것이다.

▍『일본서기』와 너무 다른 『삼국사기』와 『삼국유사』의 내용

일본인 식민사학자들이 한반도 남부에 임나를 설치했다고 주장하는 근거는 앞서 언급한대로 『일본서기』『신공기』 49년(249)조의 기사이다. 신공왕후 자체를 가공인물로 보는 견해는 차치하고 일단 이 기사의 내용을 검토해보자. 일본인 식민사학자들은 이 기사도 120년 끌어 올려서 369년으로 본다.

> 「49년 봄 3월에 (신공황후가) 아라타와케(荒田別)와 카가와케(鹿我別)를 장군으로 삼고, 백제 사신 구저(九氐) 등과 함께 군사를 다스려 건너가게 해서 탁순국(卓淳國)에 이르러 신라를 공격하려 했다. 이때 어떤 사람이 "군사 숫자가 적기 때문에 신라를 공격해서 깨트릴 수 없습니다. 다시 사와쿠코로(沙白蓋盧)를 보내 군사증원을 요청해야 합니다"라고 말했다. (신공황후는)곧 모쿠라콘지(木羅斤資:목라근자)와 사사나코(沙沙奴跪) 〔이 두 사람은 성을 알 수 없다. 다만 모쿠라콘지는 백제의 장군이다〕에게 정예로운 군사를 이끌고 사와쿠코로와 함께 파견해 탁순에 모두 모여 신라를 공격해 깨트

> 리고, 이로 인해 비자발(比自㶱)·남가라(南加羅)·녹국(喙國:탁국?)·안라(安羅)·다라(多羅)·탁순(卓淳)·가라(加羅) 7국을 평정했다. 군사를 서쪽으로 돌려서 고해진(古奚津)에 이르러 남쪽 오랑캐〔南蠻〕인 침미다례(忱彌多禮)를 도륙해서 백제에게 주었다.」
>
> 『일본서기』『신공기(神功紀)』 49년(249)

이 기사의 요지는 신공왕후 섭정 49년에 신공왕후가 아라타와케(荒田別), 카가와케(鹿我別)를 보내 신라를 정벌하게 했으나 군사숫자가 적었기 때문에 다시 모쿠라콘지(木羅斤資)와 사사나코(沙沙奴跪)에게 군사를 더 주어 보내 신라를 정벌하게 했다는 것이다. 그런데 신라를 정벌했는데, 정작 정벌당한 곳은 신라가 아니라 가라7국이라는 희한안 내용이다. 이렇게 정벌한 가라7국이 바로 임나라는 것이 '임나일본부설의 요체'이다.

당초 『일본서기』에서 신공황후가 정벌하기로 결심한 나라는 가야가 아니라 신라이다. 신공왕후가 신라를 정벌하기로 결심한 이유는 『신공기』 47년(서기 247) 4월조에 나오는데, 백제왕이 구저(久氐) 등을 야마토에 보내 조공(朝貢)했는데 때마침 신라왕도 야마토에 조사(調使), 즉 조공사(調貢使)를 보냈다. 신공왕후가 백제와 신라에서 바친 조공품을 조사해보니 백제 조공품의 질이 신라의 것에 비해 좋지 않았다. 신공이 이유를 따져 물으니 신라에서 백제의 조공품을 가로채어 신라의 것인 양 바쳤다는 것이다. 그래서 신공왕후가 천신(天神)에게 기도하고 2년 후인 49년 신라 정벌에 나섰다는 것이다. 『일본서기』『신공기』 49년조에서 신라를 공격해서 가라7국을 정벌하고 남쪽 오랑캐인 침미다례를 도륙해서 백제에게 주었다는 기사 다음에 이런 내용이 이어진다.

> 「이에 백제왕 초고(肖古)와 왕자 귀수(貴須)도 군사를 이끌고 와서 만났다. 이때 비리(比利)·벽중(辟中)·포미지(布彌支)·반고(半古) 4읍이 자연히 항복했다. 이때 백제왕 부자가 아라카와케, 모쿠라콘지 등과 의류촌(意流村: 지금은 주류수기(州流須祇)라고 한다)에서 서로 봤는데, (초고왕은) 기쁘고 감동해서 예를 두텁게 해서 보냈다. 오직 치쿠마나가히코(千熊長彦)와 백제왕은 백제국에 가서 벽지산(辟支山)에 올라 맹약했다. 다시 고사산(古沙山)에 올라 반석 위에 앉았는데, 백제왕이 맹세하기를 "풀을 펼쳐서 자리를 만들면 불에 탈까 두렵고, 또 나무를 취해서 자리를 만들면 물에 떠내려갈까 두렵습니다. 그래서 반석 위에 자리 잡아서 맹세함으로써 길고도 멀도록 언제까지나 없어지지 않으려고 하는 것입니다. 이로써 지금 이래 천추만세(千秋萬歲) 동안 끊어지지 않고 다함이 없이 항상 서쪽 울타리(西蕃: 서쪽 오랑캐)로 칭하면서 춘추로 조공을 바치겠습니다"라고 하였다. 그리고 치쿠마나가히코(千熊長彦)와 함께 도읍 아래 와서 두텁게 예우하고 또한 구저 등을 딸려 (야마토에)보냈다.」
>
> 『일본서기』『신공기』 49년

369년은 백제 근초고왕 24년이니 『일본서기』에 등장하는 '백제왕 초고'는 근초고왕이라는 것이다. 신공왕후가 장수를 보내 신라를 정벌하고 가라7국과 침미다례 등을 백제에게 주자 근초고왕과 태자 근구수가 벽지산에 올라가 야마토에 영원히 충성하겠으며, 영원히 조공을 바치겠다고 맹세했다는 내용이다. 『일본서기』가 주석에서 목라근자(모쿠라근자)에 대해 '백제의 장군이다'라고 설명하고 있는 것은 야마토왜에 귀환했다는 것이다.

요약하면 서기 369년에 야마토왜가 가라 7국을 정벌해서 백제에게 주었고 백제의 근초고왕은 아들 근구수와 함께 야마토왜에 충성을 맹세했다는 것이다. 그러면 369년에 『삼국사기』는 어떤 일이 있었다고 말하고 있는지 살펴보자. 『삼국사기』『근초고왕 24년』 조이다.

> "근초고왕 24년(369) 가을 9월에 고구려 왕 사유(斯由:고국원왕)가 보병과 기병 2만 명을 거느리고 치양(雉壤)에 와서 주둔하면서 군사를 나누어 민호(民戶)를 약탈했다. 왕이 태자(근구수)에게 군사를 주어, 지름길로 치양에 이르러 급하게 습격하여 이를 쳐부수고 5천여 명의 목을 베고 전리품을 장병들에게 나누어 주었다. 겨울 11월에 한수(漢水) 남쪽에서 왕이 친히 군사를 사열했는데, 기는 모두 황색을 썼다."
>
> (『삼국사기』, 『근초고왕 24년』 조)

369년에 『삼국사기』는 근초고왕과 태자 근구수가 고구려의 2만 군사와 격전을 치러 5천 명의 목을 베고 전리품을 장병들에게 나누어주었다고 설명하고 있다. 이해 겨울 한수 이남에서 근초고왕이 군사를 사열하면서 사용했다는 황색 깃발은 황제의 깃발을 뜻한다. 『삼국사기』 고구려 고국원왕 39년(369)조도 고국원왕이 2만 병력으로 백제를 공격했지만 패했다는 같은 사실을 기록하고 있다.

『일본서기』 『신공 49년조』와 『삼국사기』 『백제 근초고왕 24년조』가 모두 사실일 수는 없음은 말할 것도 없다. 고구려 대군을 꺾고는 황제의 깃발을 휘날리며 군사들을 사열하는 『삼국사기』의 근초고왕과 야마토에서 온 치쿠마나가히코(千熊長彦)에게 영원히 조공을 바치겠다고 맹세하는 근초고왕이 같은 인물일 수는 없는 것이다. 『삼국사기』 근초고왕 24년조와 『일본서기』 『신공기』 49년조 중의 하나는 거짓이다. 다른 사료들과 비교 및 교차검증을 통해 어느 것이 사실인지 살펴보자. 일본의 『고사기』 『신공황후기』에는 가라 정벌 기사 자체가 없다. 『삼국사기』는 이미 살펴보았으므로 『삼국유사』를 살펴보자.

『삼국유사』 「가락국기」에 따르면 서기 369년은 제5대 이시품왕(재위 346~407) 재위 23년이다. 일본인 식민사학자들의 주장대로 '가야=임나'라면 369년에 이시품왕은 쫓겨나거나 야마토왜의 신하가 되어야 한다. 그러나 이시품왕은 멀쩡할 뿐만 아니라 그 뒤를 아들 좌지왕(재위 407~421)이 6대 임금으로 이었다. 뿐만 아니라 좌지왕의 아들 7대 취희왕(재위 421~451), 취희왕의 아들 8대 질지왕(재위 451~492), 질지왕의 아들 9대 겸지왕(재위 492~521)을 거쳐 마지막으로 겸지왕의 아들 구형왕(재위 521~532)까지 금관가야의 왕위가 이어졌다. 『삼국사기』는 물론 『삼국유사』도 369년에 가야를 정벌하고 임나를 설치했다는 것은 허구라는 사실을 말해주고 있다.

또한 가야의 멸망 기사를 가지고도 『일본서기』와 『삼국사기』·『삼국유사』 중 무엇이 사실을 말하고 있는지 살펴볼 수 있다. 『삼국유사』 「가락국기」와 『삼국사기』 법흥왕 19년조는 금관가야가 532년 신라에 항복했다고 공통적으로 말하고 있다. 일본인들이 남가라라고 부르는 금관가야는 369년이 아니라 법흥왕 19년(532)에 망했다. 이렇게 『삼국사기』뿐만 아니라 『삼국유사』와 '비교 및 교차검증'을 해봐도 369년 가야를 멸망시키고 임나를 설치했다는 『일본서기』 『신공기』의 기록은 거짓임이 쉽게 입증된다.

즉, 서기 369년에 가야를 정벌하고 임나를 설치했다는 『일본서기』 기사는 거짓이다. 일본 열도 내에 있었다면 모를까 한반도 남부에는 '임나'든 '임나일본부'든 고대 야마토왜의 식민지 따위는 존재하지 않았다.

▌백제는 야마토왜를 경영했다

『일본서기』는 일본이 물자·인력·군대 등을 백제에 보낸 기사가 실려 있다. 아래와 같은 기사들이다.

Ⓐ 계체(繼體) 6년(512, 무령왕 12) 4월, 말 40필
Ⓑ 흠명(欽明) 7년(546, 성왕 24) 정월, 양마 70필. 船 10척
Ⓒ 흠명 9년(548, 성왕 26) 10월, 축성 인부 370인
Ⓓ 흠명 11년(550, 성왕 28) 3월, 시(矢) 30구(具)
Ⓔ 흠명 12년(551, 성왕 29) 3월, 맥종(麥種) 1,000석(石)
Ⓕ 흠명 14년(553, 성왕 31) 6월, 양마 2필. 선(船) 2척, 궁(弓) 50장(張), 전(箭) 50구(具)

ⓖ 흠명 15년(554, 성왕 32) 정월, 병(兵) 1,000명, 말 100필, 선(船) 40척
ⓗ 흠명 17년(556, 위덕왕 3) 정월, 병장(兵仗), 양마(良馬) 다수

　최재석 교수는 이를 백제가 경영하던 야마토왜에 사람을 보내 징발한 것으로 해석하고 있다.[33] 물론 『일본서기』는 야마토왜가 하사한 것처럼 기록하고 있지만 이는 『일본서기』가 일관되게 유지하고 있는 야마토중심사관일 뿐이다. 이를 두고 백제가 선진문물을 제공하자 야마토왜에서 군병과 군사물자를 보낸 것이라고 주장하기도 하지만 일본은 6세기 중엽까지도 철기생산 능력이 없었다는 점에서 야마토왜가 군사강국이라는 논리는 성립할 수 없다.

　무령왕의 관재(棺材)를 일본에서 가져온 것처럼[34] 백제는 자국이 경영하던 일본에서 인력과 물품을 가져왔던 것이다. 일부의 주장처럼 야마토왜가 군사원조를 하려면 강력한 고대국가가 존재되어야 한다. 그러나 일본에 관위(官位)가 처음으로 시행된 때는 추고(推古) 11년(603)이었다. 그때까지 국가체제는 고사하고 국가형태도 갖추지 못했음을 말해준다.

　『일본서기』에는 또한 백제에서 야마토왜에 여러 경론(經論)과 승려 및 사찰 및 건축기술자들을 보낸 기록이 전하고 있다. 일례로 법륭사 몽전(夢殿)은 백제 위덕왕(威德王)이 부왕(父王: 성왕)을 기려선 만든 유상(遺像)인 것이다.[35] 『일본서기(日本書紀)』『민달(敏達) 6년(577, 위덕왕 24)』 겨울 11월조는 백제 위덕왕이 경론(經論)과 율사(律師), 선사(禪師), 비구니(比丘尼), 주금사(呪禁師), 조불공(造佛工), 조사공(造寺工)

---

33) 최재석, 『고대한일관계사연구』, 2010, 경인문화사, p.74.
34) 박상진(朴相珍)·강애경, 1991, 「백제 무령왕릉 출토 관재의 수종(樹種)」, 『국립박물관 고적조사보고서』 23.
35) 김상현(金相鉉), 1999, 『백제 위덕왕의 부왕을 위한 추복(追福)과 몽전관음(夢殿觀音)』 『한국고대사연구(韓國古代史研究)』 15.

6인을 보냈다고 기록하고 있고, 『일본서기(日本書紀)』 『숭준(崇峻) 원년(588, 위덕왕 35)』조는 백제에서 사공(寺工) 태량미태(太良未太), 문가고자(文賈古子)와 노반박사(鑪盤博士) 장덕백매순(將德白昧淳), 와박사(瓦博士) 마내문노(麻奈文奴) 등을 보냈다고 기록하고 있다. 이는 백제인들이 아니면 일본에서는 사찰을 건축할 능력이 없었다는 것을 말해주는 사례이다.

『일본서기』에는 또 백제에서 장군들을 보냈다는 아래와 같은 기록들이 있다.

> Ⓐ 『일본서기』 『계체(繼體)』 7년(513) 6월, 백제왕이 백제장군 조미문귀(姐彌文貴)·주리즉이(洲利卽爾)와 오경박사 단양이(段楊爾)를 파견했다.
> Ⓑ 『일본서기』 『계체』 10년(516) 9월, 백제왕이 백제장군 주리즉차(洲利卽次)·작막고(灼莫古) 장군과 오경박사 한고안무(漢高安茂)를 왜에 파견했다. 백제가 구원병을 청했다.

『일본서기』는 이 장군들이 일본에 가서 구원병을 청한 것으로 기록하고 있지만 구원병을 청할 때는 주로 사신들이 가지 장군들이 가는 예가 없다. 이에 대해 최재석 교수가 야마토왜를 군사적으로 지배하기 위해서 보낸 장군으로 보는 것이 더욱 설득력이 있을 것이다. 『일본서기』에는 또 백제에서 관리도 파견했다는 아래와 같은 기록이 있다.

> Ⓐ 흠명(欽明) 8년(554) 4월, 백제왕이 백제관리 전부(前部) 덕솔(德率) 진모선문(眞慕宣文)과 내솔(奈率) 기마(奇麻), 하부(下部) 동성자언(東城子言) 등 3인의 백제관리를 왜에 파견했다.

『일본서기』는 또 『흠명』 15년(561) 2월조에도 백제가 관리 3인과 오경박사, 승려(9인), 역(易)박사, 력(曆)박사, 의(醫)박사, 채약사(採藥師, 2인), 악인(樂人, 4인) 등을 야마토왜에 파견했다는 기록이 있다. 『일본서기』는 이 역시 구원병을 청하기 위한 것으로 보고 있지만 603년에야 관위가 처음으로 시행되었던 야마토왜에 해외에 파견할 군사가 있을 리가 없다는 점에서 허구이다. 이 관리들 역시 야마토왜를 경영하기 위해서 보낸 인물로 보아야 할 것이다. 야마토왜가 백제의 속국 내지는 담로였다는 점은 663년의 백강(白江) 전투에 대한 『구당서』『백제전』의 기술을 봐도 알 수 있다.

> "유인궤(劉仁軌)는 백강구에서 부여풍(扶餘豊)의 군대를 만나 네 번 싸워 모두 승리하고 풍(豊)의 선박 400척을 불태우니 적군이 크게 패하여 부여풍은 도주하고 거짓(옛)왕자 부여충승·충지 등은 사녀(士女)와 왜군을 거느리고 항복을 하니 백제의 여러 성이 모두 항복 귀순하였다.
> 『구당서(舊唐書)』 백제전

이 때의 선박 400척은 일본에서 건너온 것이었다. 660년에 백제의 수도가 함락되자 백제의 유장들은 백제부흥운동을 일으키는 한편 야마토왜로 건너가 선박을 건조하고 군사를 조련했다. 그 결과 3년 후인 663년에 2만7천 명의 군사와 400척의 배가 백강 하구에서 나당연합군과 맞붙었다. 전투 결과는 백제의 패배였는데, 이 군사에 대해서 중국의 사료는 왜왕의 군사라고 하지 않고 부여풍의 군사라고 명기하고 있는 것이다. 또한 왜군들을 거느리고 항복하는 것도 백제의 왕자들이라는 점에서 이는 더욱 명확해진다. 야마토왜는 백제의 속국 내지는 담로였던 것으로 보아야 할 것이다.

▌백제와 야마토왜의 진실

『일본서기』라고 거짓말만 서술하고 있는 것은 아니다. 『일본서기』는 많은 부분을 변개하고 조작했지만 그 중에 사실을 담고 있는 내용도 있다. 야마토왜에서 궁전은 백제궁으로 불렀고, 강은 백제천이라고 불렀고, 사찰은 백제사라고 불렀고, 왜왕의 시신은 백제빈궁이라고 불렀다는 내용 등이 이를 말해준다.

야마토왜는 백제의 분국 내지는 『양서(梁書)』 등에 나오는 담로의 하나였다고 추측할 수 있다. 백제의 수도가 660년 함락되자 야마토왜에서 지금의 큐슈 지역에 전시 수도인 태재부를 설치하고 백제에서 건너간 장수들을 중심으로 군사를 훈련시키고 배를 건조한 것도 당시 야마토왜가 백제의 제후국이나 속국 같은 지위였음을 말해준다. 이렇게 훈련된 군사들은 백제부흥군에 가담하게 된다. 그런데 백제부흥군을 이끄는 인물은 백제부흥군의 풍왕이었다. 663년 나당연합군과 백제부흥군은 지금의 금강 하구인 백강(白江)에서 격돌하는데, 이 백강전투에서 백제부흥군이 패전하면서 백제는 역사의 뒤안길로 사라지게 된다. 『일본서기』는 백제부흥군의 수도를 주유성이라고 표기하고 있는데, 663년 백제의 주유성이 함락되자 야마토왜의 국인(國人)들이 서로 "조상들의 무덤이 있는 그곳을 어찌 다시 갈 수 있겠는가?"라고 한탄했다는 기사를 싣고 있다. 야마토왜의 지배층들에게 백제는 조상들의 무덤이 있는 곳이었다. 즉 야마토왜 자체가 백제인들이 이주해 세운 나라였던 것이다.

663년 백제가 멸망한 지 57년 후인 720년에 편찬된 『일본서기』는 모국인 백제가 사라진 상황에서 쓴 것이다. 모국 백제가 사라진 상황에서 야마토왜 스스로 자립해야 했다. 그래서 많은 관계를 왜곡하게 된 것이다. 『일본서기』가 신라에 대해서 지속적인 적대감을 드러내는 것 역시 신라에 망한 백제의 후예들이 서술했기 때문일 것이다.

일본의 극우세력들이 한국 점령의 야욕을 꺾지 않고 있는 것 또한 백제를 '조상들의 무덤이 있는 곳'으로 인식했던 것과 무관하지 않다. 그래서 백제와 야마토왜의 관계를 거꾸로 쓴 『일본서기』의 임나관계 기사를 고토회복의 근거로 삼았던 것이다. 그러나 이는 『일본서기』의 일방적 주장일 뿐이고, 임나는 한반도에 있지 않았다.

제3장 한국의 실증사학은 과연 실증사학인가?

3.1 일제 식민사관과 실증주의 전통

현재 한국 역사학은 실증주의를 표방한다. 실증주의란 사료적 근거를 가지고 역사를 서술하거나 해석하자는 역사학적 방법론이지 역사학의 목표는 아니다. 그럼에도 불구하고 한국 역사학이 이를 표방하는 것은 실증주의라는 방법론을 목적으로 대체하지 않으면 존재 이유를 설명하기 힘든 사정이 있기 때문이다. 식민사학의 뿌리가 그렇듯이 실증주의도 그 뿌리는 일본 역사학에 있다. 페리제독에 의해 개항할 때까지 일본에는 역사학의 전통이 미약했다.

서기 720년에 편찬된 『일본서기(日本書紀)』나 712년에 편찬된 『고사기』는 사서(史書)의 기초인 기년(紀年)부터 맞지 않았다. 그나마 이것은 백제와 고구려가 멸망해 홀로 살아남아야 한다는 시대적 요청에 의해서 저술된 국가 단위의 역사서라고는 말할 수 있었다. 이후 일본은 무사들이 정권을 장악한 가마쿠라(鎌倉: 13~14세기)막부 시대 이후 국가단위의 역사학 자체가 사라졌다고 해도 과언이 아니었다. 쇼군(將軍)이 전국을 통치한다고는 하지만 사실상 자신의 직할지만 직영하는 체제이고 나머지는 다이묘(大名)를 비롯한 영주들이 영지(領地)를 지배하는 분권체제였다. 국가 단위의 역사학은 사라지고 기껏해야 키타바타케 찌가후사(北畠親房: 1293~1354)의 허황된 이야기인 『신황정통기(神皇正統記)』 따위나 씌어졌을 뿐이다. 에도(江戶)시대 이후 막부나 다이묘들이 권력을 정당화하기 위해서 『무덕대성기(武德大成記)』 따위의 기록을 남겼지만 권력에서 독립된 역사서술이란 존재하지 못했다. 조선처럼 살아있는 권력을 비판하는 역사학의 전통 같은 것은 상상도 할 수 없는 체제였다. 에도시대 때부터 천황가를 높이는 학문풍토가 고개를 들기 시작했지만 아직 전국 단위의 역사서 서술은 아직 미흡했다.

일본은 개항 후 새로운 역사학이 필요했다. 서양의 힘을 빌려 부족한 역사학 전통을 메울 필요가 있었다. 그래서 실증을 표방했던 독일인 랑케(Ranke)의 제자라는 독일인 리스(Ludwig Riess: 1861~1928)를 초빙한 것이었다. 1887년 도쿄제대(東京帝大) 사학과 설치 당시 주임 교수를 맡은 리스는 만 26세에 불과한 청년이었는데, 스물네 살 때인 1885년에 베를린 대학에서 『중세 영국의 선거법에 대한 초역(抄譯)의 역사(Abridged translation History of the English Electoral Law in the Middle Age)』로 박사학위를 받았다. 그러나 유태인이기 때문에 자리를 잡지 못하고 전전하던 그에게 도쿄제대에서 사학과 주임교수 자리를 제의한 것이다. 이때부터 15년 동안 리스는 도쿄제대 사학과를 이끌면서 스승 랑케에게 배운 역사학적 방법론을 가르쳤는데 그것이 실증주의였다.

신학에 경도되어 있었던 서양 인문학 전통에서 실증을 내세운 랑케의 방법론은 역사학을 하나의 독립된 학문으로 만드는 데는 유효했지만 그것이 서기전 5세기 경 공자가 지은 『춘추(春秋)』에서 비롯되는 동양 역사학의 전통과 비교할 수는 없었다. 동양 지식사회의 변방이었던 일본인들은 리스에게서 배운 실증적인 역사 방법론을 근대 역사학으로 포장했다. 조선과 중국에 대한 학문적 콤플렉스를 독일의 20대 젊은이에게 배운 실증주의로 씻어냈다고 믿었던 것이다. 일본인들은 동양 전통의 역사학 방법론을 부정하기 위한 도구로 이른바 '실증주의 사학', '근대 역사학'을 내세운 것이었다.

그런데 리스가 스승인 랑케에게 배워서 일본인 제자들에게 가르친 실증주의 역사학은 일본인 식민사학자들이 한국사 왜곡에 악용했던 일본 제국주의판 실증주의와는 다른 것이었다. 랑케 당시 유럽은 프랑스 우위의 사회여서 독일은 독일사 자체를 서술하지 못하고 있는 상황이었다. 그래서 랑케는 있는 그대로의 역사를 서술하면 독일사도 서술할 수 있다는 독일 애국주의적 역사관에서 실증주의를 주창했던 것이다.

일본인 식민사학자들이 한국사를 왜곡하기 위한 도구로 악용한 일제판 실증주의나, 해방 후 한국인 식민사학자들이 자국사를 왜곡하기 위한 도구로 악용했던 식민사학의 실증주의와는 다른 것이었다. 리스의 실증주의에서 일본인 식민사학자들은 국가주의적 관점만 취사해 한국 침략의 도구로 삼았다. 유태인으로 차별 받던 리스가 자신의 일본인 제자들이 자신에게 배운 실증주의 역사학을 타 민족 점령의 도구로 사용한 사실을 알았다면 어떤 태도를 취했을지 궁금하다.

개항 이후 국력 신장이 이루어지자 일제는 정한론(征韓論)을 내세우게 되는데 그 핵심이 가야를 임나라고 주장하는 '임나일본부설'이었다. 『일본서기』에 나오는 임나가 『삼국사기』·『삼국유사』의 가야라는 것이었다. 『일본서기』에 임나는 서기 전 33년에 이미 등장하는 반면에 가야는 서기 42세기에 개국하므로 둘은 서로 다른 정치조직이다. 그러나 일제는 한국 침략의 명분을 마련하기 위해서 '임나=가야'라고 주장했다. 일제 실증주의가 처음부터 실제 실증주의와는 무관한 정치선전에 불과하다는 사실을 스스로 말해주는 사례이다.

실증주의를 표방한 일제의 역사침략은 일본군 참모본부와 함께 수행했다는 특징도 있다. 일본군 참모본부는 1880년대 초반 사쿠오(酒勾景信) 중위를 북경에 스파이로 보내 한의학(漢醫學)을 공부하게 한 후 만주로 보냈다. 그가 요나라 또는 금나라 황제비로 알려져 있던 광개토대왕릉비가 고구려 광개토대왕릉비라는 사실을 알아내고는 1883년에 비문을 탁본해 참모본부에 보냈다. 일본군 참모본부는 이 비문을 비밀리에 해석한 후 고대 야마토왜가 한반도를 점령했다는 근거로 삼았다. 그러나 1970년대 재일사학자 이진희(李進熙) 교수가 『광개토왕릉비의 연구(廣開土王陵碑—硏究)』에서 일본군 참모본부가 비문의 내용을 조작했다고 주장해 큰 파문을 일으킨 것처럼 조작설이 분분하다. 이처럼 일본의 실증주의란 처음부터 한국침략을 합리화하는 침략의 도구에 불과한 것이었는데, 이것이 정한론이자 식민사학이 내세우는 실증주의의 본질이었다.

1889년에는 도쿄제대에 국사학과가 신설되었는데, 이때의 국사(國史)란 물론 일본사이다. 이때 도쿄제대와 게이오대(慶應大), 그리고 육군대학의 어용 역사학자들이 사학회(史學會)란 단체를 만들고 기관지 『사학회잡지(史學會雜誌)』를 간행했다. 『사학회잡지』는 한국 관련 논문을 다수 실었는데, 도쿄제대는 물론 육군대학도 끼어 있다. 1894년 청일전쟁에서 승리한 일본은 한국 점령의 희망에 부풀어 한국사 관련 저서들을 쏟아냈다. 하야시 타이호(林泰輔)의 『조선사(朝鮮史: 1892)』, 요시다 토우고(吉田東伍: 1864~1918)의 『일한고사단(日韓古史斷: 1893)』, 니시무라(西村豊)의 『

조선사강(朝鮮史綱: 1895)』 등이다. 이중 요시다의 『일한고사단』은 1914년 와세다 대학의 '사학 및 사회학과(史學及 社會學科)' 1학년이던 이병도에게 서양사를 전공하려던 생각을 바꿔 국사를 연구하게 했다고 해서 유명한 책이다.

이 세 권의 한국사 관련 저술 중에 하야시의 『조선사』는 통사였고 다른 두 권은 모두 한일 고대사에 관한 책들이다. "한국고대사는 곧 한일현대사"라는 식민사학의 법칙은 이렇게 여러 곳에서 확인된다. 일제는 한국사를 왜곡하면서 줄곧 고대사에 가장 큰 주안점을 두었다. 일제는 한국인들이 갖고 있는 일본에 대한 우월감의 뿌리인 역사관을 거꾸로 세워놓지 않으면 영구 통치가 불가능하다는 생각에서 한국 고대사에 집중했다. 지금도 일제 식민사관 논쟁이 대부분 고대사 분야에 집중되어 있는 것도 이 때문이다.

이른바 '침략삼서(侵略三書)'라는 것이 있다. 키구찌(菊池謙讓)의 『조선왕국(朝鮮王國: 1896)』, 쓰네야 세이후쿠(恒屋盛服)의 『조선개화사(朝鮮開化史: 1901)』, 시노부 준뻬이(信夫淳平)의 『한반도(韓半島: 1901)』가 그것이다. 이를 '침략삼서'라고 부르는 이유는 저자들이 모두 대한제국에 직접 건너와서 침략의 행동대 노릇을 했다는 공통점이 있기 때문이다. 특히 명성황후를 살해한 을미사변 모의 당사자였던 키구찌는 『조선왕국』에서 임나일본부를 사실로 전제하고는 청일전쟁에서 일본이 승리함으로써 조선이 청나라로부터 독립되었다고 썼다.

그런데 이때만 해도 일제 식민사관이 정교화하지는 못했다. 그래서 쓰네야는 『조선개화사(朝鮮開化史)』에서 임나일본부설은 받아들이고 있지만 기자조선의 위치는 평양이 아닌 요하 일대로 비정해서 훗날 조선총독부 조선사편수회의 논리와는 다른 모습을 보여주기도 했다. 물론 이때 쓰네야가 기자조선의 위치를 이렇게 비정한 것은 조선을 중국에서 떼어내 일본으로 붙이기 위한 것이었다.

조선을 참혹할 정도로 부정하던 쓰네야가 평양의 기자사당은 조선 유학자들의 중화숭배 사상이 만든 것이라고 주장한 것이 이를 말해준다. 시노부 준뻬이의 『한반도(韓半島)』는 역사서라기보다는 인문 경제지리와 국제관계서라 할 수 있는데, 이 '침략삼서'는 조선에 뜻(?)을 둔 일본인들의 필독서였다. 이 무렵 일본의 낭인이나 불량

배들에게 조선은 황금이 나오는 엘도라도였다. 일본에서 조선에 투자를 권유하는 책들은 조선에서 가장 유망한 사업은 고리대금업과 농지매입이라고 설명하고 있었는데, 일확천금에 눈이 먼 투기꾼들의 필독서가 '침략삼서'였다.

침략삼서는 조선을 미개한 나라라고 묘사하면서 사대성, 정체성, 일선동조론 등을 뒤섞어 설명하고 있었다. 논리는 혼재되어 있지만 초점만은 조선은 미개하고 자체적으로 발전 능력이 없으니 같은 조상을 뿌리로 둔 일본이 점령해야 행복하게 된다는 궤변에 맞춰져 있었다.

'침략삼서'는 본격적인 제국주의 역사학, 즉 본격적인 식민사학으로 건너가는 징검다리였다. 일제의 식민사학은 처음부터 정교한 논리를 갖고 있는 것이 아니라 그때그때 상황에 따라 새로운 이론이 추가된 것이었다. 러일전쟁 이후 '만선사(滿鮮史)'가 등장한 것도 이 때문이다. 러시아를 꺾고 보니 만주도 점령할 수 있겠다는 생각에서 만주와 조선을 하나로 보는 '만선사'를 고안하게 되는 것이다.

'한국사 정체성론'을 정교화한 인물 중에 1902년 여름 대한제국을 잠시 방문했던 후쿠다 토쿠죠(福田德三: 1874~1930)가 있다. 후쿠다는 문부성의 자금지원으로 독일에서 공부해 1900년 뮌헨대학에서 박사학위를 취득하고 모교인 동경상업학교(현재의 일교대학〔一橋大學〕) 교수로 취임했다. 후쿠다는 1902년 아오모리(靑森)현에서 대기근이 발생하자 1903년 아오모리로 직접 가서 현장을 조사했다. 기근의 원인을 "농촌에 화폐경제가 침투하지 않아서 농부들이 상업적 정신을 갖고 있지 못하기 때문"이라고 결론 내렸다. 이 이야기는 일본에게 필요한 것은 식민지가 아니라 일본 내부의 개조라는 뜻이었다. 그런데 1904년에 한국을 잠시 둘러보고 나서는 한국은 봉건제도가 없기 때문에 낙후되었다고 주장했다.

봉건제도가 결여되어 있었기에 20세기 한국의 상태는 일본에서 봉건제도가 성립되는 가마쿠라(鎌倉: 13~14세기)시대보다도 더 늦은 10세기경의 후지와라(藤原)시대에 해당한다고 주장했다. 한 해 전에 아오모리에서는 '일본 농촌에 화폐경제가 침투하지 못했다'고 결론 내려놓고는 한국에 와서는 일본보다 1천년이나 더 낙후되었다는 주장을 하고 있는 것이다.

메이지유신 때까지 일본은 관료제에 의한 통일국가를 이루지 못하고 각지를 세습 영주들이 다스리는 낙후된 지배 시스템이었는데, 이를 유럽의 봉건제도와 같다는 아전인수식 해석으로 한국사정체성론을 주창한 것이었다. 후쿠다는 일본에서 사회경제학파, 또는 신역사학파로 불렸는데 역사학자이든 경제학자이든 그 결론은 항상 같았다. 한국은 정체되어 있기 때문에 일본이 식민지배해서 발전시켜 주어야 한다는 식민지배 논리였다.

3.2 해방 후의 실증주의

이처럼 일제가 한국 침략의 이론으로 악용한 실증주의는 한국사에 관한 한 출발 당시부터 실증과는 거리가 먼 것이었다. 그러나 광복 이후에도 실증주의는 한국 역사학계에서 역사의 목적인 것처럼 강조되었다. 이런 점에서 서양사를 연구한 박양식 전 한신대 연구교수의 「서양 사학이론에 비추어 본 실증사학」이란 논문은 아주 중요하다. 이 논문은 광복 후 한국 사학은 세 방향에서 진행되었다면서 이렇게 분류했다.

> "첫째는 민족주의적 접근이고 둘째는 사회경제적 접근이고 셋째는 실증주의적 접근이다. 이러한 세 접근 중 현재 주류를 형성하는 것은 실증주의적 접근이다. 이 접근을 하는 대부분은 대학에 재직하며 학회에서 큰 영향력을 행사하는 이른바 강단 사학자들이다. 이들은 한국사학의 정통을 유지하는 전문 역사가로 자부하며 한국사학의 방향을 주도하고 있다. 실증주의적 접근을 하는 강단 사학자들은 민족주의적 접근과 사회경제적 접근 모두를 비판하여 그들의 입지를 축소시켜 놓았다. 그로 인해 민족주의적 접근이나 사회경제적 접근 모두는 한국사학계에서 그 위상을 별로 인정받지 못하는 실정이다. 이러한 상황에서 한국사학에서 실증주의적 접근이 아닌 역사 연구 성과들은 정통 역사가 아니라고 폄하되고 있다."
> (박양식, 「서양 사학이론에 비추어 본 실증사학」, 『숭실사학 제31집』, 2013. 12. 329~330쪽)

이처럼 해방 후 실증주의적 접근을 하는 강단사학자들이 학계를 장악했지만 이들이 주장하는 실증주의가 과연 서양에서 말한 실증주의와 같은 개념인지에 대한 반론이 일어나고 있다. 한국 실증주의의 뿌리는 일제 식민사학인데, 일제 식민사학이란 역사학이라기보다는 일본 제국주의의 정치선전에 불과하기 때문이다.

『일본서기』에 대한 일본인 학자들의 자세 변화를 보면 이런 경향은 뚜렷해진다. 메이지 이전까지는 일본인 학자들도 『일본서기』를 믿지 않았다. 『일본서기』는 기년부터 맞지 않는 역사서였기 때문에 그 기년 및 서술 내용의 사실 여부를 알려면 『삼국사기』를 비롯한 한국의 역사서를 기준으로 삼을 수밖에 없었다. 그러다가 정한론자인 나카 미치요가 『삼국사기』 기록에 의문을 표시하고, 이를 쓰다 소키치가 더욱 체계화시켰다. 여기에 조선총독부의 이마니시 류가 『삼국사기』 초기기록을 거짓으로 몰고, 『일본서기』를 사실이라고 주장하면서 상황이 달라졌다.

이들은 『삼국사기』를 거짓으로 몰아세우는 한편 『일본서기』를 믿어야 한다고 우기기 시작했다. 그래야 고대부터 한국은 일본의 식민지였다는 황국 사관을 주장할 수 있었기 때문이다. 박양식 교수는 "(실증사학자들은) 한국 전통의 역사방법과 자신들의 역사방법을 차별된 것으로 인식하는 동시에 제국대학들에서 훈련받지 않은 역사가들의 작업을 비전문적인 것으로 낙인찍었다"고 서술했다. 그러면서 일본인 식민사학자들의 역사연구는 근대역사학이고 이에 맞서는 독립운동가들의 역사학은 봉건적 역사학이라고 주장했다.

그런데 일제의 실증주의를 이해하려면 리스의 제자 사카구치 다카시(坂口昂: 1872~1928)가 중요한데, 박양식 교수는 그에 대해서 이렇게 설명했다.

> "1909년부터 1911년까지 유럽으로 유학 간 사카구치 다카시는 독일의 속령 폴란드에서 실시한 국사교육 체계에 주목하였다. 그가 역사 교과서에 주목한 것은 '일반적으로 병합지에 적용해야 할 국사교육의 참고'가 되고 특히 조선에서 역사교육의 모델이 될 수 있다고 보았기 때문이다. 그는 이런 말을 하였다. '외국 정부로서 같은 국민 문제를 안고 있는 자는 자주 이를 연구하고 또는 이를 참작한다. 우리 조선의 통치도 그러한 바가 있을 것이다.'
>
> 일본의 역사가가 스스로 제시하듯이, 랑케를 모범으로 서양사학의 세계사적 파악에 노력했던 사카

> 구치 다카시는 독일을 모범으로 하는 제국의 문화정책 모델을 일본의 식민지 통치기관과 학계, 교육계에 제시함으로써 시대의 추세에 대한 역사가의 임무를 수행하였다. 이로써 볼 때 일본 사학자가 랑케 사학을 수용한 것은 식민통치를 위한 발판마련이었음을 알 수 있다. 그러한 일본 사학자의 식민주의 사관이 조선사편수회로 그대로 이어져 실행에 옮겨진 것은 다 아는 바다. 한국의 실증사학이 전수받은 것은 그러한 류의 것이었다.
>
> (박양식, 「서양 사학이론에 비추어 본 실증사학」)

한국에서는 랑케의 실증주의가 등장해서 유럽의 역사학 연구방법을 평정한 것처럼 호도하지만 랑케 당시에도 실증주의를 둘러싼 여러 논쟁이 있었다. 일례로 랑케의 제자였던 야콥 부르크하르트(Jakob Burckhardt)는 랑케와 달리 자료를 보다가 떠오르는 직관을 통해 역사를 연구할 수 있다고 주장했다. 그러나 한국에서는 이런 논쟁 과정이 일체 생략되었다. 그래서 박양식 교수는 "역사 연구방법에는 실증의 방법만이 있지 않다는 부르크하르트에 관한 한국의 실증사학자들의 논의는 거의 찾아볼 수 없다"면서 "그들(한국 강단사학자들)이 말하는 실증사학의 과학성이란 논쟁의 과정 없이 피상적으로 외치는 구호일 수밖에 없다"고 비판하고 있다.

한국 강단사학계는 '실증주의'란 외피만 빌려왔지 서양 실증사학이 걸었던 논쟁의 길은 일체 생략했다. 그리고 식민사학을 비판하는 다른 모든 역사학에 가짜 '실증'의 칼을 들이대서 제거하는 전체주의의 길을 택했다. 박양식 교수는 또 역사를 "과학 그 이상도 그 이하도 아니다"라고 말한 존 뷰리(John Nagnett Bury)와 그의 제자이면서 교수직까지 물려받은 조지 M. 트레벨리언(George M. Trevelyan) 사이의 역사의 과학성 논쟁과 포퍼(Karl R. Popper)와 헴펠(Carl G. Hempel)의 일반법칙론의 등장 같은 역사의 과학성 논의를 설명한 후 한국 실증주의 역사학에 대해서도 이렇게 덧붙였다.

> "이러한 역사의 과학성에 관련한 논의가 한국의 실증사학자 사이에서는 이루어진 적이 없다. 달리 말해서 그들의 논의에는 실증에 관한 어떠한 철학적 체계를 갖춘 논쟁이 없었던 것이다. 그래서 한국의 실증사학을 실증주의 사학이라고 하는 것은 옳지 않다는 비판이 나왔다. 실증주의의 철학도 없이 사료와 문헌에 대한 철저한 고증이라는 단순한 의미에 국한된 한국의 실증사학은 서구의 실증주의 사관과는 구별되어야 한다는 것이다. 이런 주장이 나온 후 한국의 실증사학자들은 자신들의 사학을 실증주의 사관이라고 부르던 것에서 물러나 실증사학이라고 했다."
>
> 박양식, 「서양 사학이론에 비추어 본 실증사학」

역사학은 관점의 문제와 그 관점을 뒷받침하는 사료의 문제가 가장 중요하다고 볼 수 있다. 그런데 광복 후에도 조선총독부 사관을 그대로 계승한 한국의 실증주의 사학은 그 관점을 그대로 드러낼 수 없기에 실증주의라는 말을 외피로 삼은 측면이 있다.

총론으로는 식민사관을 비판하고 각론으로는 식민사관을 추종하는 이중적 형태를 띨 수밖에 없었다. 이런 이중성은 식민사관의 무기로 선택한 실증주의에 있어서도 '주의'에 발목이 잡힐 수밖에 없었다. 그 결과 급기야 '주의'를 떼고 '실증사학'이라고 후퇴하게 되었던 것이다.

> "이에 이기백은 실증이란 말을 쓰지 말고 고증으로 바꾸어도 큰 무리가 없다고 주장했으나 그의 제자 홍승기는 고증학이라고 축소하는 것은 문제의 소지가 있다며 실증사학을 고증학이라고 부르는 것에는 반대의 입장을 표명하였다. 실증주의 사학으로 불리지 못하는 한국의 실증사학이 과학적 역사로 표방해 온 근거라는 것이 사료 비판 과정에서 철저한 고증을 하는 것 외에는 아무 것도 없었다. 결국 한국 실증사학이 지닌 과학성은 과포장된 것이었음이 드러났다. 요컨대 한국의 실증사학은 특별히 과학적 면을 추구한 것도 아니면서 실증사학의 과학성을 내세워 자기들의 역사연구에 누구도 넘볼 수 있는 아성을 쌓았다."
>
> 박양식, 「서양 사학이론에 비추어 본 실증사학」

실증주의자들이 표방했던 과학성도 내용을 알고 보면 과학성과는 거리가 멀다는 비판이다. 이는 당연한 결론이었다. 조선총독부 사관이란 것이 과학적인 역사연구를 통해 만들어진 것이 아니라 한국을 영구히 지배하려는 목적에서 급조된 정치이론이자 정치선전이었기 때문이다.

광복 후 실증주의 사학자들이 이른바 '순수사학'을 지향했던 것도 마찬가지 이유이다. 사관(史觀)이 핵심인 역사학에서 '순수사학'이 존재할 수 없다는 것은 자명한 일이다. 식민사학자들이 '순수사학'을 지향한 것은 자신들의 학문권력을 유지하기 위한 수단이었다. 조선총독부 사관을 계속 유지하기 위해서는 자신들이 정치와 현실에서 초연한 학자인 것처럼 포장해야 했기 때문이다. 그래서 박양식 교수는 한국의 실증사학은 '역사 서술'이란 역사학의 가장 큰 임무를 수행하지 못하고 있다고 비판했다.

> "한국의 실증사학은 역사 서술로 나아가지 못한 초보 수준이었다고 해도 과언이 아니다. 그 한계는 분명하다. 그 스스로도 인정하듯이 그런 개별 사실들의 단순한 집합이나 나열로는 진정한 역사라 할 수 없다. 또한 개개의 사실 위에서 일반적인 의미를 구체화하지 못하는 것은 역사학을 학문이 아니라 취미로 전락시키는 일이다. 그럼에도 실증사학자들은 개별 사실들에 대한 해명에 몰두하였다. 그리고 그들은 그것이 마치 한국의 실증사학이 가지는 특성인 것처럼 생각하는데, 그것은 한국의 실증사학이 반쪽짜리임을 자인하는 발언일 뿐이다. 한국의 실증주의자들이 보이는 실증 방법에 대한 집착은 심하다. 역사서술 문제에서도 결국 돌아가는 것은 실증적 방법이었다고 할 때 그것이 랑케에 대한 이해 부족을 반증한다. 스스로 문제 인식을 했음에도 실증이란 방법론에서 벗어나지 못한 것은 실증사학의 허술한 자화상을 드러내는 것이나 다름없다."
>
> 박양식, 「서양 사학이론에 비추어 본 실증사학」

한국의 실증사학은 결국 실증사학도 아니라는 이야기다. 이는 당연한 귀결이기도 했다. 그럼에도 불구하고 실증주의가 한국 사학계를 지배하는 현상에 대해 박양식 교수는 이렇게 설명하고 있다.

> "한국의 실증사학자들은 랑케 사학이 제기한 과학적 역사 연구를 통해 객관적 사실을 구명하는 데 열심을 내었다. 그런데 그런 노력이 한국사에 대한 역사 서술을 제대로 하는 데까지는 이르지 못했다. 이러한 성과는 서양사학계의 논의 전개에 비추어 보면 허술하기 짝이 없는 것이다. 그럼에도 그들은 한국사학의 주류를 형성하며 막강한 영향력을 행사하는데 타의 추종을 불허한다. 실증이란 방법론 하나로 그들은 전문성을 내세워 대학강단을 장악하였고 학회를 지배하였다. 그리고 그들은 역사 교과서를 기술하는 특권마저도 독점하였다. 더 큰 문제는 실증사학자들이 식민주의 사관의 틀을 벗지 못하고 채 그 영향력을 여전히 발휘하고 있다는 점이다. 어떻게 그럴 수 있을까? 교조화된 실증사학의 논리가 그만큼 강력히 작용한 결과다."
>
> 박양식, 「서양 사학이론에 비추어 본 실증사학」

한국의 실증사학계, 즉 식민사학계는 실증사학을 표방했지만 정작 서양의 실증주의에 비춰보면 실증주의도 아니라는 말이다. 그럼에도 이들은 한국사학의 주류를 형성했다. 이들은 대학강단과 학회를 장악하고 교과서까지 저술했다. 그래서 해방 이후 대한민국 국사교과서는 사실상 조선총독부에서 편찬한 교과서와 크게 다를 바가 없었다. 박양식 교수는 이들 실증사학자들의 단재 신채호에 대한 비판을 예로 들어 이들의 식민사학적 경향을 설명한다.

> "실증사학자들은 신채호의 역사관을 민족주의 사학으로 규정지으며 제대로 된 역사연구로 인정하지 않았다. 이기백은 신채호가 과거의 한국사 서술방법에 대해 매우 비판적이었다는 사실도 인정하였을 뿐만 아니라 그의 사료 비판도 보통 고증학자 못지않게 정력을 기울였다는 사실도 인정하였다. 그럼에도 그는 신채호가 한국민족의 고유사상을 강조하여 한국민족을 세계로부터 고립시켰다고 주장하면서 이처럼 민족을 앞세운 민족주의 사관의 역사는 진정한 역사가 아니라고 격하시켰다. 여기서 사관이라고 이름 붙여 비판한 것은 그것이 과학적이고 객관적인 역사 연구가 아니라는 암시가 숨어 있다.
>
> 그러한 비판이 타당한가? 전혀 아니다. 우선 민족주의 사학 내지 사관이란 용어 자체가 성립되

지 않는다는 것이 필자의 생각이다. 서양에는 오히려 민족을 앞세워 조국의 역사를 쓰는 데 주저함이 없었다. 랑케도 그러하였다. 프랑스의 미슐레(Jules Michelet)나 미국의 터너(Frederick Jackson Turner)의 예를 보면 민족주의 사학이란 것이 한국의 실증사학자들에게 비판의 대상이 된다는 것은 이상한 일이다. 광범한 철학적 관심, 무시되었던 일차 사료에 대한 면밀한 주의, 풍부한 시적 스타일, 열렬한 애국주의를 가지고 프랑스 역사의 각 시기를 드높이고 고양시키는 역사저작을 쓴 미슐레는 프랑스 국민의 일류 역사가로 인정받았다. 구세계(유럽)에 연결 짓지 않고 미국의 고유한 경험의 부산물로서 미국사를 연구해야 한다며 프론티어(frontier) 사관을 제시했던 터너는 그 학설이 지닌 결점에도 불구하고 미국 역사학의 새 시대를 연 역사가로 평가받았다. 그런데도 한국의 실증사학자들은 일제에 의해 호도되고 말살되었던 민족의 역사를 되살리려고 노력한 사학자들의 역사 연구에 대하여 끊임없는 비판을 제기하였다. 그런 비판의 화살은 일본의 식민주의 사학에게나 돌려야 할 것이었다. 독일의 히틀러나 일본의 제국주의가 역사를 식민통치술로 이용했는데 그런 사관이야말로 배격의 대상이 되어야 할 것이다.

　그런데도 그런 류와는 완연히 다른 신채호의 역사관이 민족주의 심하게는 국수주의사관이라고 몰아붙여 부정되는 것에는 동의하기 어렵다. 그렇게 공격하는 실증사학자들의 의중에는 누구를 위한 역사를 염두에 두고 있는지 의문이 간다. 한국의 실증사학은 식민주의 사관의 극복을 주창하지만 실제 파고 들어가 보면 식민주의 기획의 틀을 벗어나지 못한 면이 많다. 그런 면에서 보면 제국을 운영해본 일본이 한국민의 감정은 아랑곳하지 않고 역사 문제를 끊임없이 제기하는 것도 이해 못할 일도 아니다. 한국의 실증사학이 식민주의 틀이란 기획 안에 안주하고 있는데 꺼릴 것이 무엇이겠는가?

박양식, 「서양 사학이론에 비추어 본 실증사학」

　한국의 역사학 및 역사학자 분류 기준 중의 하나를 단재 신채호에 대한 평가여부로 삼아도 무방하다. 강단사학에서는 겉으로는 신채호를 인정하는 척하지만 각론으로 들어가면 전근대적, 민족주의적이라고 비난한다. 서양에서는 자국사 중심의 역사서술이 비난 받지 않지만 한국은 다르다. 실증의 잣대를 들이댔지만 신채호만큼 중국의 고대 1차 사료를 많이 본 학자도 없을 것이다.

　실제 사료 분석으로 들어가 보면 이들의 주장과는 달리 김교헌·박은식·이상룡·이시영·신채호·정인보 같은 독립운동가들이 중국의 고대 1차 사료에 대해 실증주의 연구를 했음을 쉽게 확인할 수 있다. 거꾸로 한국의 강단사학자들은 실증이란 이름이 무색하게 자신들이 세운 교조주의적 결론에 불리한 중국의 고대 1차 사료를 무시한다. 그들의 잣대는 조선총독부 학무국과 다를 바가 없을 정도이다. 즉 일본의 극우 민족주의, 침략주의·식민주의 관점을 실증주의로 포장했기에 신채호를 비롯한 독립운동가 겸 민족주의 역사학자들을 크게 비난하는 것이다.

자국의 관점에서 역사를 바라 본 독일의 랑케나 프랑스의 미슐레(Jules Michelet), 미국의 터너(Frederick Jackson Turner)는 유럽이나 미국에서 일류 역사학자 대접을 받았다. 반면 한국에서는 조선총독부의 관점으로 한국사를 바라보는 이들이 일류 학자의 대접을 받아왔다. 박양식 교수는 "제국을 운영해 본 일본"이라는 표현을 썼다. 독일, 프랑스, 미국은 한때 제국을 운영해봤거나 지금도 제국이다. 이런 나라들에서는 자국의 관점에서 자국사를 바라보는 역사학자들이 일류 역사학자 대접을 받는다. 반면 한국에서는 자국의 관점에서 자국사를 바라보면 온갖 비판과 매도를 당하고 학계에서 추방된다. 식민지의 관점에서 자국사를 바라보기 때문이다.

박양식 교수의 말처럼 한국의 실증사학자들은 한민족의 역사를 되살리려고 노력하는 학자들을 끊임없이 비판했는데, "그런 비판의 화살은 일본의 식민주의 사학에게나 돌려야 할 것이었다" 독일의 히틀러와 일본의 히로히도는 무엇이 다른가? 히틀러는 독일인, 히로히도는 일본인이라는 점 외에는 다른 점이 전혀 없다. 일본은 1940년 독일·이탈리아와 파시스트 3국동맹을 체결한 나라였다. 이런 파시스트의 눈으로 한국사를 바라본 것이 식민사관, 즉 조선총독부 사관이었다. "독일의 히틀러나 일본의 제국주의가 역사를 식민통치술로 이용했는데 그런 사관이야말로 배격의 대상이 되어야 할 것이다."라는 박양식 교수의 말은 지극히 당연한 상식임에도 아직까지 실현되지 않고 있다. 그래서 "대한민국은 과연 독립국가인가?"라는 질문을 다시 던져야 하는 것이다.

박양식 교수는 식민사학이 지배하고 있는 현재의 강단사학계에 대한 대안으로 "역사의 진실에 입각한 사상 체계를 세우는 데 있다"고 서술했다. 한국의 강단사학자들을 보면 과연 '역사의 진실'에 다가가기 위한 노력을 어느 정도 하는지 궁금할 때가 많다. 지엽말단의 문제에는 천착하지만 큰 틀의 문제는 일부러 외면하는 경우가 많다.

"전공이 아니다"란 말이 역사상의 큰 틀을 외면하는 자기방어용 무기로 자주 사용된다. 또한 1차사료적 근거를 제시해도 자신들이 세워놓은 전제와 다를 경우 구체적 반박 사료 없이 외면하거나 총론으로 비난하는 경우도 잦다. 그만큼 한국사회에서 역사의 진실에 다가가는 것은 손해라는 사회구조의 문제도 분명히 있다. 그러다 보니 실증사학은 박양식 교수의 말대로 "민족의 역사에 걸림돌"이 되었다. 이제 이런 현상을 타파해야 한다는 것이 시대의 요구가 되었다. 가짜 실증주의의 외피를 벗고 실제 사료를 가지고 따져보는 진짜 실증의 시대가 열려야 할 때가 되었다. 일본 제국주의에 의해 빼앗긴 조국의 역사관을 되찾기 위해 싸웠던 것이 비난의 재료가 되는 그런 잘못된 시대도 이제 끝낼 때가 되었다.

〉〉〉 참고문헌

1. 김상현(金相鉉), 1999, 『백제 위덕왕의 부왕을 위한 추복(追福)과 몽전관음(夢殿觀音)』 『한국고대사연구(韓國古代史研究)』 15.
2. 박상진(朴相珍)·강애경, 1991, 『백제 무령왕릉 출토 관재의 수종(樹種)』, 『국립박물관 고적조사 보고서』 23.
3. 박양식, 「서양 사학이론에 비추어 본 실증사학」, 『숭실사학 제31집』, 2013. 12.
4. 최재석, 『고대한일관계사연구』, 2010, 경인문화사, 74쪽.
5. 최재석, 『임나왜곡사 비판』, 『통일신라·발해와 일본의 관계』, 일지사, 1993, 493~494쪽

III. 고대사의 서술방향

저자: 박 정 학

교과서 서술의 방향

① 우리 역사는 한민족 고유의 생각의 틀로 봐야 한다는 내용이 강조되어야 한다.

역사는 지나간 발자취를 기록하고 해석한 내용으로서 세계적 보편성과 지역적 특수성이 있다. 현재 교과서에서는 보편성을 매우 강조하고 있는데 '국사'라는 과목에서는 보편성 속에서의 특수성과 그 뿌리를 이해하는 것이 꼭 필요하다. 즉 우리 역사와 문화는 우리 선조들의 지역적 생활환경에 따라 형성된 '우리 민족 생각의 틀'을 바탕으로 이루어진 것이므로 그것을 아는 것이 우리 역사를 이해하는 가장 중요한 길이라는 것이 머리말에서 강조되어야 한다.

② 우리 민족의 저력을 포함한 정체성을 깨닫도록 기술되어야 한다.

현 교과서에서도 우리 자신의 정체성을 알게 하는 것이 가장 중요한 역사교육의 목적임을 강조하고 있다. 그런데 우리 민족 내지 자기의 정체성을 알 수 있는 내용이 너무 빈약하다. 우리 민족이 지난 세기 수많은 어려움을 극복하고 이룬 한강의 기적과 한류의 원동력이 무엇인지를 알고, 이를 바탕으로 세계사에 기여할 수 있도록 내용을 구성해야 한다. 너와 내가 서구식 경쟁보다 '우리'로 하나됨을 강조하는 생각의 틀이 대표적이다.

③ 교류사관과 열린 자세로 기술해야 한다.

역사는 독자적으로 전개되는 것이 아니고 인접 집단과의 교류를 통해 발전된다. 따라서 기마민족의 전통을 가졌던 우리 조상들이 유라시안 대평원을 통하여 터키, 중동 지역과 많은 교류를 했던 열린 마음을 가졌음을 알고 이런 자세로 역사를 기술해야 미래 그들과의 관계를 개선하고 발전시키는 데 도움이 된다.

제1장 원시사회의 시대구분 용어

현 초·중·고 교과서에는 지구의 생성, 인류의 진보에 이어 구석기 시대, 신석기 시대, 청동기 시대, 철기 시대라는 시대구분을 하고 이어서 고조선 건국, 삼국의 형성과 발전 등으로 연결시키고 있다. 특히 원시시대의 경우 사람이 사용한 도구의 질로 시대를 구분하고 그 속에서 부족, 군장사회, 고조선 건국 등과 같이 인류사회의 모습을 기술하고 있다. 이는 작은 범주로 시대를 구분하고 그 속에 큰 범주의 내용을 담는 모순을 범하는 것이다.

따라서 근래 사회학에서 발전된 인류사회의 모습을 기준으로 보는 인류사회 발전단계설 중에서 널리 알려지고 사용되고 있는 서비스의 신진화론을 적용하여 시대를 구분하고, 그 속에서 당시 인류가 사용했던 도구나 문화를 기술하는 것이 가장 무난할 것으로 보인다. 특히 이는 『삼국유사』의 단군사화에 나오는 환국-신시-고조선으로 이어지는 시대구분을 설명할 수 있는 중요한 자료가 된다.

1.1 인류사회 발전단계설

지구와 인류의 최초 탄생과 변화는 현 교과서에 나오는 일반적인 자료를 활용하여 소개하면 된다.

인류가 긴 기간 환경에 맞춰 진화를 하는 과정에서 이들이 형성하는 사회의 모습도 변화해왔다. 오랫동안 무리지어 이동하며 살다가 마지막 빙하시대가 끝난 약 12,000년 전쯤 기온 상승에 따른 인구증가로 식량해결을 위해 정착하여 농사를 지으면서 마을을 형성하고, 점차 더 큰 규모의 공동체를 형성하였으며, 그 규모가 커져 약 5,000년 전쯤에는 의사소통을 위한 문자가 만들어지고 국가사회가 출현하였다. 일반적으로 이때부터 역사시대라고 하고, 문자 기록이 없는 그 이전을 선사시대 또는 원시시대라고 한다. 그런데 5,000년 이전 원시시대를 사람이 사용한 도구로 분류하는 것은 부적절하다. 역사시대의 시대구분과 같이 인류사회의 모습으로 일관성있게 분류해야 한다.

최초의 정착생활로부터 점차 공동생활 규모가 커지면서 인류사회의 모습도 변하게 된다. 이런 인류사회의 진화과정을 설명하는 방법에는 여러 가지가 있어왔지만, 신진화론자로 분류되는 서비스(Elman R. Service)의 발전도식이 가장 무난한 것으로 보인다. 그는 인류사회가 Band society→ Tribe society→ Chiefdom society→ State society 라는 단계를 거치면서 발전한다고 했다.[36]

서비스의 인류사회 발전단계설을 우리 역사에 적용하기 위해서는 우리 문화에 맞게 번역을 해야 한다. 우리나라 학자들은 이 발전도식을 도입하면서 Band society는 무리사회, 群集社會, 遊團社會 등으로 번역하고, Tribe society는 부족 또는 부락사회, State society는 국가사회라고 번역하고 있다. 그러나 국가 직전 단계인 Chiefdom society의 성격규정과 이에 따른 명칭에 대해서는 족장/군장/추장/추방/수장/부족연맹체/부락연맹/고을나라 사회 등 여러 가지 주장들이 나와 있다.[37]

각각의 주장에는 이유가 있지만 여기서는 그것이 핵심이 아니므로 자세한 검토를 생략하고, 우리말 용어를 사용하여 해석한 윤내현의 설이 우리나라 선사시대의 시대구분과 역사를 기술하는 데 적절하다고 생각되어 소개한다. 그는 서비스의 인류사회 발전도식을 무리사회→마을사회→고을나라사회→국가사회라는 틀을 제시하고[38], 단군사화의 내용을 이 단계론에 맞추어 설명하는 방안을 내놓았다. 이는 우리 기록과 근래 서구의 이론을 연결시켜 활용가치를 드높인 주장이므로 교과서에 적용할 것을 제의한다. 이와 관련해서는 단군사화 부분에서 좀 더 자세하게 소개하겠다.

---

36) Elman R. service, Primitive Social Organization, Random House, 1962.
37) 김광억, 「국가형성에 관한 인류학 이론과 모형」, 『한국사시민강좌』 2집, 일조각, 1988 ; 전경수, 「신진화론과 국가형성론-인류학 이론의 올바른 적용을 위하여」, 『한국문화론-상고편』, 일지사, 1994 ; 윤내현, 『고조선 연구』, 일지사, 1994 ; 金權九, 「고고학과 이론-고고학상으로 본 國家」 및 洪亨雨, 「族長社會(chiefdom)에 대한 一考察」, 최몽룡. 최성락 편저, 『한국고대국가 형성론』, 서울대학교 출판부, 1999 ; 최광식, 「상고사에 대한 바람직한 교육방안」 『단군학연구』 5호, 단군학회, 2001. 등 참조.
38) 윤내현, 「인류사회 진화상의 고조선 위치」 『사학지』 제26집, 단국대사학회, 1993, 12-30쪽.
  전경수는 이에 대해 '신진화론의 껍질만 베껴왔다'며 비판하고 있다(『한국문화론』, 일지사, 1996, 136-138쪽).

1.2 각 단계의 서술 방향

▌무리사회(Band society)

　인류는 오랜 기간 열매와 풀을 따먹거나 짐승과 물고기를 잡아먹는 등 먹거리를 자연에서 채집하였으므로 기온의 변화에 따라 가족 내지 씨족 단위로 무리를 이루어 이동하며 살았다. 이때를 무리사회라고 하는데, 돌·나무·뼈·뿔 등을 조잡하게 가공한 도구를 만들어 사용하기도 했었다. 고고학자들은 무리사회 시기를 돌 도구 제작기술을 기준으로 전기 구석기 시대·중기 구석기 시대·후기 구석기 시대·중석기 시대 등으로 구분하기도 한다.

　무리사회에는 한 지역에 오래 머물러 살지 않았으므로 그들이 현재 그 지역에 살고 있는 사람들의 조상이라고 할 수는 없지만, 이동 집단의 규모가 커져 정착생활을 하기 직전 그곳에 있었던 사람들은 현 주민들의 직접 조상으로 볼 수 있다.

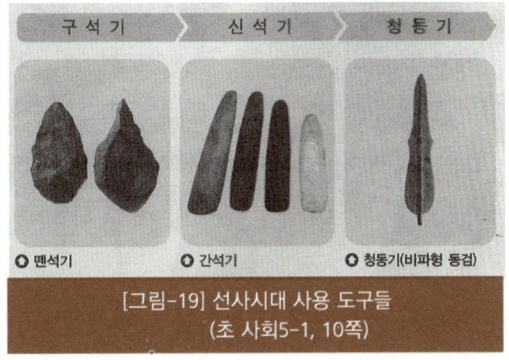

[그림-19] 선사시대 사용 도구들
(초 사회5-1, 10쪽)

　우리의 선조들도 빙기에 동굴 등에서 살아남았다가 날씨가 따뜻해져 채집 대상이 북쪽으로 이동함에 따라 중심 집단이 천산산맥을 거쳐 바이칼 호수까지 이동해 갔던 것으로 연구되고 있다. 그리고 인구가 늘어남에 따라 주변으로 분산되었고, 기온이 다시 내려가 짐승들이 남쪽으로 이동하자 이들을 따라 남쪽으로 이동하였을 것이다. 이런 내용은 말로 전해져오다가 언젠가 기록된 옛 기록들(古記)에 남아 있는 단편적 이야기로 추리가 가능하다. 당시의 유적들은 현 교과서에서도 기술되고 있어 생략한다.

▌마을사회(Tribe society)

　약 12,000년쯤 전에 마지막 빙하기가 끝나고 기온이 다시 높아지기 시작하여 8,000

년쯤 전에 지금과 같은 기온이 되고 5,500년 전쯤 최고로 높아졌다가 다시 낮아지기 시작하여 약 3,000년 전에 현재와 같은 기온이 되었다.[39] 기온이 높아져 인구가 팽창하자 식량조달이 어렵게 되어 사용하는 돌연장의 효율성을 높이기 위해 세밀하게 다듬어 간석기를 만들어 사용하게 된 12,000년~10,000년 전후에 한 곳에 정착하여 농경을 하고, 동물들을 기르면서 씨족 단위로 공동체 생활을 시작하였으며, 인구가 늘어남에 따라 점차 규모가 커지면서 부족이 되고 마을을 형성하였다.

『삼국유사』 단군사화에 나오는 환국을 대표적인 마을 이름으로 볼 수 있으며, 지도자를 환인이라고 불렀다. 초기에는 비교적 순한 동물인 순록 등을 기르면서 그 먹이가 되는 풀이나 이끼 등을 따라 유라시아 대평원을 이동하면서 지역별 정착생활자들과 문화 교류가 생기고, 생활여건이 좋은 지역에 정착하기도 하였다. 그러다 보니 만주지역에서 중앙아시아, 터키에 이르는 상당히 넓은 지역까지 연고를 가지고 교류를 하게 되었을 것이다. 그리고 개인의 힘으로는 하기 어려운 활동에는 상호 협력이 필수적으로 따르게 되므로 울산시 반구대 암각화의 고래사냥 그림에 나타나듯이 여러 사람이 역할을 나누어 협동하는 등 생활 특성에 맞는 풍습이 생기게 되었을 것이다.

『삼국유사』에 나오는 곰족, 호랑이족 등도 이 시기에 곰이나 호랑이와 관련된 생활 특성을 바탕으로 형성되었을 수 있다.

고을나라 사회

기온이 지속적으로 올라감에 따라 인구가 더욱 증가하자 식량 조달을 위해 주변 지역을 개척하게 되어 마을이 점차적으로 커졌다. 그래도 식량이 모자라 인근 마을과 식량문제로 충돌이 일어나기 시작하면서, 자신들을 보호하기 위한 집단행동을 해야 했으며, 이런 활동을 이끌 지도자도 필요하게 되었다. 이렇게 하여 6,000년 전쯤에는 여러 부족들이 뭉친 종족이 형성되면서 고을나라가 출현하게 된다. 단군사화의 환웅이 개척한 신시가 이에 해당하는 것으로 볼 수 있다.

---

39) 윤내현 · 박성수 · 이현희 공저, 『새로운 한국사』, 삼강출판사, 1994, 38쪽.

그러다가 5,500년 전쯤부터 기온이 다시 내려가기 시작하여 시간이 흐름에 따라 사람들도 생활하기 힘들었지만, 수렵 대상이 남쪽으로 이동하고 기존 농사 품목의 재배도 잘 안 되는 상황으로 바뀌어 점차 남쪽으로 이동을 할 수밖에 없었다. 그 과정에서 어쩔 수 없이 농경을 할 수 있는 지역에 이미 정착하고 있던 토착세력과 이동 세력 간의 충돌이 생기게 됨으로써 그때까지 없던 싸움을 전담하는 조직(군대)이 필요하게 되었고, 싸움의 도구와 기술(戰技)도 발전시키는 등 장기간의 부족·종족 간 싸움을 하게 되었다. 중국의 『사기』를 비롯한 많은 책에 등장하는 구리의 치우와 황제간의 싸움은 만주지역에 있던 치우천왕의 대규모 남쪽 이동에 따라 토착세력이었던 황제와 충돌하게 된 대표적 사례로 볼 수 있다.

치우는 중국 『사기』에 '치우는 구리(九黎)의 천자'라고 기록된 우리 선조로, 순록 유목의 과정에서 다른 지역 문화 습득을 통해 중원지역 농경세력보다 빨리 청동기 문화를 일으켰으므로 금속무기를 처음 제작하여 싸움에 이겼을 것으로 추정된다. 순록을 현지 옛말로는 '고리'라고 했으며, 순록치기의 두목을 '치우'라고 했다는 주채혁 박사의 증언과 치우가 태어난 대극성이 현재의 홍산문명 지역이라고 비정한 김은수의 주장[40]에서 그것을 확인할 수 있다. 치우에 대해서는 제4장에서 자세히 설명할 것이다.

그리고 세종실록의 단군고기 기록에 나오는 조선, 시라, 고례, 남북옥저, 동북부여, 예, 맥 등이 마을 내지 고을나라였다고 볼 수 있다.

▌국가사회의 형성

고을나라들 간에 싸움을 하는 과정에서 고을나라 내부의 결집이 필연적이었을 것이므로 대략 치우천왕 후기인 4,600년 전쯤에는 자신들의 생존을 위해 종족들이 서로 뭉쳐 민족이라는 더 큰 조직이 형성되는 분위기가 무르익었을 것으로 볼 수 있다. 그리고 같은 생각의 틀로 형성된 민족의 인구가 많아져 서로 의사전달을 위한 글자가 만들어지고 강력한 지도자가 필요했으므로 법을 제정하여 4,500년 전쯤에는 합법적 권력

---

40) 김은수 역주, 『주해 환단고기』, 164쪽 주 115.

으로 이런 사회를 다스릴 수 있게 뒷받침해주는 국가사회가 형성되었다. 그리고 후세의 교훈으로 남기고자 생활의 주요 내용을 기록하기 시작함으로써 기록의 역사가 시작되었고, 이때부터를 역사시대라고 한다.

일반적으로 우리 민족이 처음으로 건설한 국가사회는 단군사화에서 단군왕검이 건국한 고조선이라고 보는데, 여기서 단군왕검은 최소한 범겨레와 곰겨레, 치우의 구리족 등을 아울렀으며, 『세종실록』 「지리지」의 단군고기에서 시라, 고례, 남옥저, 북옥저, 동부여, 북부여, 예, 맥 등을 다스렸다고 했으니41) 이 마을이나 고을도 복속시켜 고조선을 건국했다고 볼 수 있다.

---

41) 『세종실록』 권 154 「지리지」 〈평안도〉

제2장 민족 고유 생각의 틀을 담은 민족창세신화

국문학자 김헌선이 "우리 민족의 원초적 사유방식은 살아 있는 창세신화를 통해서 생생하게 확인할 수 있다. 우리 민족의 창세신화는 민족 문화의 특징을 함축적으로 드러내므로 매우 소중하다"[42] 고 말했으며, 임재해는 "민족문화의 원형과 정체성을 집약적으로 갈무리하고 있는 일종의 압축파일이기 때문에 원형문화, 전통문화 속에 있는 공통점을 신화와 전설에서 찾을 수 있다"[43] 고 했듯이 '창세신화는 민족 신화'라고 할 만큼 중요하다. 이는 인류가 지구상에 나타난 후 역사기록을 남길 때까지 99.9%의 기간 동안 환경을 극복하고 생존한 '정신활동' 경험이 축약된 것이므로, 민족 문화 형성과 역사 전개의 원동력으로서 민족사 해석의 키워드가 되는 민족정신 내지 겨레 얼을 담고 있기 때문이다.

우리 국민들 대부분이 유태 민족의 창세신화인 성경의 창세기와 그리스-로마 신화는 알아도 우리 민족에도 창세신화가 있다는 것조차 모르고 있지만, 다른 민족과 마찬가지로 우리 겨레에게도 우리만의 고유한 창세신화가 있다. 국사 교육의 목적이 민족 정체성을 확립하는 것이라면 신화야말로 이런 민족정체성을 확립하는 데 가장 필요한 요소라고 할 수 있다. 창세신화는 생활환경에 따라 민족별로 다르기 때문이다.

그런데 현재의 교육부에서는 선사 시대 문화발전 과정을 "도구의 변천을 중심으로 파악"하라는 지침만 내렸을 뿐 우리 민족의 창세신화에 대해서는 언급하지 않고 있다. 따라서 어떤 교과서에서도 창세신화를 가르치지 않기 때문에 우리 국민들은 우리의 원초적 사유방식을 제대로 알지 못해 세계화 시대에 필수적인 민족 정체성을 확립하지 못하고 있다.

---

42) 김헌선, 『한국의 창세신화』, 머리말.
43) 임재해, 「한국 신화의 주체적 인식과 민족문화의 정체성」, 『단군학연구』 제17호, 2007, 256쪽.

따라서 99.9%의 긴 시간동안 형성된 민족의 공통된 생각의 틀이 내포된 민족창세신화는 국사교과서 맨 앞에 자세하게 기술하여야 한다. 우리 역사 해석의 키워드가 되는 겨레 얼이 들어있기 때문이다.

2.1 우리 창세신화의 내용

교과서에 없고 학교에서 가르치지 않다 보니 1990년대 초, 사)한배달의 설문조사 결과 우리 겨레의 창세신화가 있다는 것조차 알지 못하는 사람이 80%를 넘었다. 기록으로 전해지는 창세신화가 없다보니 창세신화를 연구하는 신화학자들은 주로 무당들의 노래(巫歌) 중 창세가 등을 중심으로 연구를 하고 있다. 그러나 『부도지(符都誌)』・『규원사화』・『환단고기』 등의 책에는 무가(巫歌)보다도 더 신화소(神話素)가 풍부한 창세신화의 내용이 실려 있다. 위서라는 핑계로 이런 책들을 팽개치는 것이 최선은 아니다. 최소한 무가(巫歌) 정도의 가치는 있다고 판단되어 그 내용을 요약하여 소개한다.

① 우리 환(桓)족이 가장 오래 전에 나라를 세웠다. 한 신이 사백력(오늘날의 시베리아) 하늘에 있어 밝은 빛으로 우주를 비추고 권세로 만물을 만들었다. 늘 사시되 늙지 않고 언제나 쾌락함을 얻으시며 지극한 기운을 타고 노시사 천지 자연에 오묘하게 들어 맞으시며 형상 없이 나타나고 행함 없이 이룩하며 말씀 없이 행하시니라. 어느 날 동남동녀 8백 명을 흑수, 백산의 땅으로 내려 보냈다(『환단고기』「삼성기전 상」).
② 인류의 조상을 나반(那般)이라 한다. 처음 아만(阿曼)과 서로 만난 곳을 아이사타라 한다. 또 사타려아(斯它麗阿)라고도 한다. 어느 날 꿈에 신의 계시를 받아 혼례를 이루었으니, 정안수를 떠놓고 하늘에 알린 후 돌아가며 물을 마셨는데, 산남(山南)의 주작(朱雀)이 날아와서 즐기고, 수북(水北)의 신구(神龜)가 상서를 나타내고, 곡서(谷西)엔 백호(白虎)가 산모퉁이를 지키고, 계동(溪東)엔 창룡(蒼龍)이 하늘로 승천하고, 가운데 황웅(黃熊)이 있었다. 천해・금악・삼위・태백은 본디 구환에 속한 것이

며 9황(皇) 64민(民)은 모두 그 후예이다(『환단고기』 「삼성기전 하」, 「태백일사」 '삼신오제본기').

③ 태초에 위, 아래, 사방은 아직 암흑으로 덮여 있어 아무 것도 보이지 않더니 옛것은 가고 지금은 오니 오직 한 빛이 있어 밝더라. 윗 세계에 또 한 삼신이 계셨으니 하느님, 곧 한 분의 상제님이셨다. 주체는 하나의 신이므로 신이 각각 따로 떨어져 있는 것은 아니지만 실제로 쓰일 때는 세 신이 작용하더라. 삼신은 만물을 끌어내시고 전 세계의 크나큰 지능을 다스리시며, 그 형체는 볼 수 없지만 가장 높고 높은 하늘에 앉아계시고, 천만 억 토에 두루 거하신다. 언제나 밝은 빛을 크게 쏟아내고 신묘함을 크게 발하며, 길하고 상스러움을 크게 내리시더라. 기를 불어넣어 만물을 감싸 안고, 열기를 뿜어내어 만물의 싹을 움트게 하며, 신의 힘을 행사하여 세상일을 다스리니라. 화수목금토를 만들고 천하대장군으로 지상에서 이를 주관하게 하고, 지하여장군으로 지하의 오령성효를 주관하게 했다(『환단고기』 「태백일사」 '삼신오제본기').

④ (조판기에 이르기를)음양이 갈라지지 않고 홍몽한 채 수백만 년, 하늘에는 환인(桓因)이라는 주신이 있었고, 그곳은 환하게 빛나고, 소신들을 거느리고 있었다. 환웅천왕을 불러 우주를 열도록 명하고, 땅과 바다를 정하여 만물 번성케 하였으며, 사람을 천지인의 삼재로서 자격을 갖춘 후에 만물의 주인(신)이 되게 하였다. 여러 신들을 지상에 내려 보내어 자연을 잘 다스린 후에 천지의 신령하고 빼어난 성과 밝은 기를 가진 많은 사람을 만들어 내게 하였다. 환웅에게 인간세상으로 천부인 3개를 가지고 내려가 하늘의 가르침을 세우고 후손의 모범이 되게 지시하여 태백산 단목 아래에 내려와 임금으로 추대되니 그가 신시(神市)씨이다(『규원사화』 「1. 조판기」).

⑤ 선천의 시대에 마고대성은 실달성의 위에, 허달성과 나란히 있었다. 처음에는 햇볕만이 따뜻하게 내려 쪼일 뿐 눈에 보이는 물체라고는 없었다. 오직 8여의 음만이 하늘에서 들려오니 실달성과 허달성이 모두 이 음에서 나왔으며, 마고대성과 마고도 또한 이 음에서 나왔다. 이것이 짐세다. 짐세 이전에 율려가 몇 번 부활하여 별

들이 나타났고, 짐세가 몇 번 종말을 맞이할 때 마고가 궁희와 소희를 낳고, 이들이 네 천인과 천녀를 낳아 네 천녀에게는 여(呂)를 네 천인에게는 율(律)을 맡아보게 하였다. 후천의 운이 열렸다. 율려가 다시 부활하여 성(聲)과 음(音)이 섞인 음상을 이루었다. 마고가 실달대성을 끌어당겨 천수의 지역에 떨어뜨리자 여기서 나온 기(氣), 화(火), 수(水), 토(土)가 음상과 서로 섞여 조화를 이루더니 풀과 나무, 새와 짐승 등 만물이 태어났다. 마고는 율려를 타고 지구를 삶의 터전으로 만들었으며, 천인과 천녀들은 하늘의 본음으로 만물을 다스렸다. 네 천인과 네 천녀는 마고의 뜻에 따라 결혼하여 겨드랑이를 열고 각각 3남 3녀를 낳았는데 이 24명이 지상 인류의 시조다. 처음의 사람들은 하늘의 소리(天音)를 듣고, 내왕이 자재롭고, 혼식(魂識)으로써 소리를 내지 않고도 말하고, 백체(魄體)로써 형상을 감추고도 행동했다. 그러나 지유(地乳)가 아닌 포도를 먹은 '오미(五味)의 변'[44] 이후 자재율(自在律)[45]이 깨어지면서 지상낙원인 마고성이 없어지고, 사람들은 천성(天性)을 상실했으며, 수명이 감소되었다. 그 이후 수련을 통해 이를 복원하려는 노력을 계속하게 되었다 (『부도지』 1-8장).

⑥ 하늘과 땅이 생길 적에 미륵님이 태어났다. 그런데 하늘과 땅이 서로 붙어 떨어지지 않았다. 그래서 미륵님은 하늘과 땅을 서로 떼어내어 하늘은 가마솥 뚜껑처럼 도드라지게 하고 서로 다시 붙지 않도록 네 귀퉁이에 구리 기둥을 세웠다. 그 때는 해도 둘이고 달도 둘이었다. 미륵님은 달 하나를 떼어 내어 북두칠성과 남두칠성을 만들

---

44) 마고성의 사람들은 유천(乳泉)에서 나오는 지유를 먹고 살았는데, 백소씨 계통의 지소씨라는 사람이 지유를 마시려고 유천에 갔다가 사람이 너무 많아 마시지 못하기를 다섯 차례나 하고 나서 배가 고파 어지러워서 쓰러졌다. 귀에서 희미한 소리를 듣고 집의 난간 넝쿨에 달린 오미(포도)를 맛보았다. 그러고 나서 지소가 "넓고도 크구나 천지여! 그러나 내 기운이 이를 능가한다. 이 어찌 도(道)인가! 포도의 힘이로다." 라는 포도가를 불렀다. 사람들이 의심을 하다가 포도를 따먹기 시작했다. 그래서 포도의 다섯 가지 맛을 알게 된 사람들은 번잡하고 사사로운 욕망과 감정에 휩싸이게 되었다. 이를 '五味의 변' 이라 한다.
45) 어떤 구속이나 강제 없이 스스로 알아서 움직이는 율법, 즉 금지하지 아니하되 스스로 금지하는 율법

고 해 하나를 떼어서는 큰별과 잔별을 만들었는데 큰별은 임금과 대신별, 잔별은 백성의 운수를 다스리는 별로 만들었다. 옛날 미륵님이 한쪽 손에는 은쟁반을 들고, 다른 한 손에는 금쟁반을 들고, 하늘에 축사하였다(빌었다). 그러자 하늘에서 벌레가 떨어졌는데 금쟁반에는 금벌레가 다섯 마리가 있었고 은쟁반에도 은벌레가 다섯 마리가 있었다. 그 벌레들이 자라서 금벌레는 사내 되고 은벌레는 계집 되어 서로 부부가 되었으며 그리하여 사람이 태어났다('창세가'[46], 함남 함흥).

⑦ 세상에 처음 있었던 것은 하늘과 땅이 나뉘지 않은 물거품이었다. 그 속에서 창세여신 아부카허허(천신=물거품)가 나타났는데, 그의 몸은 볼 수 없었지만 작은 물방울에서 보이는 그녀는 일곱 색깔 신이한 빛을 내며 반짝였다. 그녀는 공기로 만물을 만들고, 빛으로 만물을 만들고, 자기 몸으로 만물을 만들어 허공에는 만물이 많아졌다. 그녀는 자애로운 성격이었는데, 아랫몸을 찢어 바나무허허(지신=공기)를 만들었으며, 빛을 단속하기 위해 상반신을 찢어 빛을 관장하는 여신 와러두허허를 만들었다. 이 세신은 같은 몸, 한 뿌리로서 함께 나타나고 함께 존재하며, 함께 잉태하였다. 이렇게 창조여신은 하나이면서 셋이고, 셋이면서 하나이다('천궁대전').[47]

2.2 우리 창세신화의 특징(성경 창세기와 비교)

위의 우리 겨레 창세신화에 들어있는 우리 겨레의 원초적 사유방식의 특징을 성경의 창세기와 비교해서 도출해본다.

---

46) 손진태, 『조선신가유편』, 향토문화사, 1930.
47) 김재용·이종주 공저, 『왜 우리 신화인가』, 동아시아, 1999. 이 내용은 만주의 창세신화로 만주어로는 '우러구 우러본'이라고 하는데, 중국인이 해설한 내용을 옮긴 것이다.

> **《구약성경》 창세기: 절대신 여호와가 6일간 작업 후 안식**
> 하나님(여호와)이 말씀으로 7일 동안 창조(이전: 혼돈, 공허 흑암)
>
> 1일: 빛 창조, 낮과 밤이라 칭함
> 2일: 궁창 아래의 물과 궁창 위의 물을 나눔, 궁창을 하늘이라 함
> 3일: 뭍과 바다 구분. 뭍의 풀과 채소와 과목을 만듦
> 4일: 하늘의 광명으로 사시와 일자와 연한을 이루고, 별을 만들어 빛과 어두움을 나눔
> 5일: 물은 생물, 궁창(땅)에는 새들로 충만하게 하심
> 6일: 땅 짐승 창조. 사람 창조(생령이 되게 함)
> 7일: 창조한 모든 만물을 누리며 안식(하나님의 안식을 위해 창조?)

먼저, 창세가 일어날 당시 또는 그 이전인 이 세상 최초의 상태에 대한 인식의 차이가 있다. 성경에서는 '태초에는 캄캄한(黑暗) 상태였는데, 첫날 하나님이 빛이 있으라고 하여 빛이 나타났다'고 하는데 비해, 우리의 창세신화에서는 '대부분 암흑 가운데 한 가닥 빛이 있었다'거나 '햇볕만이 내려쬐었다'고 하여 최초의 상태가 밝음을 전제하고 있다. '태초에 빛이 있었다'고 하면 그 빛 또는 빛이 나오는 곳을 신성시하는 의식을 갖게 될 것이다. 빛이 나오는 태양을 '한'이라고 했으니 태양 숭배신앙, 태양이 있는 하늘도 같이 '한'이라고 하여 하늘을 공경하는 경천사상을 갖게 된다. 따라서 밝음(광명)을 추구하는 사상이 가장 원형적인 우리 민족의 정신이라고 할 수 있다. 이를 붉사상이나 '한'사상이라고 한다.

둘째, 이 세상을 만드는 주재자가 다르다. 성경에서는 여호와 한 사람이 다 창조하지만, 우리 창세신화에서는 삼신·마고·환인·미륵 등 여러 주재자가 등장하는데 자기 혼자서 세상을 만드는 경우는 거의 없고 여러 신들이나 딸들에게 명하여 함께 만들어 나간다. 특히 만주 천궁대전(天宮大戰)에서는 보다 더 구체적으로 창세신이 자기 몸을 찢어 만든 두 신과 함께 '세 신이 하나처럼 행동한다'고 했다. 이는 여럿이 어우러져서 세상을 이루어낸다는 조화사상과 '體는 하나인데 用이 셋이다'고 하는 三一思想, 三神一

體[三位一體]思想, 三才論의 뿌리가 될 수 있다는 점에서 단군사화와 큰 차이가 없다.

셋째, 세상을 만드는 방법과 소재에서도 차이가 있다. 성경에서는 말씀으로 창조하지만, 우리 창세신화에서는 주재자들이 만드는 경우보다 부도지에서처럼 소리와 기·화·수·토, 천궁대전처럼 물·빛·공기 등의 여러 물질의 '조화를 통해' 만들어지거나, 새와 벌레가 변하여 사람으로 '진화'하는 내용도 나타난다. 이는 창조론·진화론·조화론의 원리가 모두 들어있는 것으로 볼 수 있는데, 세상의 삼라만상이 그 뿌리는 하나지만 기본적으로 서로 다른 특성을 가지게 되는 과정을 암시하는 것으로도 이해할 수 있다. 이런 내용이 단군사화에서 하나의 이야기 속에 통합되어 나타난다.

마지막으로 인간과 신에 대한 이해에서 차이가 있다. 성경의 여호와는 절대자이지만, 우리 창세신화에서는 하늘이 빛이라는 밝음을 통해 인간 및 만물과 연결되고, 사람도 수련을 통해 원래 마고성에 있을 때와 같은 신성(神性·天性)을 가진 사람으로 돌아갈 수 있다는 것을 전제로 노력을 해야 한다는 수증복본(修證復本) 사상을 강조한 부도지에서 가장 분명하게 나타난다. 인간 중심으로 신의 세계를 이해하고, 인간도 신성을 얻을 수 있다는 사상으로서 단군사화에서 곰이 웅녀가 되고, 환웅과 단군이 신선이 된다는 내용처럼 신인합일·천지인합일 사상 및 붉사상·선사상과 연결된다.

2.3 단군사화 속 '홍익인간' 사상과 창세신화와의 관계

이처럼 우리나라 창세신화에는 우리 민족의 여러 가지 원초적 사유체계가 여러 신화에 따로따로 나타나는데, 단군사화에서는 이것이 한 덩어리로 뭉쳐져 나타난다. 이는 창세신화가 마을사회, 고을나라 마다 있었고, 민족이 형성되면서 각각의 부족과 종족이 가졌던 신화를 묶어서 단군사화와 연결시켰다고 추리할 수도 있게 한다.

단군사화에는 환인이 환웅을 새로운 곳으로 보내면서 홍익인간 할 만한 곳을 찾아서 보냈고, 환웅은 그것을 실천했다고 하여 '홍익인간' 사상이 우리 민족의 원초적 사유체계임을 밝히고 있으며, 현재 우리나라의 교육이념으로 규정화되어 있다.

그런데 현재 교육부나 교과서에서는 홍익인간을 '널리 인간을 이롭게 한다'는 의미로 해석하고 있으며 거의 모든 국민들도 그렇게 믿고 있다. 그 의미는 더 연구가 되어야겠지만, 현재의 해석이 『삼국유사』를 처음으로 주석한 일본인이 처음으로 번역한 것을 이병도가 그대로 전한 것으로 '일본식 한자의미에 따른 잘못된 해석'이라는 지적이 있으며,[48] 우리나라의 여러 자전을 찾아보면 그 의미가 좀 다르다는 것을 알 수 있다. 이는 뒤에서 자세히 설명하기로 하고 여기서는 생략하지만, '사람 사이의 관계를 경쟁과 투쟁이 아닌 어울림=화합의 관계로 보아야 한다'는 의미로 해석하게 되면 창세신화에 나타나는 천지인 합일 사상과 맥이 통하게 된다.

---

48) 김영돈, 『고조선과 홍익인간』, 보경문화사, 2000, 247~249쪽. 유탁영 전 포천중학교 교장.

제3장 청동기 시대의 시작은 고조선 건국 이전이라야

　청동기 시대에 고대국가가 시작된다는 것은 동·서양 역사학계의 일반적 인식이다. 따라서 국사에서 청동기 시대 편년은 매우 중요하다. 교육부의 지침인 교육과정과 교과서 집필기준에서 "우리 겨레 최초의 국가인 고조선이 청동기 문화를 바탕으로 건국되었다"고 한다. 그리고 이 지침에 따라 편찬된 초·중·고 모든 교과서에서 '우리나라 청동기 시대는 서기전 20~15세기에 시작되었고, 고조선은 그보다 앞선 서기전 2333년에 건국되었다'고 하는 모순된 내용을 싣고 있다. 정부와 선생님들이 학생들을 우롱하고 있는 것이다.

　『삼국유사』의 기록을 수정하거나 부인할 만한 이유는 없다. 그러나 청동기 시대의 편년을 고조선 건국 이전으로 편년할 수 있는 자료는 충분히 있고 고고학 발굴성과에 따라 바뀔 수 있다. 따라서 청동기 시대의 시작은 고조선 건국 이전으로 편년해야 한다. 더욱이 이것이 자체 모순뿐 아니라 조선총독부의 '단군신화론'과 중국의 동북공정을 도와주고 있다는 점에서 더더욱 심각한 문제이므로 서둘러 바로잡아야 한다.

3.1 청동기 시대 편년과 고조선 건국연대의 모순

　교육부의 지침은 '고조선의 성립은 청동기 문화를 바탕으로 설명하고', '청동기 문화의 상한선은 최근 학계에서 검증된 연구 성과를 반영하라'고 했다. 이에 따라 국정교과서인 『초등학교 사회 5-1』 6쪽에는 〈그림-20〉과 같은 연표를 그려놓고 있으며, 초·중·고 모든 교과서에서 "서기전 2000년~서기전 1500년경 청동기 시대가 시작되었다", "청동기 문화를 바탕으로 족장이 다스리는 부족들이 나타고 세력이 강한 부족이 주변 부족을 통합하여 세력을 넓혀나갔다", "우리나라 최초의 국가인 고조

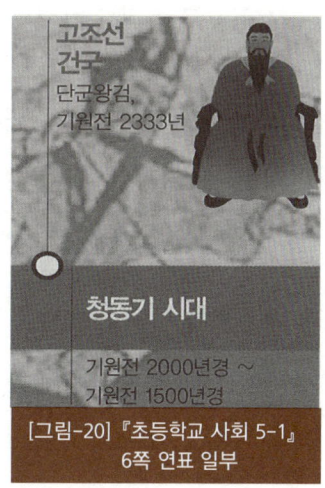

[그림-20] 『초등학교 사회 5-1』 6쪽 연표 일부

선은 단군이 이러한 부족들을 통합하여 건국하였다", "고조선은 서기전 2333년에 건국되었다"고 기술하고 있다. 이 내용대로라면 고조선의 건국은 청동기 시대 이후가 되어야 하지만 오히려 최소한 333년이 앞선다. 모든 교과서에 이런 상호 모순되는 내용을 싣고 있는 것이다.

3.2 교육부와 집필진의 부적절한 변명

이에 대해 2014년 1월 국민신문고를 통해 교육부에 "청동기 시대 편년과 고조선 건국 시기가 모순되는데, 어느 것이 맞는가?"라고 질의를 했더니, "삼국유사에는 서기전 2333년에 단군이 고조선을 세웠다는 기록이 있으나 우리나라에서는 서기전 2000년 이전 청동기 시대 유물이 발굴되지 않아서 그렇게 되었다"고 답했다. 그래서 "한반도 안과 만주지역에서 모두 서기전 24~25세기의 청동기 시대 유물이 나왔으며, 대동강유역과 츠펑(赤峰)지역에서는 더 오래된 유적과 유물이 나왔다. 왜 그런 것은 무시하느냐?"고 추가 질의했으나 더이상 답이 없었다.

한국교과서연구재단을 통해 중·고 교과서에 집필진에게도 질문을 했더니 "교과서는 학계의 통설에 따라 쓰여진다. 기록과 유물의 연대가 다르므로 역사 교과서에서 고조선의 건국 연대를 기술하여 소개하되, 역사적 사실로 단정하지는 않는 태도를 보이는 전략을 쓴다. 현재 연구 과정에 있어 잘 알 수 없다는 것을 명시적으로 드러내지 않으면서도 학생들에게 역사기록을 기술해주면서 상상력을 자극할 수밖에 없다"고 하여, 서기전 20세기 이전의 청동기 유물이 발굴되지 않아 '모순되는 내용의 기술을 통해 학생들에게 상상력을 자극했다'는 선생으로서 할 수 없는 궁핍한 자기합리화 논리의 답변이 왔다.

학계의 통설이라는 것이 문제다. 실제로 한반도 남부와 북한, 고조선의 세력범위에 포함되는 중국 홍산문화에서 발굴된 그 이전의 청동기 유물들을 왜, 무엇 때문에 무시하는 것을 통설이라고 하는지 도저히 이해가 되지 않는 부분이다.

3.3 청동기 시대 편년을 조정할 수 있는 자료는 많다

▎한반도 남부의 서기전 24세기 이전 유적 발굴성과

먼저 한반도 안에서 서기전 25세기로 올라가는 청동기 유적이 두 곳이나 발굴되었으며, 윤내현과 신용하가 이의 사용을 강력하게 주장한다. 하나는 경기도 양평군 양수리의 고인돌 유적(문화재관리국 발굴단 발굴)으로, 여기서 나온 숯의 방사성탄소연대측정 결과 서기전 1950±200년으로 교정연대는 서기전 2325년이 된다.[49] 또 하나는 전남 영암군 장천리 주거지유적(목포대학 박물관 발굴)으로 여기서 나온 숯에 대한 방사성탄소측정 결과는 서기전 2190±120년·1980±120년, 교정연대는 서기전 2630년·2365년경으로 나왔다.[50] 이는 분명히 한반도 내에서 기존 학계의 의견보다 앞선 유적이 나왔음을 과학적 방법으로 확인한 것이므로 받아들여 사용해야 하는데 학계에서 이를 무시하고 있다.

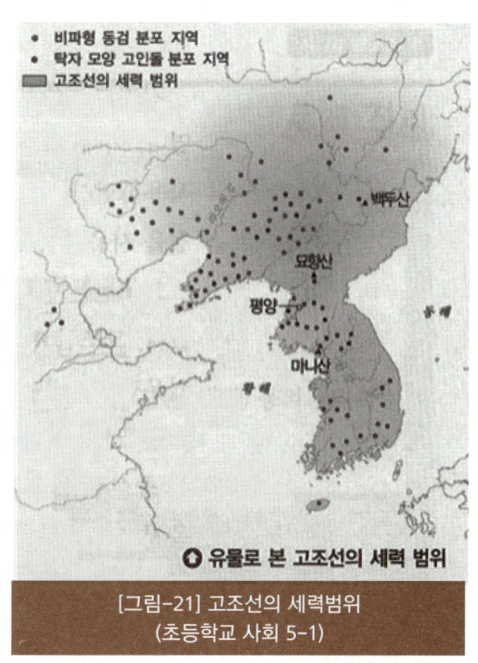

[그림-21] 고조선의 세력범위
(초등학교 사회 5-1)

▎만주 및 북한지역 유적의 발굴성과

청동기 시대의 유적으로서 현 교과서의 고조선 세력범위(<그림-21>) 안에 있으므로 고조선 문화로 보아야 하는 하가점(夏家店) 하층문화 중 가장 이른 적봉시 지주산(赤峰市 蜘

---

49) Chan Kirl Park and Kyung Rin Yang, "KAERI Radiocarbon Measurements Ⅲ" Radiocarbon, vol.16, no.2, 1974, P.197에서 인용; 姜弘燮·崔淑卿, 「楊平郡 上紫浦里 支石墓 發掘報告」 『팔당·소양댐 수몰지구유적발굴종합조사보고』, 문화재관리국, 1974. 참조.
50) 崔盛洛, 『靈岩長川里住居址』 Ⅰ·Ⅱ, 목포대학박물관·전남영암군, 1986, 46쪽.

蛛山) 유적의 개시 연대는 방사성 탄소측정에 의하여 서기전 2410±140년을 얻었다. 이를 근거로 윤내현과 복기대, 북한의 김영근이 서기전 26-24세기 유적으로 평가한다.[51]

더구나 홍산문화 유적 중 1987년 발굴된 오한기 서태자(敖漢旗西台子) 유적에서 발굴된 청동기를 만드는 거푸집인 두 개의 도제용범(陶製鎔范)이 탄소연대 측정 결과 서기전 4710~2920년에 해당되는 것으로 밝혀졌으며, 우하량(牛河梁) 13지점에서 서기전 3500~3000년에 쌓은 것으로 보이는 전산자(轉山子) 유적의 금자탑(金字塔, 피라미드) 정상부에서는 청동기를 주물한 흔적으로 보이는 토제 도가니의 잔편이 발견되었다.

북한의 경우, 1993년 평양 단군릉 발굴 보고를 하고 1998년 「대동강문화론」을 본격화하면서 아래와 같이 대동강유역의 청동기 시대는 서기전 4000년대 초에 시작되었다는 것을 지속적으로 주장하고 있다.

- 단군릉에서 출토된 금도금을 한 금동의 왕관 장식품의 연대는 서기전 31세기(5011년 전) 경으로 확인되었다.[52]
- 청동기가 드러난 남양유적의 팽이그릇 집자리 제3기층의 제16호 집자리에서 나온 팽이그릇을 방사선 동위원소 연대측정법으로 측정한 결과 지금으로부터 5769±788년 전의 것으로 측증되었다. 제1기층은 서기전 4천 년대 초를 전후한 시기의 것이므로 대동강유역에서는 단군조선이 성립되기 1천여 년이나 앞선 서기전 4천년대 초를 전후한 시기에 청동기 시대가 시작되었다는 것이 된다.[53]

---

51) 윤내현, 「현행 교과서의 문제점과 개편방향」 『단군학연구』 제3호, 단구학회, 2000, 68쪽; 김영근, 「하가점하층문화에 대한 고찰」, 『단군학 연구』 14호, 단군학회, 2006.6, 108-109쪽; 복기대, 「한국상고사와 동북아시아 청동기 시대 문화」, 『단군학연구』 제14호, 단군학회, 2006.6, 67-82쪽.
52) 사회과학원, 「단군릉발굴보고」, 『단군과 고조선에 관한 연구논문집』, 사화과학출판사(영인본 발행 백산자료원), 1994, 4-12쪽. 5011년으로 밝혀진 뼈와 함께 나온 金銅장식은 청동기술이 상당히 발달된 후에 나타날 수 있음을 고려하면 청동기문화의 개시연대는 서기전 31세기보다 앞서야 한다.
53) 리순진, 「새로 알려진 대동강류역 문명의 발생과 발전사에 대한 연구 성과에 대하여」, 이형구 엮음, 『단군과 고조선』, 살림터, 1999, 191쪽. 「한국상고사와 동북아시아 청동기 시대 문화」, 『단군학연구』 제14호, 단군학회, 2006.6, 67-82쪽.

신용하는 이러한 북한의 발표와 남한지역의 발굴성과를 감안하여 '서기전 30세기 ~서기전 20세기경에는 한반도에 청동기문화가 보급되기 시작했다'고 주장했다.[54]

앞으로 이보다 더 오래된 시기의 유물이 나올 수도 있고 북한의 보고가 옳을 가능성도 있으므로, 우리 민족의 청동기 시대가 서기전 24세기 이전에 시작되었다고 융통성 있는 편년을 해야 한다.

▮무시해서는 안 될 역사 기록

뿐만 아니라, 지금까지 대부분의 학자들은 발굴된 유물·유적의 연대측정 결과로만 청동기 시대를 편년했는데, 필자는 이런 주장을 뒷받침할 수 있는 사서의 기록이 있다면 매우 중요하게 취급해야 한다는 입장에서 '치우천왕의 금속무기 제작 기록'을 검토하고자 한다.

'치우천왕은 동이(東夷)인 구려(九黎)의 임금으로서 한족(漢族)의 시조인 황제헌원(黃帝軒轅)과 수많은 전투를 했던 인물'이라는 기록이 우리나라보다는 중국의 사서에 훨씬 많이 나타난다.[55] 이 기록에 의하면 그는 서기전 28세기 말에서 26세기 초 사이에 활동한 인물로서, '군대를 조직(作兵)하고 금속병기를 만들어(造兵) 이들을 단련(鍊兵)시킴으로써 크게 위세를 떨쳤으므로 한·중·일 삼국에서 군신(軍神)으로 추앙받고 있는 인물'이다. 이런 기록대로 우리의 선조인 치우천왕이 서기전 28~27세기에 고조선 세력범위 안에서 금속무기를 만들어서 중원지역의 황제를 토벌했다면 우리나라의 청동기 시대는 그보다 먼저 시작되었어야 한다.

치우와 관련된 많은 기록 중 청동기 시대 편년과 관련된 주요 내용만 살펴본다.

---

54) 신용하, 앞 책 『한민족의 형성과 민족사회학』, 53-55쪽.
55) 모든 한·중 기록을 다 확인하지는 못했지만, 치우학회에서 2000년 당시에 '치우'라는 단어로 검색하여 모은 자료를 담아 출판한 『치우자료집 1』(전적자료①, 도서출판 한배달, 2000.)에 의하면, 중국의 25사와 13경, 기타 등 총 38권의 사서 169항목, 그리고 우리나라의 『삼국사기』 등 12권의 사서 66항목에서 치우에 대한 기술이 나타난다.

- 치우가 갈로산⁵⁶⁾에서 수금을 캐어 劍, 鎧, 矛, 戟을 만들어 이해에 아홉 제후를 아우른 후 옹호산에서 수금을 캐어 雍狐之戟, 芮, 戈를 만들어 12제후를 병합했다(而葛盧之山發而出水金從之 蚩尤受而制之以爲劍鎧矛戟 是歲相兼 者諸侯九 雍狐之山發而出水金從之 蚩尤受而制之以爲雍狐之戟芮戈). <『管子』 第77篇 「地數」>
- 치우에게 제사지내는 것은 다섯 병기인 矛, 戟, 劍, 楯, 弓, 鼓와 그 병기를 만든 사람을 기리는 것이며…그가 뭇사람 중 강자이고 어떤 병기라도 만드는 능력을 갖춘…병기 만드는 데 최고이기 때문이다(祭蚩尤以…祠五兵矛戟劍 楯弓鼓及祠蚩尤之造兵者…蚩尤庶人之强者何兵之能造…造兵之首). <『周 禮注疏』 卷19 「肆師」>
- 태백음경에서 치우는 쇠를 녹여 병기를 만들었다(太白陰經曰蚩尤之時爍金爲兵)…시자는 야련(冶鍊)을 시작한 사람은 치우라고 했다(尸子曰造冶者蚩尤也)고 했다. <『太平御覽』 卷79·339·833>
- 치우천왕이 땅을 개간하고 구리와 쇠를 캐내어 군대를 조련하고 산업을 일으켰다(蚩尤天王闢土地採銅鐵鍊兵興産)…九冶를 만들어 광석을 캐고 철을 주조하여 병기를 만드니 천하가 모두 크게 그를 두려워하였다(…慈烏支桓雄…造九冶以採鑛鑄鐵作兵). <『桓檀古記』 「三聖記」 前 下, 35·40쪽>
- 치우란 중국의 고대신화에 나타나는 신이다…이처럼 전쟁과 깊은 관계가 있는 치우는 처음으로 무기를 제조한 공로자로 추앙되어 산동반도의 제나라에서는 오래 전부터 군신으로서 제사의 대상이 되어왔다.…한편 고대 일본에서도 치우를 兵主神으로 숭배하였다. <『일본백과사전』, 일본 소학관>

마침 『환단고기』에만 나오는 치우천왕의 출생지인 대극성(大棘城)을 현재의 요하문명지역으로 비정하는 주장도 있으므로⁵⁷⁾ 앞에서 소개한 주변 지역 청동기유적 발굴 성과에 따른 편년과 연결시켜 분석해보면 상호 보완하거나 사실임을 입증하는 자료로 요긴하게 이용될 수 있을 것이다. 이렇게 많은 근거자료들이 있는데도 교육부는 왜 서기전 20세기 이후를 고집하고 있는지 도저히 이해를 할 수가 없다.

---

56) 『中國古今地名事典』에서 '葛盧縣 後漢置 今闕 當在 山東 舊萊州府境'이라고 하여, 葛盧山의 위치에 대한 기록은 없으나 葛盧縣이 나오는데, 그 위치가 산동성 萊州府境이라고 하니 치우세력의 중심지가 산동성일 수 있다. 淮北으로 옮겨 살았다는 내용과 함께 산동성 지역을 치우의 활동지역으로 볼 수 있다.
57) 김은수, 『주해 환단고기』, 가나출판사, 1985, 164쪽 주 115. 대극성-요녕성 의현(義縣)의 서북.

3.4 청동기 시대는 서기전 40세기~24세기에 시작

과거 일본인들은 단군의 건국을 믿을 수 없는 '신화'로 만들기 위해 우리나라에는 청동기 시대 자체가 없었다고 왜곡했었다. 단군의 고조선 건국이 청동기 시대 이전이라는 현 교과서의 내용은 바로 이러한 일본의 주장을 뒷받침하고 있다.

단군의 건국이 역사적 사실이 아닌 신화가 되고 나면, 서기전 26~25세기 및 그 이전의 것으로 확인된 홍산문화 지역의 유적과 유물을 고스란히 중국에 넘겨주게 되며(〈그림-22〉참조), 서기전 20세기 이전 청동기 유적이 나오는 북한지역까지도 중국의 역사에 편입할 수 있도록 도와주는 것이 된다.

[그림-22] '5500년 전에 국가 형태를 갖추었다'는 중국 뉴허량 유적 안내문

현재 우리 교과서의 고조선 세력범위는 중국의 난하(灤河)까지다. 따라서 그 안에 있는 하북성, 요녕성과 내몽골자치구에 걸쳐 있는 홍산문화 인근의 유적은 분명히 고조선의 세력범위에 포함되는데, 이 지역의 고고학적 발굴성과와 서지학 자료 등을 종합해볼 때 우리 민족의 청동기 시대가 서기전 20~15세기보다는 상당히 앞서 시작된 근거는 충분하며, 지역에 따라 차이가 날 수도 있고 앞으로 언제든지 새로운 발굴성과가 나올 수 있으므로 지금 교과서처럼 확정적으로 너무 좁은 연대로 편년하는 것은 바람직하지 못하다.

이런 점들을 감안할 때 우리나라의 청동기 시대 편년도 좀 더 융통성 있게 '지금까지의 발굴 자료와 기록으로는 지역에 따라 서기전 40세기~24세기경에 시작된 것으로 볼 수 있다'고 편년하는 것이 훨씬 합리적이다. 그렇게 편년하면, 한민족과 고조선 형성 이전의 역사를 포함한 민족 형성 과정을 설명하는 데 무리가 없어진다. 우리 정부와 학자들이 왜 이런 교과서를 만들고 있는지 알 수 없지만, 국정 국사교과서가 만들어지는 올해에는 반드시 이런 교과서의 모순된 내용을 바로잡아야 한다.

제4장 우리 민족의 위인 복희, 치우천왕을 국사에 포함

『삼국유사』의 환국 내지 환인과 신시 시대를 마을사회, 고을나라 시대로 이해하여야 한다는 데 대해서는 시대구분의 문제점으로 제기했지만, 기온의 변화로 인해 인구의 폭발적 증가와 그에 따른 집단 간의 충돌이 심해지면서 민족과 국가를 형성하는 기반이 만들어졌던 중요한 시대인데도 불구하고 그 시대의 역사에 대해서는 신석기 시대 문화로서만 기술되고 있을 뿐 중국이나 우리나라의 사료에서 우리의 조상으로 기술되고 있는 주요 인물들의 구체적인 활동 내용은 일체 기술되지 않고 있다.

사료를 찾아 우리 조상들의 역사는 우리 교과서에 게재하여야 할 것이다. 그 대표적 인물이 태극기와 동양 철학의 뿌리인 역경의 기초가 되는 8괘를 만든 태호 복희(太皞 伏犧)와 중원지역을 장악하여 고조선 이후 우리 조상들의 터전을 만든 치우천왕이다. 이들에 대한 최소한의 내용은 교과서에 게재하여야 한다.

4.1 태호 복희의 팔괘와 태극기

중국에서는 8괘를 만든 태호 복희를 그들의 역사 앞부분에 등장하는 삼황오제의 삼황[58] 중 한 사람, 특히 '인문시조'로 받들고 있는데, 여러 책에서 그를 '동방 지역 사람', '동이족'으로 기술하고 있다.[59] 바로 우리의 조상이라는 말인바, 그 대표적 인물인 이우푸징(劉付靖)의 주장을 살펴본다.

---

58) 삼황의 이름에 대해서는 『십팔사략』, 『풍속통의』 등 5가지의 다른 기록이 있는데, 태호 복희는 모든 기록에 다 포함되어 있다.
59) 중국 기록의 동이족은 대부분 우리 민족을 일컫지만, 최근에 이에 대해 다른 연구들이 나오고 있지만, 일반적으로 이렇게 이해를 하고 있으므로 이렇게 썼다. 필요하면 통일안을 만들 수 있을 것이다.

"동방문화의 중요한 상징 중 빼놓을 수 없는 것은 태호 복희가 만든 팔괘이다. 간단한 부호로 음양 두 기운의 이치를 밝혀내어 부족 중 장로와 무인으로 하여금 이 지식을 전수하고 응용하게 하였다. 이 사상은 오늘날 민간 종교처럼 신속하게 동이족에서 다른 족속으로 전파되었으므로 중국 대부분 지역에서 복희씨와 관련된 역사 문화 유적이 나타난다. 양자강 이남의 월(越)족 일부는 스스로 풍이족인 태호 복희씨의 후예라고 칭한다. 태호 복희씨의 8괘 사상은 후세에 끊임없는 발전을 거쳐 동북아시아의 가장 특색 있는 사상이 되었다. 동이 옛터에서 싹튼 유학 사상은 비록 팔괘 사상을 중점적으로 물려받지는 않았지만 효제(孝悌) 이론을 매우 중요시한다. 유사들은 사람의 경조사 과정과 인정세태에서 인문 사상을 도출해내어 윤리이념으로 발전시켰다. 그러므로 인문시조 복희씨는 천추만대를 이어 후세에 끊임없이 혜택을 주고 있다."[60]

그 외에도 다음과 같은 여러 책에서 태호 복희씨가 동이족이라 주장하고 있다.

- 『제왕세기』(晉 황보밀)에 "태호 복희는 진방에서 출생하였다(帝出於震)"고 하였는데 8괘에서 진방은 동방이므로 동이 출신이라는 말이다.
- 『사기』 「삼황본기」에 "복희씨의 어머니는 화서인데, 뇌택에서 대인의 발자국을 밟고 나서 성기에서 복희를 낳았다(太皥伏犧氏,⋯母曰華胥. 履大人迹於雷澤, 而生庖犧於成紀)"고 했는데, 주역에서 雷는 震방, 즉 동방을 가리키므로 역시 동이 사람임을 나타낸다.
- 『회남자』 「시칙훈」에 "동방의 극은 갈석산으로부터 조선을 지나고 대인의 나라를 통과하여 해 뜨는 동쪽, 부목의 땅, 청토수목의 들에까지 이른다. 태호, 구망이 다스리던 곳으로 1만 2천리이다(東方之極, 自碣石山, 過朝鮮, 貫大人之國, 東之日出之次, 榑木之地, 靑土水木之野, 太皥, 句芒之所 司者萬二千里)"고 했다.
- 『중국역대제왕록』에도 태호 복희씨는 고대 동이족임을 명시하고 있다.
- 이하동서설을 주장한 푸쓰녠(傅斯年)도 『고사변』에서 "태호 복희가 동이 족이라는 것은 고대부터 공인되어 온 일이다"고 했다.

---

60) 이우푸징(劉付靖), "東夷, 楚與南越的 文化聯系", 광서민족연구, 1999년 제1기, 70쪽.

따라서 태호 복희씨는 분명히 동이족이니 우리의 선조이고, 중국뿐 아니라 세계적으로 널리 활용되고 있는 역학의 근본인 8괘를 창안하신 분이다. 특히 그의 8괘 중 4괘는 태극기에 명확하게 그려져 있다. 조상의 문화를 이어받은 것이다. 따라서 태극기의 의미와 함께 이를 만든 태호 복희씨는 우리의 역사책에 우리의 조상으로 그 공적과 함께 기술해야 한다.

태호 복희씨의 8괘와 태극기가 만들어진 원리와 과정, 의미 등에 대해서는 여러 가지 설이 있지만, 반재원의 "태극기는 천문학에 기반 한 우주기운의 모양을 담고 있으므로 매우 앞선 과학적 지식의 산물이다. 핵심이 되는 팔괘도의 뿌리를 확인한 결과 중국에서 사용하기 훨씬 전부터 우리가 사용한 유물을 찾았다. 우리의 과학이 중국보다 앞서 있었음을 증명하는 것이다. 태극기를 최초로 공식 선포한 고종황제는 '조선국기'라고 했다. 그런데 삼일운동 때 일본 경찰이 뭔지 모르게 하기 위해 '태극기'라고 했던 것이 임시정부 등에서 굳어진 것"[61] 이라는 주장이 설득력이 있다.

태극기의 원리는 반재원이 주장하는 '천문관측으로 본 우주기운의 상태'와 8괘, 태극기와의 관계 그림(〈그림-23〉)을 보면 쉽게 이해할 수 있다. 태호 복희는 우주기운 중 태양의 기운을 상징하는 양 기운을 −(실선), 태양 기운의 반대 기운인 음 기운을 --(가운데가 끊긴 선)으로 표시하고 우주 기운의 강도를 세 개의 선 조합으로 표시하여 8개의 괘를 그렸다. 태극기는 이 중 태양의 기운이 가장 강한 여름을 나타내는 건(乾)괘(☰)로부터 오른쪽으로 태양의 기운이 줄어드는 가을(☷), 태양의 기운이 가장 약한 겨울(☷), 태양의 기운이 늘어나는 봄(☲)의 4계절을 나타냄으로써 자연의 순환과 변화의 이치를 담고 있다. 이렇게 과학적이고 논리적인 태극기의 원리와 함께 그 원리를 처음으로 개발한 태호 복희에 대해 학생들에게 가르쳐야 한다.

---

61) 허정윤 · 반재원, 『하나님의 표상 태극기』, 도서출판 한배달, 2006.

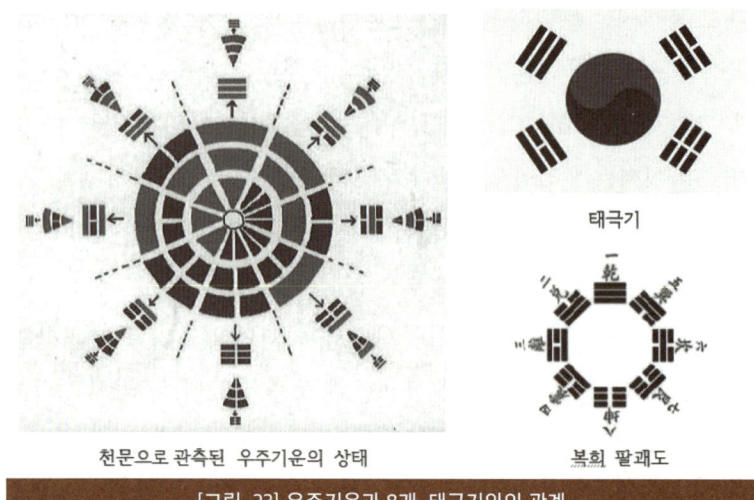

[그림-23] 우주기운과 8괘, 태극기와의 관계

4.2 치우(蚩尤)천왕의 중원지역 점령

    치우천왕에 대해서는 우리나라보다 중국의 사서에 훨씬 많은 기록이 나타나는데, 홍산문명 지역에 중심을 두고 있던 신시의 중심 종족 또는 고을나라의 이름으로 알려진 구리[62]의 치우천왕은 날씨가 추워지면서 남쪽 이동을 위해 군대를 조직한 후 금속무기를 만들고 씨름 등 전투기술을 개발하여 서기전 27세기 초에 대규모 남쪽 이동을 감행하여 토착 내지 먼저 이동해간 세력인 신농, 황제 등과의 오랜 싸움 끝에 산동반도 이남 지역까지 장악하고 산동반도 지역에 청구라는 별도의 남쪽 수도를 개설하였다.[63]

    사후에는 전쟁을 알려주는 치우기(蚩尤旗)라는 별이 되었으며, 중국 기록에 항우가 마지막 전투에 나가기 전에 승리를 기원하는 제사를 지냈고, 『난중일기』에 이순신 장군

---

[62] 김산호, 오재성, 주채혁 등 많은 사람들이 신시를 구성했던 주 종족으로서 고리, 고구려와 연결되는 이름으로 해석하고 있다.

[63] 정연규, 『언어 속에 투영된 한민족의 고대사』, 한국문화사, 2002; 김산호, 『배달국의 군신 치우천황』, 도서출판 다물넷, 2005; 박정학, 「치우천왕의 금속무기 제작과 청동기 시대 편년」 『선도문화』 9권, 국학연구원, 2010. 등 참조.

이 3회나 제사를 지냈다는 기록이 있을 정도로 한·중·일 삼국에서 오래 전부터 군신, 전쟁신으로 받들어 모시고 있다. 또한 서울 용산에 있는 전쟁 기념관 현관 안 천정에는 그 상징이 그려져 있으며, 근래에는 우리나라 국가대표 축구팀 서포터즈인 붉은악마의 상징인물이 되어 있다.64)

[그림-24] 중화삼조상(맨 좌측이 치우제)

그런데 중국에서는 1995년 하북성 탁록에 '중화삼조당'을 짓고 자신들을 전통적으로 주장해온 한족(또는 화하족)뿐 아니라 동이족과 인구가 가장 많은 것으로 알려진 묘족까지 합쳐 '중화족'이라는 새로운 민족을 만들면서 묘족의 시조인 치우를 자신들의 공동조상으로 만들어놨다.

▌기록에 나타나는 치우천왕은 동이족 65)

중국 기록에 나타나는 치우의 족명에 대해서는 왕대유의 "치우는 옛날 묘만족(苗蠻族), 구리족(九黎族), 동이족(東夷族)의 최고 군장이었다"66)는 말에 핵심적으로 나타나며 『서경』, 『국어』 등 많은 기록에서 보인다. 우리나라의 정사에는 치우기가 나타났다는 기록과 중국 기록 인용한 것 외에 치우에 대한 기록이 없고, 위서 시비에 휘말려 있는 『환단고기』와 『규원사화』에만 환 또는 한으로 읽히는 桓족, 풍이족이라는 내용이 나온다.

---

64) 치우학회 편, 『치우자료집 1』 (전적자료①), 도서출판 한배달, 2000. 참조.
65) 박정학, 「치우의 족명에 대한 한중 기록의 비교」 『치우연구 2』 (제2회 치우학술대회 논문집), 치우학회, 2002, 69~82쪽 참조.
66) 『先秦史硏究』 總28期(動態 1996.1), 中國先秦史學會, 1997, p.42.

최근 주채혁은 '구리'는 바로 고리=맥과 연결되는 족명이라고 밝혔으며,[67] 김산호는 '九黎'의 중국 발음이 '가우리'이므로 高句麗, 句麗, 高離와 함께 모두 우리말 '가우리'를 나타내는 한자어라고 풀이한다.[68]

이상의 한·중 기록을 종합해볼 때 치우천왕은 한(韓, 桓)족으로서, 동이·구리(九黎, 九夷, 句麗, 高離, 高麗)족의 수령이고 묘족의 시조일 뿐 한족이나 화하족이라는 내용은 없으니 중국인의 선조가 아니라 고구려와 연결되는 우리 민족의 선조라는 것을 알 수 있다.

▌치우천왕의 활동

① 이름의 의미는 '선임 순록치기' '군신'

'치우' 또는 '자오지'[69]라는 이름의 우리말 의미와 관련, 주채혁은 "순록유목민을 가리키는 몽골 말이 chaatang이고 '순록을 가진'의 뜻인 '축치'족 말이 chaochu[70]라는 주장을 감안하면, '뛰어난 순록치기', '선임 순록치기'를 지칭하는 말일 수도 있다"고 했으며, 박현은 "cha나 chi는 '군사의'라는 의미가 있는 古만주·몽골어이고, o나 u는 위 또는 키우다의 의미가 있으므로 치우는 '군의 우두머리, 군사적으로 확대된 군신' 등의 의미"라고 주장[71]했다. 어느 정도의 활동 영역을 찾는 실마리가 된다.

② 군대 조직 및 금속무기 제작, 전기(戰技) 개발

앞에서 청동기 관련 중국의 여러 기록을 포함하여 많은 기록에 의하면, 치우천왕은 '군대를 조직(作兵)하고 최초로 금속병기를 만들어(造兵) 이들을 단련(鍊兵)시켜 대규모 남방 이동 과정에서 백전백승했으므로 한·중·일 삼국에서 군신(軍神)으로 추앙받고 있는 인물'이다. 자세한 기록은 생략한다.[72]

---

67) 주채혁, 『순록치기가 본 조선 · 고구려 · 몽골』, 혜안, 2007. p.55 등 여러 곳
68) 김산호, 《부여백제》, 다물넷, 2007, 일러두기 37쪽 지도 등.
69) 『환단고기』 「삼성기전하」와 「태백일사」 신시본기에 자오지 환웅을 속칭 치우천왕이라 했다고 함.
70) 주채혁, 앞 책, p.21.
71) 치우학회, 『치우연구』 제2호, p.125
72) 치우학회 편, 『치우자료집 I』 참조.

[그림-25] 중국 무도사(좌)의 치우희=角抵戲와 고구려 각저총(우)의 '씨름' 그림

③ 대규모 남방 이동

사서의 기록에 보이는 큰 인류사회 집단들의 대규모 이동에 대해 그 이유를 명확히 밝힌 학자는 많지 않다. 필자는 그 이유를 당시의 기후조건에서 찾고자 한다. 지구의 기온 변하는 마지막 빙하기가 끝나고 기온이 높아지기 시작하여 약 8천 년 전부터 3천 년 전까지는 지금보다 높은 기온이었으며, 약 5500여 년 전이 최고 높았다고 한다.[73] 기온의 변화에 따라 동물이 이동하고 농작물에도 변화가 생길 것이므로 이에 적응하기 위한 이동으로 보려는 것이다.

단군사화에서 환웅이 무리 삼천 명을 데리고 새로운 땅을 개척한 시기에는 지속적으로 기온이 상승하여 인구가 크게 팽창하여 좁은 지역에 더 이상 생활하기가 어려워졌을 때로 볼 수 있다. 그리고 치우천왕이 대규모 남방 이동을 하게 되는 시기는 기온이 상당히 낮아진 시점이었을 것으로 볼 수 있다. 그는 낮아지는 기후 조건에 따라 대규모의 남방이동을 해야 한다고 판단하였으며, 그러기 위해 군대를 조직하고 병기를

---

[73] 윤내현, 『한국고대사』, 삼광출판사, 1990(3판), p.32.

만든 후, 전투기술을 훈련시켜 중원지역으로 이동한 것으로 볼 수 있는 것이다. 이를 증명하듯이 『환단고기』 류의 기록에 의하면 기온이 낮아지기 시작하여 상당한 시간이 흐른 서기전 3000~2900년대에 이미 태호 복희, 소전, 염제 신농 등이 남방을 개척했었다고 하며,74) 그 후 서기전 2700~2600년 간에 치우천왕이 많은 무리를 이끌고 남방으로 이동하여 현재의 중원지역 전체를 장악하는 큰 전쟁을 통해 고을나라 내지 연맹국가를 형성했고,75) 기온이 더 내려감에 따라 더 남쪽으로 이동을 한 것으로 보인다. 그의 활동 지명은 많이 나오지만, 그 위치비정은 아직 확실하지 않다. 앞에 인용한 기록을 포함하여 치우천왕의 활동지역을 대략적으로만 찾아본다.

- 『先秦史硏究』에서 치우는 풍이, 양이 사람이라고 했는데, 산동성 회수와 양자강 사이 지역이다.
- 『苗族簡史』에서는 구리, 삼묘의 수장이라고 했는데, 구리의 위치에 대해서는 의견이 많으나 같은 발음의 九夷의 위치를 『중국의 역사지도집』에서는 현재의 강소·안휘성 지역, 삼묘를 현재의 하남·호북·귀주·하남성 지역 일대로 표기하고 있다.76)
- 『圖說中國圖勝』에서는 귀주성 동남 묘족 30여지파의 공동시조가 치우라고 했으니 귀주성과 관계까지 있다.
- 『환단고기』〈태백일사〉에 인용된 『통지』씨족략에 치우가 최종 정착했다는 회북은 회수 북쪽으로 산동성이고, 중간에 살았던 지점 중에 강수가 나오는데 여러 곳에 같은 지명이 있으나 섬서성에 있는 강수로 볼 수 있다.
- 『三聖記』全 上篇에서 "신시말기에 치우천왕이 있어 청구를 개척하여 넓혔다77)"고 했는데, 청구는 여러 곳에 있으나 『讀史方輿紀要』에서 '청구는 산동 청주부 낙안현 북쪽에 있다'고 했다.
- 『규원사화』 태시기에는 '치우가 유망을 꺾고 유망이 공상에서 염제위에 올랐다. 공상은 유망이 도읍했던 곳으로 지금의 진류(陳留)다'고 기록되어 있는데, 그곳은 현 하남성 개봉시에 있다.

---

74) 앞 『대동방씨족원류사』 Ⅰ, p.22
75) 계연수 저 임승국 역주, 『환단고기』「태백일사」 신시본기 등 참조.
76) 譚其驤 주편, 『중국역사지도집』, 제1~8집
77) 神市之季有蚩尤天王恢拓靑邱

■ 치우와 황제가 마지막으로 대전을 펼친 곳이 탁록(涿鹿), 판천(阪泉) 등인데, 현재의 탁록은 하북성에 있으며, 중국에서는 이곳에 중화삼조당을 짓고 한족의 시조로서 황제(黃帝), 동이족의 시조인 염제(炎帝)와 묘족의 시조로서 치우제(蚩尤帝)를 모시고 있으나, 『대동방씨족원류사』[78])에서는 당시의 탁록은 태행산맥 남동 자락인 하남성 정주(定州) 북쪽으로 보고 있으며, 판천은 현재의 낙양(洛陽)지역으로 보고 있다.

모든 지명의 위치는 다 찾지 못했지만, 위의 기록에서 보듯이 치우천왕의 주 활동지역은 화북, 산서, 섬서, 산동, 하남, 호북, 강소, 안휘성 지역이며, 산동성 지역에 거점을 마련했었다. 고대언어 연구가 정연규는 이러한 내용을 바탕으로 〈그림-26〉과 같은 '치우천왕의 중원공략도'를 그리고 있다.[79]) 위의 지명 연구와 비교해보면 상당히 가능성이 있는 그림으로 보인다.

[그림-26] 정연규가 그린 치우의 활동지역도

이상에서 살펴보았듯이 기후의 변화에 따른 인구의 증가와 생활환경의 변화는 인류사회에 커다란 변화를 가져왔으며, 마을사회 후기에 고을나라가 형성되고 민족과 국가사회가 형성되는 과정에서 문화를 크게 발전시키고 거주 지역을 변화시킨 계기를 만든 위인들은 어떤 형태로든 우리 역사에 포함시켜야 한다.

---

78) 최창규, 『대동방씨족원류사』 II, 성균관, 2001, 참조
79) 정연규, 『언어 속에 투영된 한민족의 상고사』, 한국문화사, 2000, 125쪽.

제5장 '단군사화'에 대한 올바른 이해

우리 민족 최초의 국가가 고조선이라는 것은 『삼국유사』의 단군사화에 근거한다. 이 단군사화에는 단군뿐 아니라 환국으로부터 신시시대를 거쳐 고조선에 이르렀다고 하여 마을사회로부터 국가사회에 이르기까지의 역사를 압축해놓았는데, 교과서에서는 서기전 2333년에 단군왕검에 의해 고조선이 건국되었다는 것은 인용하면서도 그 앞의 신시와 환국에 대해서는 일체 언급을 하지 않는다. 이처럼 국가사회가 등장하는 과정이 없어지다 보니 고조선 역사에 대한 신빙성이 떨어지는 것이다.

이것은 일제 역사왜곡의 잔재일 수 있다. 일제는 단군의 고조선 건국을 역사에서 제외시키기 위해 이 기록을 '단군신화'라고 했었는데, 현재 교육부에서도 '단군신화'라는 말을 사용하라고 지침을 내리고 있기 때문이다. 이런 오해가 생길 수 있는 '단군신화'라는 용어는 사용하지 말아야 하며, 고조선 앞의 신시와 환국의 역사도 찾아내어 교과서에 기술해야 앞뒤가 맞는 상고시대 역사가 세워질 수 있다.

5.1 '단군사화'의 내용

『삼국유사』에는 선사시대 중 마을사회 이후의 역사를 환국-신시-고조선(왕검조선)으로 압축하여 기록하고 있다. 이것을 인류사회 발전단계와 비교할 경우, 마을 사회인 환국, 고을나라인 신시, 국가사회인 고조선의 건국과 약사를 전하는 기록으로 이해할 수 있다. 그 내용은 다음과 같다. 밑줄 친 부분에 대해 바른 이해를 논할 것이다.

「고기」에 따르면, 옛날 환국 임금의 아들 가운데 환웅이 있어 천하에 자주 뜻을 두고 인간 세상을 탐하였다. 아버지가 아들의 뜻을 알고 삼위태백을 내려다보니 많은 사람들이 어울려 살 만 하였다. 이에 천부인 세 개를 주어 내려 보내어 다스리게 했다.

> 환웅은 무리 삼천 명을 거느리고 세 개의 험한 산으로 둘러싸인 넓은 평원에 내려와 땅위에 제단을 세우고 나라를 열어 이곳을 신시라고 불렀는데 이 분이 환웅천황이다. 풍백, 우사, 운사에게 곡식, 수명, 질병, 형벌, 선악 등을 맡기고, 무릇 인간살이 삼백 예순 가지 일을 주관하는 등 세상에 살면서 아버지의 가르침을 실천했다.
> 때마침 곰 부족과 범 부족이 같은 마을에 살았는데 늘 신웅께 깨인 사람이 되기를 빌었다. 이 때 환웅신이 영험한 쑥 한 다발과 마늘 스무 개를 주면서 "너희들이 이것을 먹고 백 일 동안 햇빛을 보지 않는다면 곧 개화된 사람의 모습을 얻으리라"고 했다. 곰족과 범족은 이것을 얻어먹고 삼일과 칠일에 제사를 지내며 몸을 삼갔다. 곰족은 여자의 몸이 되었지만 금기를 지키지 못한 범족은 사람의 몸을 얻지 못했다. 웅녀(熊女)는 혼인할 대상이 없었으므로 늘 단수 밑에서 아기를 배게 해달라고 빌었다. 이에 환웅은 잠시 사람으로 변해 웅녀와 혼인하여 아들을 낳으니 이름을 단군왕검이라 했다.
> 단군왕검은 요 임금이 왕위에 오른 지 50년 만인 경인년에 평양성에 도읍하고 비로소 조선이라 일컬었다. 또 도읍을 백악산 아사달로 옮겼는데 그 곳을 궁홀산이라고도 하고 금미달이라고도 한다. 그는 1,500년 동안 나라를 다스렸다. 주의 무왕이 즉위한 기묘년에 기자를 조선에 봉하니 단군은 곧 장당경으로 옮겼다가 뒤에 돌아와 아사달에 숨어 산신이 되었다. 나이 1,908세였다.[80]

5.2 '단군사화' 내용의 바른 이해

고기古記를 인용한 『삼국유사』의 이 기사는 신화적인 요소와 설화적인 요소, 역사적인 요소가 함께 섞여 있는 한문 기록이므로 해석에 다소 이견이 있다. 위 내용에

---

80) 古記云. 昔有桓因(謂帝釋也)庶子桓雄. 數意天下. 貪求人世. 父知子意. 下視三危太伯可以弘益人間. 乃授天符印三箇. 遣往理之. 雄率徒三千. 降於太伯山頂(卽太伯今妙香山.)神壇樹下. 謂之神市. 是謂桓雄天王也. 將風伯雨師雲師. 而主穀主命主病主刑主善惡. 凡主人間三百六十餘事. 在世理化. 時有一熊一虎. 同穴而居. 常祈于神雄. 願化爲人. 時神遺靈艾一炷. 蒜二十枚曰. 爾輩食之. 不見日光百日 便得人形. 熊虎得而食之忌三七日. 熊得女身. 虎不能忌. 而不得人身. 熊女者無與爲婚. 故每於壇樹下. 呪願有孕. 雄乃假化而婚之. 孕生子. 號曰壇君王儉. 以唐高卽位五十年庚寅.(唐高卽位元年戊辰. 則五十年丁巳. 非庚寅也. 疑其未實.) 都平壤城.(今西京.) 始稱朝鮮. 又移都於白岳山阿斯達. 又名弓(一作方) 忽山. 又今彌達. 御國一千五百年.

서 밑줄친 8가지 문제에 대해 바른 이해를 촉구한다.

▌'단군신화'라는 용어

교육부에서는 이 기사를 '단군신화'라 부르는 지침을 내리고 있으며, 많은 학자들도 '모든 신화에 역사적인 사실을 내포하고 있으므로 신화라고 해도 별 문제가 없다'면서 '단군신화'라고 부른다. 그러나 상당수 학자들은 확실한 이유를 들어 이 명칭에 문제를 제기한다.

- 환웅 얘기까지는 역사 기록 이전 얘기이니 신화라고 할 수 있더라도, 고조선의 건국부터는 분명한 사실이요 신화가 아니다. <최태영, 『인간 단군을 찾아서』>
- 단군신화의 가장 비신화적인 요소는 단군왕검의 등장과 고조선의 성립이라는 역사적 기록이다. 신화란 단군왕검의 출생까지의 이야기이며, 신들이 등장하지 않는 인간의 기록은 이미 신화의 영역을 벗어나는 것이다. <민영현, 『선과 혼』>
- 단군신화의 주인공은 환웅이 아니고 인간인 단군이다, 따라서 신화가 아닌 설화여야 한다. <황훈영, 『우리 역사를 움직인 33가지 철학』>

매우 명쾌한 논리다. 환인, 환웅까지는 하늘 사람이니 신이라고 치더라도, 단군은 분명히 사람의 몸에서 태어났고, 사람들과 더불어 조선이라는 나라를 세웠으니 사람임에 틀림없다. 따라서 이 기록 전체를 신화라고 하려면 '환인-한웅 신화'라고 해야지 '단군신화'라고 하는 말은 맞지 않는다. 그래서 많은 학자들이 '단군사화'라고 부른다.

그리고 '단군신화'라는 말은 조선총독부가 단군왕검이 건국한 고조선의 역사는 역사가 아니라고 왜곡하는 데 사용했고, 중국은 단군 이전으로부터 단군에 이르는 시기의 유적들을 자기들 역사로 가져가는 데 사용하고 있다. 따라서 오해의 가능성이 있는 '단군신화'라는 말은 교과서에서 사용하지 않아야 한다.

▎'환국(桓國)'이냐 '환인(桓因)'이냐의 문제

『삼국유사』 원본 중 서울대규장각본과 만송문고본에는 '昔有桓国(謂帝釋也)庶子桓雄'이라고 되어 있으며, 국사편찬위원회의 한국사데이터베이스에도 '昔有桓國(謂帝釋也)庶子桓雄'이라고 표기되어 있다. 국사편찬위원회에서도 '国'자가 '國'자임을 인정한 것인데, 문제는 국역본에서 '옛날 환인제석을 말한다의 서자인 환웅'이라 하여 '환국을 환인이라고 번역'해놓고 아무런 주석도 달지 않은 데 있다. 질문을 했더니 '国'자가 '因'자의 오각(誤刻)으로 보았기 때문이라고 답을 했다. 그것이 오각이라고 한다면 그만한 토론과 확인을 거쳤어야 하며, 국역본에도 그런 주석을 달아야 한다.

그런데 교과서는 물론, 이병도 이후 대부분 학자들도 '환인의 서자'라고 보고 있다. 필자는 이렇게 된 데에는 [謂帝釋也]라는 내용 때문일 수도 있다는 생각을 한다. 제석이라고 하려면 앞의 단어가 나라가 아니라 사람이름이어야 하므로 桓因이라고 주장할 수 있기 때문이다. 이 부분이 원저자인 일연이 넣은 것인지 그 후 개간(改刊)[81] 과정에서 누군가가 가필한 것인지는 논란의 여지가 있지만, 나는 후인들이 넣은 것으로 본다. 다음 자료가 근거가 된다.

- 『삼국유사』에 실린 '고기'의 내용을 살펴보면 "옛날 환국 제석의 서자인 환웅…" <此說出於三韓古記云 而今考三國遺事載古記之說 云昔有桓國帝釋 庶子桓雄> <『藥泉集』 제29권 雜著 東史辨證 檀君>[82]
- 우리 역사 초창기에 환국 제석의 서자인 환웅이 있었는데 천부 삼인을 받아… (朝鮮之初 有桓國帝釋庶子桓雄 受天符三印) <『修山集』 12권 東史志 神事志>[83]

---

81) 발문에 '개간'이라 되어 있으므로 원내용 그대로가 아니라 고쳤다고도 볼 수 있다.
82) 『약천집』은 조선 후기 문신 남구만(南九萬 : 1629~1711)의 시문집이다.
83) 『수산집』은 조선왕조 영조 때의 역사학자 이종휘(李種徽)의 시문집이다.

이 두 자료를 보면 조선 중-후기 사람들인 그들이 본 『삼국유사』 원판이나 초기본에는 '昔有桓國帝釋庶子桓雄'이라고 되어 있었다는 말이다. 이대로라면 '桓国'이 아닌 '桓國'이었고, 뒤에 帝釋이 있었지 주석인 '謂帝釋也'라는 글자는 없었다. 따라서 '(謂帝釋也)'는 후기 사람들이 고쳐 찍으면서 삽입한 것으로 보게 된다.

만약 因자가 명확했다면 아래 〈그림-27〉의 교토대학, 고전간행회 본에서 보듯이 글자를 변조할 필요가 없었을 것이다.[84] 그들이 인(因)자로 변조했다는 것은 원래는 환인이 아니었다는 것을 인정하는 것이 된다. 따라서 '환국제석(또는 임금)의 서자'라고 번역해야 한다.

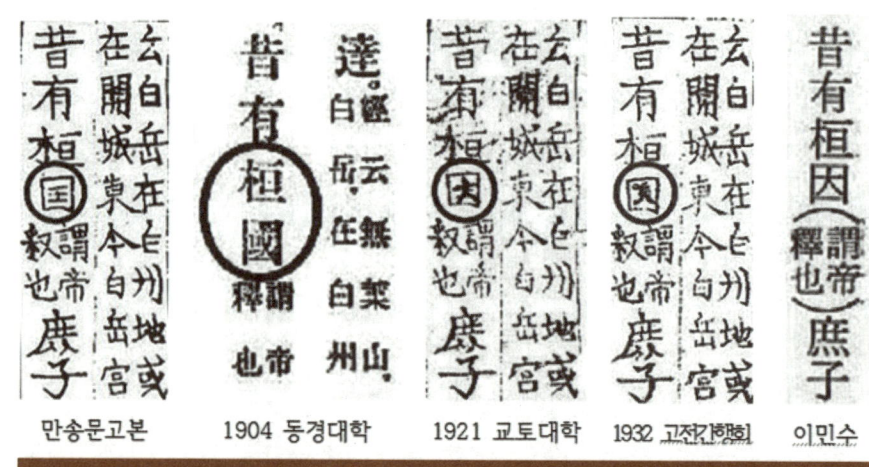

[그림-27] 대표적인 환국, 환인 본들

▌'홍익인간(弘益人間)'의 번역 문제

단군사화에는 교과서에서 단군의 건국이념이라고 하는 '홍익인간(弘益人間)'이 나온다. 이 용어는 지금 우리나라의 교육이념으로 법규화 되어 있을 만큼 중요하다. 그런데

---

84) 최남선이 조선사편수회 6치위원회에서 "석유환국이라고 되어 있던 것을 이마니시류(금서룡)가 석유환인으로 고쳤다."고 울분을 토한 바 있으며, 교육부 공무원이던 성삼제의 『고조선 사라진 역사』(동아일보사, 2012 12쇄)에도 변조 관련 내용이 자세하게 소개되어 있다.

현재의 교과서에서는 그 의미를 '널리 인간을 이롭게 하는 것'이라고 기술하고 있다. 그런데 앞뒤 내용을 보면 '천하를 내려다보니 삼위태백이 홍익인간 할 만하므로 환웅에게 천부삼인을 주면서 거기 가서 살도록 했다'는 것이다. 당시의 인구 폭증 상황과 삼위태백이라는 지형은 '널리 인간을 이롭게 한다'는 의미와는 아무래도 잘 부합되지 않는다.

그간 몇몇 우리나라 학자들은 다르게 해석해야 한다고 주장하기도 했다. 조소앙, 안재홍, 정영훈 등은 '대중공생 만민공동의 균등사회 이상'이라고 보았고,[85] 박상림은 그의 박사학위 논문에서 '서로 다툼이 없는 어울림을 통해 모두 하나 되는 이념으로 바로 화백제도가 그 실천',[86] 류탁영은 '남을 해치지 않고 크게 돕는 사람',[87] 최민홍은 사익(私益), 공익(公益)과 비교하여 '홍익(弘益)은 우리의 이익을 말한다'고 했다.[88]

우리나라 사람 특유의 덕성에 대한 중국인들의 느낌을 적은 "어질고 살리기를 좋아한다(仁而好生, 『후한서』)", "양보하길 좋아하고 다투지 않는다(好讓不爭, 『산해경』)", "서로 범하지 않고 서로 기리며 헐뜯지 않고, 환난에 빠진 사람을 보면 죽음을 무릅쓰고 구해준다(不相犯相譽而不相毀 見人有患投死救之, 『신이경』)"는 기록도 바른 해석에 참고가 될 것이다.

더구나 설종환이 『다시 읽는 단군신화』(정신세계사, 2009)에서 "사학자 이병도 교수의 번역을 따라 '인간을 널리 이롭게 하다'라는 뜻으로 알려졌다"고 한 것처럼, 1920년대에 일본인이 먼저 해석했고, 1950년대에 이병도가 그대로 따라 해석한 것을 지금 우리가 별 생각 없이 따라가고 있다면 다시 생각해보지 않을 수 없는 문제다.

김영돈은 '지금의 해석은 우리나라의 한자 뜻(語義)이 아니라 일본의 한자 뜻대로 해석한 것'이라면서 아래 그림과 같이 구체적인 한일 간 어의의 차이를 지적했다.[89]

---

85) 〈소앙선생문집〉 상, 148쪽; 〈민세 안재홍 선집〉 2, 233쪽 등 참조.
86) 박상림, 『홍익화백제 통일론』, 이화문화출판사, 2009.
87) 류탁영, 『되새겨 보는 우리의 뿌리』, 한국적산연구소, 1996.
88) 최민홍, 『한철학』, 성문사, 1984.
89) 김영돈, 『고조선과 홍익인간』, 보경문화사, 2000, 248쪽.

구 분	弘	益
우리말	大 - 크다	助-돕다, 饒-넉넉하다, 多-많다. 溢-넘치다, 增-더하다, 進-나가다
일본어	廣 - 넓다	利 - 이롭다, 利益 - 이익 有益 - 유익, 增益 - 증익

[표] 弘益의 한일 간 어의 비교(김영돈)

이런 내용을 보다 명확히 확인하기 위해 우리나라 한한(漢韓)사전 몇 개를 찾아보니 각 한자의 의미는 다음과 같았다.

홍(弘)
- 클 홍(大也), 크게 할 홍(大之) - 장삼식 편, 『大漢韓辭典』, 집문당, 1983.
- 클 홍 - 『한한 최신대옥편』, 쌍룡문화사, 1983.
- 클 홍(大也) - 『최신강희옥편』, 창원출판사, 1987.
- 클 홍 ; 크다, 넓다, 넓히다, 높다, 널리 - 네이버 한자사전
- 넓을 홍 ; 넓다, 크다, 활소리 - 전자자전(http://www.toegye.ne.kr)

익(益)
- 더할 익(增加), 나아갈 익(進也), 많을 익(多也), 넘칠 익(盈溢) - 『大漢韓辭典』
- 더할 익, 나아갈 익, 많을 익, 넉넉할 익, 넘칠 익 - 『한한 최신대옥편』
- 더할 익(增也), 도울 익, 나갈 익, 많을 익 - 『최신강희옥편』
- 더할 익 ; 더하다, 보탬, 보람, 이득, 넉넉하다 등 11어의 - 전자자전
- 더할 익 ; 더하다, 이롭다, 돕다, 많다…이익 등 9개 어의 - 한자사전

사람 人, 사이 間

당시는 인구 증가에 따른 식량부족 때문에 싸움이 잦았으므로 새로운 옥토를 개척하려고 한 시점이었음을 감안하고, 우리나라 자전의 한자 의미인 '클 홍(弘), 더할 익(益), 사람 인(人), 사이 간(間)'이라는 뜻으로 홍익인간을 풀이해보면 '사람 사이를 크

게 더하라'는 의미가 된다. '사람 사이를 크게 더 한다'는 의미는 '너'와 '나'의 사이를 더 두텁게 하여 '우리'가 되라는 의미와 씨족의 울타리를 넘어 더 많은 사람과 관계를 짓는 부족으로 발전하라'는 뜻으로 볼 수 있다.

이는 앞에서 다른 해석을 한 학자들과도 비슷하고, 현재 무한경쟁을 내세우는 서구의 생각 틀인 '경쟁'원리가 아니고 모두가 어우러져 하나 되어야 한다는 '어울림'을 강조하는 이념으로서, 창세신화에서와 같이 우리 겨레의 '생각의 틀'을 보여주는 의미가 된다. 경쟁 논리로 인한 양극화의 몸살을 앓고 있는 21세기 인류사회에 새로운 희망을 줄 수 있는 귀중한 이념이다.

그리고 현재의 교과서나 사전류에서는 이를 단군왕검의 고조선 건국이념이라고도 하는데, 단군왕검도 이런 이념에 따라 나라를 세우고 다스렸을 수는 있지만 아무런 근거도 없는 말이다. 단군사화대로라면 환인의 정치이념이고 환웅의 개천이념일 뿐이다. 교과서에서는 이를 분명히 해야 한다.

▎'太伯山頂 神壇樹下'의 새로운 해석

더불어 단군사화에 대한 해석 중 몇 가지 문제되는 부분에 대한 김종서의 새로운 해석을 소개한다. 김종서는 "'太伯山頂 神壇樹下'를 '태백산꼭대기 신단수 아래'라고 해석하는 데는 문제가 있다. 앞의 삼위태백에서 三危는 '세 개의 높고 험산 산', 太伯은 (홍익인간 할 만큼) '크게 드러난 넓은 평원'이고, 太伯山頂下에서 山頂은 앞 문장과 연결지어보면 한문의 어법상 맞지 않으므로 원래 없던 말을 누군가가 삽입한 것으로 보아야 한다.

산꼭대기는 무리 3,000이 내려올 수도 없고, 신시를 열기에도 적당하지 않기 때문이다. 그리고 神檀樹는 『삼국유사』의 원문이 檀이 아니라 壇이고 下는 '땅 위'로, 樹는 나무가 아닌 '세우다(立)'는 의미라고 보아 '땅 위에(下) 제단(神壇)을 세우고(樹)(나라를 건국했다는 의미)'라고 해석해야 한다"면서 그 지역을 백두산이 아니라 홍산문화지역의 중심지인 적봉시로 보았다. 현재에도 그 지역에 제천단이 있고, 곰 상과 여성이 수련하는 유물이 나오는 등 단군사화의 내용과 맞아떨어지기 때문이다. 상당히 일리가 있는 것으로 보이므로 더 깊은 연구가 필요하다.

▌'在世理化'는 실행을 강조하는 말

在世理化는 일반적으로 "세상을 다스리고 교화하였다"고 해석하고 교과서에도 그렇게 기술하고 있다. 커다란 문제는 없지만, 환웅천왕이 아버지의 지침을 받고 새로운 지역으로 3,000의 무리를 이끌고 와서 일을 한 결과를 얘기하는 장면이며, 우리 겨레의 얼을 설명한 것이라는 점에서 보면 정확하게 어울리는 해석으로 보이지 않는다.

필자는 이 부분을 '우리 한문은 사실문으로서 중국의 관념문으로 된 한문과 달랐다'는 김덕중의 말처럼[90] 한자의 우리말 뜻대로 직역하는 것이 옳다고 본다.

앞에서 환인은 하늘 사람(帝釋)으로 등장하고, 환웅이 세상을 탐내어 내려왔으므로 '在世'는 한자말 그대로 '세상에 있으면서'로 해석하는 데 아무런 문제가 없다. 다음 '理'자를 앞에 나오는 "내려 보내어 다스리게 했다(遣往理之)"처럼 '다스릴 리'로 보고 나면 되 화(化)자와의 연결이 어렵게 되어 '교화한다'는 해석이 나온 것 같은데, 옥편에서 찾아보면 '化'자의 뜻에는 '교화한다'는 의미가 없다.

그냥 우리말 뜻대로 理는 '이치'로 보고, 化는 '되다', '따르다'로 보면 '이치대로 되게 한다', '이치를 따랐다'라고 해석할 수 있다. 이런 점에서 '환웅이 아버지로부터 받은 홍익인간의 이치를 실행했다'는 의미로 해석하는 것이 더 어울린다. 한문 전문가들에 의한 더 깊이 있는 연구가 필요하다.

▌마늘 20개, 100일, 기 삼칠일의 해석 문제

현 교과서나 『삼국유사』 주석에서는 한결같이 '忌三七日'을 '21일을 참고 견뎠다'고 해석하고 있다. 그렇게 되면 앞에 나오는 '100일 동안', '마늘 20개'라는 숫자와 맞지 않아 자체 모순이 생기게 된다. 이에 대한 바른 해석이 필요하다.

---

90) 김덕중, 『태왕의 꿈』, 덕산서원, 2014.

여기서 기(忌)와 3·7일이 관건이 되는데, '忌'자에는 제사를 지낸다는 의미도 있고, 과거 우리나라와 중국의 제례를 보면 3일과 7일에 제사를 지냈다는 기록이 있으며, 『환단고기』 「삼성기」 전 上에 환웅이 "3·7일을 택하여 천신께 제사지내고 밖의 물건을 꺼리고 근신했다"는 기록이 있다. 이 3과 7의 의미를 사용하여 단군사화를 해석하면 모든 의문이 풀린다.

10일마다 3일과 7일에 제사를 지내고 마늘 한 개씩을 먹는 것을 기(忌, 삼가 지킨다)한다면 100일 동안에 20개를 먹게 된다. 그러면 100일, 忌三七日, 마늘 20개의 관계가 이해된다. 밖의 물건을 꺼렸기 때문에 미리 쑥과 마늘을 주어 햇빛을 보지 않도록 했다는 말과도 통한다. 우리 민족이 3자와 7자를 좋아하고, 생활문화 속에 이 두 숫자와 관련된 것이 많은 이유와도 연결이 된다.

따라서 '忌三七日'은 21일을 기한 것이 아니라 100일 동안 매 3일과 7일에 제사를 지내고 마늘 한 개씩을 먹고 햇빛을 보지 않으며 몸을 삼갔다는 말이 된다.

▍단군 건국 '조선'과 기자가 봉해진 '조선' 문제

사실 이 부분은 우리나라 고대사에 획을 그을 수 있는 매우 중요한 내용이다.

이를 해석하기 전에 한 가지 예를 들어보자. 충남에는 금산군이 있고, 진주시와 전북 고흥군에는 금산면이 있다. 충남에서 '금산'이라고 말하면 '금산군'을 지칭하고, 진주와 전북에서 '금산'이라고 말하면 '금산면'을 지칭하는 것이 된다. 이와 마찬가지로 '우리나라에서 조선이라고 했을 때는 고조선(왕검조선)을 의미'하지만 '중국에서 조선이라고 했을 때는 낙랑군 등 중국에 있는 조선현'을 뜻하는 경우가 대부분이다. 그런데 중국의 패권주의 사학이나 일제의 식민사학, 그리고 중국을 섬기던 사대사학에서는 중국 기록에서 '조선'이라는 이름이 나오는 기사를 모두 우리나라 고조선 관련 기사로 해석하여, 기자가 온 조선도 고조선, 기자의 후손인 준왕과 이를 점령한 위만도 고조선을 이은 사람으로 보고 고조선의 법통에 포함시킴으로써 우리 고대사의 계통을 흩으려놓고 있기 때문이다.

단군사화에서 기자가 봉해진 조선의 위치에 대해서는 다양한 기록이 있으나 직접 관련되는 것만 소개한다.

> - 옛적에 기자가 조선에 가서 8조의 교를 만들어 그것으로써 백성을 교화하니 문을 닫지 않아도 도둑질하지 않았다. 그 후 40여 세 후손인 조선후 준이 자칭 왕이라 하였다(『삼국지』 「濊傳」).
> - 기자의 기(箕)는 국명이고 자(子)는 작위의 명칭이다. …기자의 무덤은 양국(梁國) 몽현(蒙縣)에 있다(『사기』 제38 「송미자세가」).
> - (조선현은) 서한, 동한을 거쳐 진(晉)시대에 이르기까지는 낙랑군에 속해 있다가 그 후 폐지되었다. 북위의 연화 원년(서기 432)에 조선현의 구주민을 비려현으로 이주시키고 다시 설치하여 북평군에 속하게 했다(『위서』 권106 「지리지」 上 평주 '북평군' 조선현의 주석).

윤내현은 이런 기록과 갑골문, 금문, 고고학 자료들을 종합 분석하여 "기자는 기국(箕國) 또는 기족(箕族)을 다스렸던 제후를 일컫는 말이고, 그 지역은 처음에는 하남성 상구현(商邱縣) 지역에 있다가[91] 서주 때 난하 서쪽으로 이동했으며, 서기전 221년 진(秦)나라 통일 이후 난하 동부지역인 고조선 지역으로 이주했는데, 이때부터 한인들은 '조선후 기자'라고 불렀다. 얼마 후에 준왕이 위만에게 기국을 빼앗기게 된 것이다. 기국은 최후에 고조선의 서부 변방에 있다가 위만에게 멸망당했다. 따라서 기자의 후예인 준왕, 위만은 고조선 서부변방에 있었을 뿐, 고조선의 주류에 등장시킬 수 없다"는 결론을 내리고 있다.[92] 이는 대단히 명쾌한 이론이다.

단군사화에서도 '기자를 조선에 봉하자 장당경으로 옮겼다'고만 했을 뿐 임금의 자리를 내주었거나 빼앗겼다는 내용이 없다. 여기서의 조선은 중국의 '조선현', 또는 단재가 말하는 번조선 정도로 보아야 하므로 준왕과 위만을 고조선의 법통에 포함시키는 것은 배제해야 한다.

---

91) 이에 대해 김종서도 '조선'이 현 개봉시 상구시에 있던 사방 50리 미만의 작은 후국이었음을 자세히 밝혔다(『기자·위만조선 연구』, 한국학연구원, 2004, 92~129쪽).
92) 윤내현, 「기자신고」 『한국고대사신론』, 일지사, 1991(7쇄), 176~239쪽.

제6장 한민족 형성사를 제대로 서술

> 국사는 우리 '민족이 걸어온 발자취'이고, 국사교육은 "민족정체성을 확립시켜…21세기를 살아가는 한국인으로서의 자긍심과 능력을 길러주는 데 가장 큰 목표를 두고 있다"는 데 대해서는 국정이나 검인정 교과서를 막론하고 큰 차이가 없다. '국사의 주체를 나라가 아닌 민족'으로 보고 있는 것이다.
>
> 그런데 실제로 현 교과서에서 '민족'이라는 단어는 많이 사용하지만(초등학교 『사회 5-1』 제1장의 제목만 '하나된 겨레'라고 하여 '민족' 대신 '겨레'라는 용어 사용), 민족이나 겨레의 의미, 이름, 형성시기, 지역적 및 종족적 범위, 이렇게 민족을 한 덩어리로 뭉쳐주는 원동력인 겨레 얼 등 우리 겨레를 다른 민족들과 구별시켜주는 내용에 대해서는 아무 데서도 언급하지 않고 있다. 이래서는 국사의 주체인 민족의 정체성을 정확히 알 수가 없는 것이다.
>
> 교과서에서 이런 내용에 대해 간단하게라도 언급을 해야 우리와 일본, 중국, 미국과의 관계와 차이를 이해해나가는 데 도움이 될 수 있다.

6.1 민족과 겨레의 의미

'민족'이란 용어는 19세기 후반 영어의 'ethnic group'이나 'nation'을 번역하면서 일본사람들이 만들어낸 용어로서 그 개념이 서구 학자들과 우리나라 학자들 간에도 다르고, 좌·우 이념에 따라서도 다를 뿐 아니라, 우리나라 안에서도 학자들 사이에서도 다르며, 학자들과 국민들의 인식도 서로 다르다.

진덕규는 "민족은 역사적 공감성에 의해서 특정 성원들 사이에 운명공동체적인 연대의식을 가지고 있는 인간집단"이라고 규정하고, 아래와 같이 네 관점으로 분류했는데 현실을 제대로 본 것이다.[93]

---

93) 陳德奎, 앞 책, 『現代民族主義의 理論構造』, 19-23쪽의 내용을 요약하였다.

첫째, 민족을 「혈연(血緣)」이라는 관점에서 이해하려는 견해. 민족은 동일한 혈연집단이 하나의 독립적인 행동성을 보여주는 경우를 가리킨다.

둘째, 민족을 언어나 문화집단 또는 전통의 동질성에 의해서 형성된 집단으로 생각하는 견해. 같은 언어를 사용함으로써 하나의 정신적인 공감대를 형성하고, 이에 따라 전통을 만들고 특정의 문화를 소유하게 된 인간집단을 민족이라고 이해한다.

셋째, 민족을 동질적인 생활환경이나 일정 영역 내에 거주하고 있는 사람들의 무리라고 보는 견해다. 상황적인 요인이 민족을 형성시킬 수 있는 중요 요인이기는 하지만, 그런 상황의 경계를 구분하기 어렵기 때문에, 오히려 결과적인 속성이라 볼 수도 있다.

넷째, 민족을 국가의 구성요원이라는 의미로 이해하려는 견해. "민족이란 독립주권적인 국가조직의 기본 속성"(Hans Kohn),[94] "민족이라는 말은 인종과 언어와는 관계없이, 17세기 이후부터 하나의 독립주권을 가진 국가의 구성요원들을 표기하는 말로서 사용되어 왔다."(Carlton J.H. Hayes)[95]고 주장한다. 다민족 국가나 한 민족이 여러 나라를 세운 경우에 대한 설명이 불가하다.

2, 3부류는 많은 학자들이 공통적으로 사용하는 분류이지만, 서구에서는 4부류를 중시하여 '민족을 정치집단의 필요에 의해 만들어진 가상 집단'으로 보기도 한다.[96] 그러나 우리나라의 경우 '겨레'라는 말을 '동족'으로 이해하듯이 민족도 혈연을 중시하는 1부류와 같이 보는 경향이 짙다. 학자들은 물론 국민들 대부분이 민족을 겨레에 가까운 의미로 이해하는 것이다. 단지 학자마다 달리 주장하므로, 교과서에서는 민족의 형성 시기나 범위도 정하지 못하고 애매하게 표현하고 있는 것이다.

---

94) Hans Kohn, The Idea of Nationalism(New York: Macmillan, 1963), p.7 (진덕규, 앞 책에서 재인용)
95) Carlton J.H. Hates, Essays on Nationalism(New York: John Willy, 1972) 참고(위와 같음).
96) 자세한 내용은 필자의 박사학위 논문(「한민족의 형성과 얼에 대한 연구」, 2009, 강원대학교) 참조.

6.2 우리 민족의 이름

개인에게 성씨와 이름이 있어 자신을 다른 사람과 구별하는 가장 명확한 도구로 사용되듯이 각 민족들도 스스로 부르거나 주변에서 불러주는 이름이 있고, 그 이름 속에는 민족이 형성되기 이전부터의 역사가 담겨 있기 때문에 그 이름에서 자긍심과 동류의식(同類意識)을 느끼기도 한다. 따라서 그 민족을 알기 위해서는 가장 먼저 그 민족의 이름에 대해 아는 것이 첩경이 될 수 있다.

그런데 과거 우리 국사 교과서에서 '배달민족이라고도 하는 한민족'이라고 했던 민족의 이름이 2009년 교과서에서부터 사라져버렸다. 이것을 회복하는 것은 매우 시급한 과제다. 단, 이름을 찾는 과정에서 한자문화권인 우리나라의 경우 후대에 와서 한자로 기록된 중국 사서에 나오는 한자의 현재 발음은 당시에 우리 스스로 불렀던 우리말 이름과는 다를 수도 있으므로 이를 감안해야 한다.

▌우리가 스스로 부르는 한·조선·배달

우리나라를 '대한민국', '한국'이라 하고, 우리글을 '한글'이라 하며, 우리 전통가옥을 '한옥', 우리 전통 옷을 '한복', 우리 전통 종이를 '한지'라고 하는 등등 우리는 평소 생활 속에서 '한(韓)'을 우리 자신을 나타내는 말로 많이 사용하고 있다.

국사편찬위원회에서 발행한 『한국사』 1권 제2장의 제목이 '한민족의 기원'이고, 절과 항의 제목에서도 '한민족'·'한민족 문화'라는 용어를 사용했듯이 다수의 학자들도 우리 민족을 '한민족'이라고 부르고 있다. 대부분의 국민들 간에 우리 민족의 뿌리, 우리 문화의 뿌리가 '한'이라는 공감대가 형성되어 있기 때문일 것이다. 단군사화에 나오는 환국, 환웅의 '桓'자가 '한'으로도 읽힌다는 것을 감안하면 『삼국유사』에서 그 뿌리를 찾을 수도 있게 된다. 이와 함께 단군왕검이 '조선'을 건국했다는 데서 '조선'도 우리가 불렀던 이름이 될 수 있을 것이다.

그러나 '배달민족'이라는 말은 2008년 국정 국사교과서에도 기술되어 있었으며, 한글날 노래 첫 구절이 '강산도 빼어났다 배달의 나라' 등 광복 직후에는 많이 사용했으나 소위 재야의 민족학자들이나 일부 국민들만 쓰고 있다. 그렇지만, 여러 국어사전에서 배달민족은 '우리나라 겨레', 배달나라는 '우리나라의 상고시대 칭호, 대종교에서 주장함'97) 등으로 기술하고 있을 정도로 우리 민족의 이름이 '배달'이라는 데 대해서는 사회적으로 상당한 공감대가 형성되어 있다.

여기서 '한'은 태양이라는 의미의 옛말 'ᄒᆞᆫ'에서 나온 말로서, 아래아의 발음이 한, 환, 훈 등이고 밝다는 의미였으므로 발음에 따라 桓, 寒, 韓, 發 등으로 쓰기도 했으며, 의미를 따라 조선, 배달이라고 쓰기도 한 것으로 모두 밝음을 추구한다는 의미의 '한'과 연결되므로 스스로 부른 민족의 이름을 'ᄒᆞᆫ'이라고 하는 데는 무리가 없다.

▍주변에서 부르는 Korea·東夷

한편, 외국 사람들은 우리를 조선족·고려인·Korean·Coree·동이(東夷) 등으로 부른다. 우리가 스스로 부르는 이름을 듣고 자기들 문자로 표현했거나 멸시나 부러움을 담은 의도적인 이름일 수도 있을 것이다. 조선과 관련된 것은 앞에 논했으므로 'Korean'과 '동이(東夷)'에 대해서만 간단히 살펴본다.

서구의 많은 나라 사람들이 우리나라를 Korea(영국 등 영어권), Corea (에스파니어 어권), Coree(불어권)라고 부르고 있으며, 동남아지역에서는 'Core(꼬레)'라고도 부르고 있다. 러시아에서 연해주 지역과 중앙아시아 지역으로 옮겨갔던 우리 동포들을 '고려인'이라고 부르는 것도 이와 같은 근거일 것이다.

고대 중국인들은 우리를 동이(東夷)라고 불렀는데, 자신들이 세계의 중심이라는 중화사상에서 나온 화이관(華夷觀)에 따라 '동쪽에 사는 야만인-오랑캐' 내지 '동방에 거주하는 비화하계(非華夏系) 사람'을 가리키는 의미로 사용했던 말이다.98) 그러나 한때 우리나라에서도 많은 사람들이 '동이'를 우리 민족이라고 생각했고, 지금도 우리 민족

---

97) 『신콘사이스 국어사전』, 동아출판사, 1978.
98) 奇修延, 「後漢書 東夷列傳 硏究」, 단국대학교 박사학위 논문, 2002, 11쪽 ; 권승안, 「동이와 우리민족의 고대사」, 『단군학연구』 14호, 단군학회, 2006, 127쪽 참조.

의 이름으로 생각하기도 하며,99) 2008년까지의 국사교과서 고조선 세력범위에 게재될 정도로 우리에게 낯익은 이름이지만, 정확한 이해나 개념이 제대로 정립되어 있지 않는 용어이다. 최근에 '동이'는 어느 특정 종족의 명칭이 아니라 여러 종족을 통칭하는 일반명사라는 주장이 상당한 공감을 얻고 있다.

그러나 명확한 것은 Korea나 동이는 우리가 스스로 부른 이름이 아닌데 우리 스스로 주변의 호칭을 따라 우리나라 영문 이름을 'Republic Of Korea'라고 한다든가 우리를 동이족이라고 하는 비주체적인 자세는 삼가야 한다. 특히 6.25 전쟁을 미국사람들이 부르는 Korean War를 번역하여 '한국전쟁'이라고 부를 정도로 우리나라 사람들의 주체성 인식은 심각한 수준이다. 이런 용어는 사용하지 않아야 한다.

6.3 한민족의 형성 시기

사람이 태어나면 출생신고를 할 때 가장 중요한 것 중의 하나가 태어난 일시로서 이름이 같은 사람을 구분하는 데도 생년월일이 적용된다. 이만큼 생일은 정체성을 나타내는 요소인 것이다. 민족의 경우도 마찬가지로 형성 시기는 민족정체성을 나타내는 중요한 요소라고 보아야 한다.

그런데 현 교과서에서는 우리 민족의 형성시기에 대해 구체적으로 적시하지 못하고 있는데 이는 교육부의 지침 때문이다. 2012년 사회과 교육과정 한국사와 교교 한국사 집필 기준에서 공통적으로 "선사 문화의 세계사적 흐름 속에서 우리 민족의 형성 과정을 파악한다"고 하여 선사시대와 민족형성을 연결시키고 있으며, 특히 집필기준에서는 "선사 시대에 민족 형성의 기반이 마련되었다는 점에 유의한다"고 언급하고

---

99) 안호상(『나라역사 육천년』, 흔 뿌리, 1987), 한국우리민족사연구회(『우리 고대사』, 2004), 최재인(『상고조선삼천년사』, 1998) 등 많은 재야학자들은 동이를 우리 민족으로 보고 있다.

있다. 그러면서 교육과정과 중·고 교과서 집필 기준에서 공통적으로 "신라의 삼국 통일로 우리 민족사의 기틀이 다져졌음을 이해한다"고 하여 아직도 민족은 형성되지 않은 상태로 표현하고 있다.

고교 한국사 집필기준에서는 고려 시대에 "이민족과의 대립 속에서 새로운 민족 정체성을 확립하게 되었음에 유의한다"고 하여 민족 형성의 기반 마련, 민족사의 기틀 다짐, 민족정체성 확립 등 시대별로 다르게 서술만 하고 있을 뿐 민족형성의 시기에 대한 구체적 지침을 내리지 않았다. 각급 국사교과서는 이런 지침에 따라 만들어졌으니 내용도 같을 수밖에 없다.

왜 아직도 미완의 민족인 것처럼 기술하여 우리 자신을 생일 없는 민족으로 만들어 놨을까? 그 이유는 '민족'이 국가처럼 법적·제도적 실체를 갖는 집단이 아니고 역사 속에서 자연스럽게 형성되는 역사적 인간 공동체이므로 그 형성 시기를 똑 떨어지게 말하기가 어렵다는 점도 있지만, 역사학자들 간에 민족의 개념조차 정립하지 못하고 있는 우리나라 국사학계의 실태와 무관하지 않을 것이다.

첫째, '민족'의 개념에 대해 우리 역사학자들 간에 우리 식 겨레붙이와 서양식 정치집단의 구성원으로 보는 시각이 공존하고 있기 때문이며, 둘째는 인류사회의 발전단계를 혈연을 중심으로 씨족-부족-종족(또는 부족연맹)-민족으로 보거나, 정치 집단 중심으로 무리(떠돌이) 사회-마을사회-고을사회(군장사회가 여기 해당할 수 있다)-국가 사회 식으로 보아야 일관성이 있는데 이 두 주장을 서로 섞어 서술함으로써 학생들로 하여금 이해를 어렵게 하고 있다. 셋째, '청동기 시대에 민족이나 국가가 형성된다'는 데 의견을 같이하면서도 우리 겨레의 청동기 시대에 대한 편년이 정립되어 있지 않은 것도 한 이유가 된다. 넷째, 서구 주류 학자들의 주장과 같이 국가가 생긴 후 정치적 필요에 의하여 민족이 만들어졌느냐(서구 근대론자), 오랜 역사를 함께 하면서 형성된 민족을 바탕으로 국가가 형성되었느냐 하는 데 대한 의견 일치가 되지 않고 있는 데도 한 이유가 있다고 볼 수 있다. 다섯째, 우리가 역사시대라고 말하는 국가사회나 민족이 형성되려면 그 형성계기가 있어야 하는데, 사서 등에서 구체적 사례를 찾지 못했기 때문일 수도 있다.

그러다보니 민족의 형성시기를 신시로 보는 김종서, 고조선 초기로 보는 윤내현, 신용하 등으로부터, 고조선 후기로 보는 이종욱, '삼국시대에 준비되고 통일신라에서 시험되다가 고려조에 들어와 성립되었다'는 최남선, 고려의 북방개척시기 이후로 보는 이기동, '씨족사회는 배태기, 예맥…고조선 등은 시초기, 6국-3국 통합 등 민족운동 추진기, 신라통일을 민족 결정기, 고려 때는 민족의식 왕성기, 세종대왕 때 우리 민족이 완성되었다'는 손진태 등 학자들의 의견이 다양하다. 아직 하나로 정립되지 않았으므로 어떤 한 사람의 주장을 대변할 수 없는 정부 입장이 교과서에서도 그대로 투영되어 여러 학자들의 주장을 섞어 나열함으로써 오히려 학생들을 혼란시키고 있는 것이다. 이것은 사실상 교과서가 아니라 어른들의 직무유기 현장이라고 할 수 있다.

따라서 먼저 민족의 개념과 인류사회 발전단계설, 그리고 그 과정에서 중요한 청동기 시대의 편년, 민족과 국가의 선후 관계에 대한 개념을 정립해놓고 거기에 따라 교과서에서 민족의 형성시기를 분명히 기술해야 한다.

6.4 한민족의 범위

우리가 출생신고를 할 때 이름, 생일과 함께 본관과 태어난 곳을 기록하듯이, 민족에 있어서도 이름 및 형성시기와 함께 태어난 곳이라고 볼 수 있는 형성될 당시의 지역적 범위와 구성 종족은 그 후 지금까지의 역사 전개와 관련되므로 민족 형성사에서 꼭 기술해야 할 중요한 내용이다.

우리 민족의 지역적 범위는 치우천왕 때 형성되었다면 치우천왕의 활동 지역이 민족의 범위가 될 것이고, 고조선 때 민족이 형성되었다면 고조선의 세력범위가 민족의 범위가 될 것이며, 고려 때 형성되었다고 본다면 그 당시의 세력범위가 우리 민족의 지역적 범위가 될 것이므로 민족의 형성시기와 밀접한 관계를 갖게 된다. 우리나라 역사 교과서 중에 민족의 범위를 표시한 것은 2008년 이전까지의 고조선 세력범위 지도 속의 '동이족의 분포지역'이라는 내용뿐이었다. 2009년부터는 이 내용이 사라졌지만, 여기서 동이족은 〈그림-28〉에서 보듯이 한반도와 만주, 산동반도 남쪽 회수 하류까지 분포된 것으로 표시되었는데, 이는 앞에서 본 치우천왕의 활동 지역과 거의 일치한다는 점에서 상당한 역사적 의미를 찾을 수 있다.

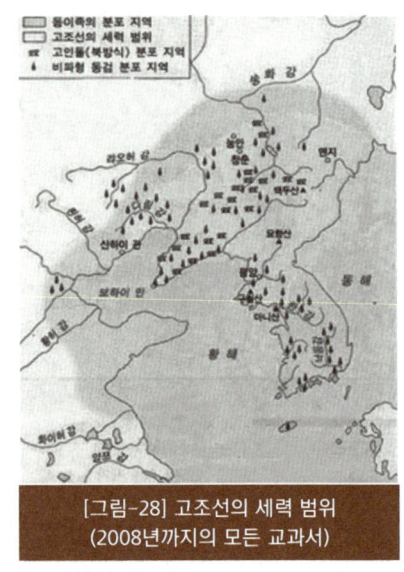

[그림-28] 고조선의 세력 범위
(2008년까지의 모든 교과서)

그런데 이 고조선의 세력범위에는 현재의 남한지역도 빠져 있고 만주 북부와 산동성 지역도 빠져 있는 것이 문제다. 단군 때 민족이 형성되었다면, 남한에 사는 우리는 한민족이 아니라는 의미가 되기 때문이다. 그리고 통일신라나 고려 때 한민족이 형성되었다면 그 범위는 한반도 안으로 제한되고, 만주의 홍산문화 지역, 흑룡강 지역의 문화는 우리 민족의 문화가 아니게 된다. 이는 식민사학과 동북공정사학을 적극적으로 도와주는 모습이 될 수 있다.

다음, 구성 종족의 범위에 대해서는 다수 학자들이 단군사화의 환웅족, 범족, 곰족을 예로 들고 있으나, 윤내현은 濊·貊·韓族으로 제한하는 데 반대하면서 '그들도 한민족을 구성하는 다수 종족의 일부에 지나지 않는다. 夫餘·孤竹·高句麗·追·眞番·樂浪·臨屯·玄菟·肅愼·靑丘·良夷·楊州·發·兪·沃沮·箕子朝鮮·沸流·荇人·海頭·蓋馬·句茶·藻那·朱那·辰·韓 등을 모두 포함해야 한다'고 주장했다.100) 국사편찬위원회에서 발행한 『한국사』 1(총설)에서 이성규는 한민족 형성 집단으로서 단군조선·기자조선·韓·부여·고구려·백제·신라·발해·濊·貊(貉) 등을 포함시켰다.101) 그리고 김종서는 여기서 한 걸음 더 나아가 우리 민족의 이름을 '천손족(天孫族)'이라고 해야 한다면서, 그 속에 부여·고구려·예맥·옥저·동예·삼한과 숙신·읍루·말갈·여진·만주족은 물론, 東胡의 후예인 烏桓·鮮

---

100) 윤내현, 앞 글 「한민족의 형성과 출현」, 39-41쪽.
101) 이성규, 「문헌에 보이는 한민족문화의 원류」 『한국사』 1, 국사편찬위원회, 2002, 141쪽.

卑와 흉노·몽고·거란족을 포함하는 우랄알타이어계의 모든 종족·부족을 포함하여야 한다고 했으며,102) 최근 만주지역의 현장답사를 통해 새로운 문제를 제기하는 주채혁도 여진, 만주족을 우리 민족에 포함해야 한다고 주장한다.103)

그런데 교과서는 물론 대부분의 학자들까지 고조선부터 발해까지 3,300여년을 우리 민족으로 살아온 거란과 여진을 고려 이후 '북방민족', '이민족'이라고 기술하고 있다. 고조선 때부터 같은 민족이었다면 그 이후의 분파 관계를 분명히 기술해야 한다.

6.5 한민족 형성의 원동력

민족의 개념에 대한 서구 근대론자들의 주장처럼 민족이 국가가 형성된 후 정치적 필요에 의해 만들어진 가상적 공동체라고 하더라도, '나는 한민족이다'라고 하는 민족의식만 있어도 민족이라고 할 수 있다는 것이 윤내현, 신용하 등 많은 학자들의 일반적인 시각이다. 더구나 필자는 '민족이 긴 역사 속에서 자연스럽게 먼저 형성되고 그것을 바탕으로 국가가 형성되었다'고 보기 때문에 민족의식을 넘어선 '겨레 얼'이 있어야 하나의 공동체로 형성될 수 있으며, 이것이 다른 민족과 구별되는 민족의 정체성을 이해하는 데 매우 중요한 요소가 된다고 본다.

부족이 종족의 단계를 거쳐 민족으로 형성되는 데는 그들을 한 덩어리로 뭉치게 해주는 어떤 힘이 있어야 한다. 그것은 공통적인 문화를 형성하게 하고, 민족의 모든 기간, 분야에서 역사 전개에 작용되는 기본적인 원동력이다. 단군사화에서 환국의 제석이 환웅에게 주는 가르침인 '홍익인간'이 바로 우리 민족의 정신, 겨레 얼로서 한민족 형성의 원동력이자 민족정체성의 핵심이라고 볼 수 있다.

---

102) 文定昌도 韓은 물론이고, 예 · 맥 · 烏桓 · 선비 · 契丹 등과 흉노의 일부인 胡 · 東胡 · 山戎 · 穢貊朝鮮 등을 고조선족에 포함시키고 있다(『古朝鮮史研究』 (재판), 흔 뿌리, 1993, 99-109쪽).
103) 위 책, 372쪽.

그런데 문제는 대부분의 역사학에서는 이 문제를 취급하지 않으며, 교육부의 지침에서도 '민족의 정체성', '민족적 정체성', '민족 정체성', '민족의식' 등 다양한 용어를 사용하여 정체성이 우리 역사·문화의 특징과 깊은 관련이 있는 듯이 기술하고 있으면서도 그 구체적인 내용에 대해서는 한 마디의 지침도 없다. 제천행사와 화백제도, 화랑 등 우리의 정체성과 관련된 문화적 특징은 아무 것도 자세하게 가르치려 하지 않는다.

이런 국사교과서의 혼란은 정부와 제도권 학자들, 특히 일본, 중국, 서구학파를 이어받은 역사학계와 우리 고유의 철학은 없고 불교, 유교 등 외래의 사상만 나열하는 철학계의 우리 것에 대한 연구부족이 가장 큰 이유라고 볼 수 있다. 그런데도 정부는 그런 학자들과 교육부의 교과과정·편수지침·집필기준이라고 하는 지침을 만들고, 국정교과서를 편집하고, 검정교과서를 심사하는 모든 일을 하고 있으므로 많은 시행착오를 겪고도 전혀 진전이 되지 않고 있다.

우리 겨레는 창세신화와 단군사화, 천부경 등에 보이는 어울림 사상을 겨레의 얼로 하여 함께 뭉쳐 민족을 형성하게 되었고, 이런 이념을 바탕으로 고조선을 세울 수 있었으며, 지금까지 이어진 민족문화를 만든 중심 사상이라고 볼 수 있다. 이 겨레 얼이 우리 민족이 20세기에 35년간의 일제 식민 지배를 받고, 6.25 전쟁을 경험한 후 남북이 갈라져 무력 대립과 함께 이념투쟁을 하면서도 반세기만에 한강의 기적을 이루어 세계 10대 경제대국에 들어가는 민족저력의 뿌리로서 다른 어떤 민족에서도 찾기 어려운 한민족의 정체성으로서 현재 세계인을 열광시키는 한류의 뿌리이기도 하다. 국사교과서에서 그 내용과 함께 그것을 기반으로 한 전통문화와 정치제도, 민간 종교 등을 제대로 가르쳐야 역사교육의 목적을 올바르게 달성할 수가 있다.

제7장 문명의 교류와 우리 민족이 만든 홍산 문명

그 시기는 지역별로 약간의 차이가 있으나 고을나라 때부터 국가사회 시작 전후에, 주로 유목사회와 농경사회의 접점에서 인류의 문명이 발생하였다. 서기전 3200년 경 나일 강변의 이집트 문명, 서기전 4000년 경 티그리스·유프라테스 강 유역의 메소포타미아 문명, 서기전 3300년 경 인도의 인더스 강 유역의 인더스 문명, 서기전 4500년 경 중국 대륭하 유역의 홍산 문명 등이 세계 4대 문명으로 알려지고 있다. 이 지역은 모두 거대한 유라시아 대평원이라고 하는 유목인들의 이동로 주변이다. 과거에는 서기전 2000년경에 시작된 중국 황하 유역의 황하 문명을 4대문명으로 꼽았으나 근래에 더 오래된 홍산 문명이 발굴됨으로써 바뀌어졌다.

각 문명은 식량생산과 생존이 비교적 쉬운 강변에서 정착생활을 하던 사람들이 먼 지역을 다니며 새로운 문명을 알게 된 유목민들에게서 배워 실천하는 과정에서 발생하였다. 강의 홍수를 다스리는 방법을 비롯한 자연의 극복 요령을 찾아내고, 더 많은 식량을 생산하는 도구와 품종을 만들며, 식량 경쟁을 비롯한 여러 가지 생존경쟁에서 더 오래 살아남는 방법을 찾는 과정에서 지혜가 발전하고, 먼 지역을 오가던 유목민들로부터 다른 지역의 앞선 문화를 배울 수 있는 기회가 주어졌기 때문이다. 그리고 이런 문명은 주변 문명과의 교류과정에서의 자극을 통해 더욱 발전되었다.

[그림-29] 세계 5대 문명 발상지

7.1 문화와 문명의 교류

앞에서도 언급했듯이 세계 문명의 발생은 바로 교류에 의해서 생기게 된다. 생산품과 문화의 교류는 가축의 먹이인 풀과 이끼 등을 찾아 유라시아 대평원을 이동하는 유목민들이 중간의 정착민들과 접촉하면서 어떤 지역에서 많이 생산되는 것과 부족한 것을 알게 됨으로써 생산품의 교역이 이루어지고, 유목민들은 이를 통해 부를 축적하게 되며, 앞선 문화를 가진 고을로부터 청동 농기구나 무기 문화 등의 앞선 문명명을 배워 정착 마을이나 고을에 전파하는 역할을 하였다. 그들은 때로 생활환경이 좋은 마을에 정착하여 살면서 앞선 문화를 바탕으로 그 마을들을 장악하여 새로운 문명을 형성하기도 하였다.

특히 만주지역으로부터 몽골고원, 고비사막, 유럽에 이르는 유라시아 대평원은 나무가 거의 없는 초원으로서 유목민들이 이동하며 유목을 하는 통로였으므로 문명이 전파되는 길이자 주요 교역로가 되었다.

주채혁은 이를 순록의 먹이인 이끼를 찾아 이동한 길이라는 의미에서 '초원의 길' 또는 '이끼의 길'이라고 부른다. 일반적으로 동서교역로로 널리 알려져 있는 실크로드는 중국 사람들이 자기들을 중심에 놓기 위해 찾아지고 홍보된 면이 있다.

그러나 유목민들은 황소나 말을 이용해서 초원고속도로를 달려 먼 거리도 단기간에 갈 수 있었으므로 실크로드로 알려진 험한 산길을 통하는 것과는 비교가 되지 않는다. 따라서 이 이끼의 길과 그 주변의 길들, 그리고 초원 고속도로의 변두리 중간 중간의 사람들이 살 수 있는 지역에 형성된 마을들이 문명 교류의 핵심적인 역할을 했을 것이다.

이런 측면에서 근래 들어 활발해진 교류사 분야 연구자들이 그린 3대 주교역로와 남북으로 연결되는 5대 지선을 보면 이해가 될 것이다(〈그림-30〉). 이 길은 그간 알려진 실크로드와도 연결이 되는데, 사실상 교역 내용이 비단 중심이 아니었기에 '실크로드'란 이름은 적절하지 못하다고 생각된다. 이 그림에서도 중국을 출발점으로 하고 있으나 사실상 출발점은 유목과 관련이 많은 홍산문화 지역이 되어야 한다는 것이 주채혁 등 유목민들의 초원고속도로를 강조하는 사람들의 주장이다.

[그림-30] 동서 3대 교역로와 5대 남북 지선

특히 교류사와 그 통로를 더욱 명확하게 볼 수 있는 것이 아래의 '고대 교류의 증거성 벨트' 지도다(〈그림-31〉). 여기서 빗살무늬토기 문화의 띠는 초원의 길과 유사하고, 세석기 문화와 거석문화는 사막의 길을 통해 많이 교류되었으며, 채도문화와 거석문화는 남북으로도 교류된 흔적이 보인다. 이런 교류사를 밝히면 지역 간의 공통된 문화와 사고체계를 확인할 수 있으며 세계화 시대에 문화유사성으로 뭉쳐 하나 되는 데 큰 도움이 될 것이다.

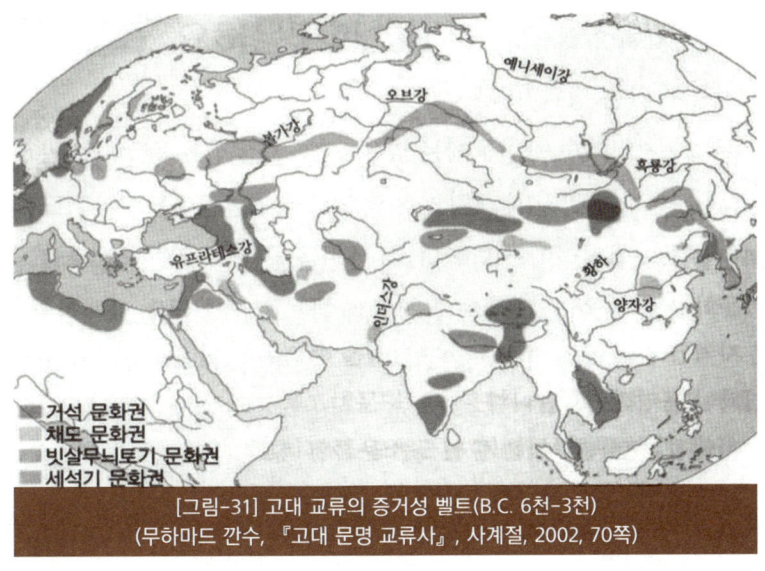

[그림-31] 고대 교류의 증거성 벨트(B.C. 6천-3천)
(무하마드 깐수, 『고대 문명 교류사』, 사계절, 2002, 70쪽)

7.2 홍산 문명(=환단 문명)

세계에서 가장 앞선 문명으로 평가받고 있는 홍산(紅山) 문명은 분명히 우리 조상들의 문명인데 현재 중국에 있어 처리의 주도권을 중국이 쥐고 중화민족의 문명으로 만들고 있다. 그런데도 우리 정부와 학자들은 적극적인 대응을 하지 못하고 있다. 최소한 우리 국사교과서에는 이 문화가 우리 조상들의 문화임을 분명히 하여야 한다.

홍산(紅山)은 내몽골자치구 적봉시의 동북방에 있는 산의 이름이다. 산에 철 성분이 많아 나무가 자라지 않고 언제나 붉은 색을 띠고 있는데, 현재 중국영토인 요하와 대릉하, 난하 등 많은 강들이 있는 평원지역으

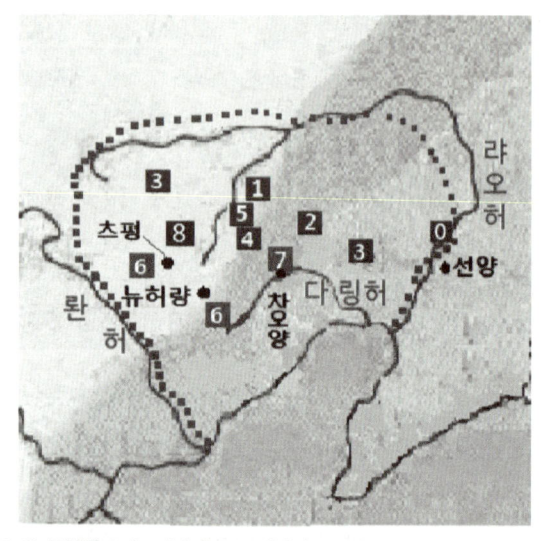

0. 신락(新樂) 유적 : 서기전 8000~서기전 7000년
1. 소하서(小河西) 문화 : 서기전 7000~서기전 6500년, 신석기
2. 흥륭와(興隆洼) 문화 : 서기전 6200~서기전 5200년, 신석기
3. 사해문화(査海) 문화 : 서기전 5600~   , 신석기
4. 부하(富河) 문화 : 서기전 5200~서기전 5000년, 신석기
5. 조보구 문화(趙寶溝) 문화 : 서기전 5000~서기전 4400년, 신석기
6. 홍산(紅山) 문화 : 서기전 4500년~3000년, 동석병용기
7. 소하연(小河沿) 문화 : 서기전 3000~서기전 2000년, 동석병용기
8. 하가점하층문화(夏家店下層文化) : 서기전 2000~서기전 1500년 초기 청동기

[그림-32] 환단문명(홍산문명) 지역

로 농경에 유리한 지역이면서 인근에는 낮은 산들이 있어 유목도 가능했기 때문에 유목민과 농경민이 만나는 가장 대표적인 지역으로서 초원고속도로라고도 불리는 유라시아 대평원의 동쪽 언저리에 해당한다. 유목민들에 의해 유럽지역과의 교류에 유리한 조건을 가지고 있고, 이들을 통해 자신들과 다른 문명을 접할 수 있는 기회가 많았으므로 문명의 교류를 통한 열린 생각과 새로운 문명의 형성에 유리한 지역이다.

중국에서는 1979년 요령성 조양시 객좌현 동산취촌에서 홍산문화 만기(서기전 3500~서기전 3000년)의 우하량 유적에 속하는 대형 제단유적인 동산취 유적이 발견된 후 1980년대부터 이 지역을 세계에서 가장 오래된 '요하문명'으로 새롭게 부각시키

면서, 자기들 문화와는 전혀 다른 이 지역 문화를 중화문명의 기원으로 만들어놓고 이를 적극적으로 홍보하고 있다.

그런데 이에 대해 우리나라 정부나 학자들의 대응은 철저하지 못하다. 이 지역은 분명히 교과서에도 고조선의 세력범위로 표시된 지역이며, 이 지역에서 나온 유물들은 한족의 문화와는 다른 우리 민족의 문화 유적과 바로 연결되는 우리 선조들의 유적인데도 보다 적극적으로 연구하거나 우리 것이라고 주장하지 않고 있는 것이다. 이것이 우리의 유적이라는 것을 가장 먼저, 자세하게 논리적으로 밝힌 학자는 김종서로, 그는 이 지역이 단군사화에 나오는 신시의 수도지역이었으며, 발굴된 유적과 유물들이 모두 우리 문화라는 것을 아래와 같이 밝혀놓았다.

> 단군사화의 '下視 三危太伯 可以弘益人間'에서 '삼위태백'을 중국 서쪽의 삼위산과 태백산으로 보기가 어렵다. 대신 三危는 '삼면이 험한 산으로 둘러싸인'의 의미가 되고, 伯자를 '드러난'의 의미로 보면 太伯은 '크게 드러난 넓은 평원'으로 볼 수 있으므로 '내려다보니 삼면이 험한 산으로 둘러싸인 넓은 평원이 홍익인간 할 만한지라'라고 해석된다.
> ('雄率徒三千降於太伯山頂神壇樹下'에 대해서는 앞에서 설명했으므로 생략)
> 마침 흥륭와 문화와 홍산문화의 중심지인 적봉시 우하량 지역이 이런 지형조건과도 맞고, 제단 유적과 단군사화에 나오는 곰 유물, 수련하는 여인상 등이 발굴되었으므로 홍산문화 유적을 환웅천왕의 신시 문화유적으로 볼 수 있다.[104]

이 해석은 전혀 새로우면서도 매우 일리가 있는 관점이다. 그리고 김종서의 연구에 따르면 〈그림-34〉와 같이 빗살무늬토기, 옥 장식품, 제천단, 상투머리 기도 모습, 곰 부족명, 용의 위상, 석성, 비파형 동검, 명도전, 명상, 가면과 탈 등 12가지 유적·유물이 한족문화와는 다르고 우리 문화와 연결이 되므로 홍산 문명은 물론 그 이전의 흥륭와문

---

[104] 김종서, 『신시·단군조선사 연구』 (수정증보판), 한국학연구원, 2004, 226~237쪽.

화(서기전 6200~서기전 5400년)까지도 모두 우리 선조들의 유적임을 매우 자세하게 밝힌 바 있다.[105]

[그림-33] 김종서의 신시문화권 지도

그렇다면 홍산 문명이 동아시아 최초의 문명이자 세계 최고(最古) 문명이면서 신시 이전부터 단군에 이르는 기간의 우리 조상들의 문명이므로 우리 입장에서는 "환단문명'이라고 불러야 하지 않을까?"하는 생각이 든다.

한편, 중국에서는 최근 이 지역 문명을 '요하문명'이라 이름붙이고 중화문명의 출발점으로 크게 홍보를 함으로써 한·중 양국 학자들의 관심이 모아지고 있는데, 최근 홍산문명 지역에서 이뤄지고 있는 각종 고고학적 발굴 성과와 연구는 우리 민족의 형성 시기와 관련해서도 매우 의미 있는 메시지를 전하고 있다. 특히 오한기서태(敖漢旗西

---

105) 위 책, 275~293쪽.

台) 유적에서는 청동기를 만드는 거푸집인 두 개의 도자기 거푸집(陶製鎔范)이 발굴되어 서기전 4000여년 전후에 이미 청동기가 만들어져서 사용되고 있었음이 밝혀졌는데, 이는 우리나라 청동기 시대 편년에도 바로 활용되어야 할 자료다.

우실하의 『동북공정 너머 요하문명론』 내용 중 한민족의 형성과 관련하여 우리 역사학계가 관심을 가져야 할 내용을 요약하여 소개한다.[106]

> 홍산문화 만기의 유적인 우하량(牛河梁) 유적지에서는 서기전 3500년까지 올라가는 대형 제단·여신묘와 적석총군(積石塚群)이 발굴되어 이 때 이미 초기국가단계 혹은 초기 문명단계에 진입한 것을 보여주고 있다. 중국에서는 우하량 제2지점의 삼원구조(三圓構造)로 된 거대한 원형과 사각형(方形) 제단의 설명문에 「약 5500년 전에 국가가 되기 위한 모든 조건들(all conditions to be state, 國家雛形)을 갖추고 있는 우하량 홍산문화 유적지」 라고 적어 놓고 있다(앞 <그림-22> [107]).
>
> 뿐만 아니라, 요서지역에서 발견된 서기전 7,000년의 소하서문화(小河西文化)와 6,500년의 흥륭와문화(興隆洼文化)를 묶어 홍산문화지역으로 이름 붙이고, 중화문명의 시발점을 이전의 앙소(仰韶文化) 문화와 하모도(河姆渡) 문화 지역에서 이 요하유역의 홍산(紅山)문화 지역으로 옮겨 '세계에서 가장 오래된 요하문명'으로 부각시키고 있다.
>
> 특히 '청동기 시대로 진입하는 하가점(夏家店)하층문화(서기전 2500~1500년)는[108] 홍산문화를 계승한 후속 문화로 이 지역에서 발원한 단군조선과 밀접하게 연결되어 있다. 홍산문화에서 발굴된 옥저룡(玉猪龍)을 비롯한 많은 증거로 보아 요하문명의 주맥이 한반도로 이어지고 있으므로, 홍산문화는 한국문화의 원류이고, 그 주인공은 우리 민족의 선조들이다.

---

106) 우실하, 앞 책 『동북공정 너머 요하문명론』, 170-194 · 200-205 · 302쪽 내용을 요약하였다.
107) 우실하, 위 책, 174쪽. 그림 하단의 글씨는 희미하여 보이도록 보완하여 삽입하였다.
108) 하가점하층문화 시기에 대한 의견은 학자마다 약간씩 다르다. 윤내현, 복기대, 북한의 김영근 등은 서기전 24 · 25세기~서기전 14 · 15세기로 보고 있다.

제8장 한류의 뿌리인 제천(祭天) 문화

제천행사는 환국 때부터라고 알려져 있지만, 늦게 잡아도 단군왕검 때 강화도 마니산에 참성단을 쌓고 몸소 천제를 지냈으며, 그 후 조선왕조 말까지도 임금이 직접, 또는 지방 수령을 시켜서라도 지내는 것으로 이어져왔다. 이처럼 하늘에 제사지내는 것은 우리 겨레 문화의 중요한 특징으로서, 겨레의 공통된 생각의 틀인 '홍익인간'이나 천부경과 민족 창세신화에서의 천지인(天地人) 합일사상과 연결되고, 세계인이 열광하는 한류의 뿌리로서, 무한 경쟁 논리로 극단적인 양극화 현상이 확산되고 있는 인류사회 당면과제의 유일한 해법이 될 수도 있으므로 매우 중요한 우리 겨레의 문화다.

그러나 국정교과서인 『초등학교 사회 5-1』에는 제천행사에 대한 설명이 없고, 비상교육 판 중·고 교과서에는 제천행사에 대해 '추수감사제 같은 종교적 제의'라고만 설명할 뿐, 가장 중요한 목적인 '하나로 어우러짐'을 추구하는 우리 겨레의 공통된 생각의 틀과 연결시키지 않고 있다.

천제는 마을의 대동제나 문중의 제사의 원형으로서 귀신에 대한 우상숭배가 아니라 신이나 조상을 이용하여 공동체 구성원의 마음을 하나로 뭉치게 만드는 단합대회로서 너와 나를 '우리'로 만드는 가장 대표적인 실천 문화이므로 국사교과서에서 상세하게 소개하여야 한다.

8.1 현 교과서의 제천행사 설명

현재의 국정교과서인 『초등학교 사회 5-1』에서는 "고조선을 세운 단군왕검은 하늘에 제사를 지내는 제사장을 뜻하는 '단군'과 정치 지배자를 뜻하는 '왕검'이 합쳐진 말이다"라고 설명한 것 외에 제천행사에 대한 설명이 없고, '고려의 팔관회는 다양한 종교와 사상이 한데 어우러진 성대한 축제로서 온 세상이 태평하기를 바라는 마음으로 하나가 되어 춤, 노래, 놀이를 즐겼다(77쪽)', '마을제사는 마을 사람들의 마음을 하나로 묶는 축제의 자리였으며, 줄다리기, 연날리기 등의 민속놀이도 하고, 함께 마을의 일을 의논했다(122쪽)'고 서술하고 있다.

비상교육 편 『중학교 역사 1』에서는 "떼 지어 모여서 노래와 춤을 즐기며 술 마시고 놓는 데 밤낮을 가리지 않는다"는 모습과 함께, 풍년을 기원하고 한해 농사에 감사하는 고마움을 표시하는 행사였음을 설명하고, 부여의 영고, 동예의 무천의 의미와 함께 삼한에서 제사지내는 신성한 장소를 소도라고 했다고 설명하고 있다. 『고교 한국사』에서도 '고대 사람들은 자연의 질서에 순응함으로써 생활을 더욱 안정시키기 위해 공동체적인 질서로서 행해진 종교적 제의였는데, 가장 큰 것이 추수감사제였다'고 설명하고, 노래와 춤이 행해졌다는 등 중학교 교과서의 유사하게 설명하고 있다.

이처럼 매우 중요한 우리 겨레 문화조차 우리 겨레 역사·문화의 원동력인 겨레 얼인 '홍익인간' 이념이나 '어울림' 원리와 연결시키는 설명을 하지 못하고 서구식 추수감사제 또는 단순한 종교행사로만 이해하도록 서술하고 있다. 신에게 드리는 감사와 노래와 춤, 마을회의와 민속놀이 사이의 밀접한 관계를 애해 시키지 못하므로 결국 우리 역사와 문화의 뿌리가 무엇인지를 모르고 그냥 하나의 외형적 요소만 가르치는 얼빠진 역사가 되고 있는 것이다.

8.2 제사의 의의

제사란 원래 순 우리말 '차례'에서 나온 말이다. '차'는 짐을 채웠다, 물이 찼다 등과 같이 '채우다'의 뜻이고, '레'는 쓰레기, 수레 등에서와 같이 '비우다'의 뜻으로서 차례란 채움과 비움, 즉 반성을 통한 결산(정산)과 새로운 계획을 의미하는 말로서, 단순히 조상을 기리고 공경하는 의식만이 아니라 집안과 자기 자신의 과거에 대한 정산과 참회, 반성을 통해 '과거를 현재와 잇고', 회의로 결정된 새로운 계획을 통해 '미래로 연결시키는 구체적인 행위'로서의 의미가 있다.[109]

---

109) 박현, '겨레 문화의 뿌리는 차례' 『월간 한배달』 2호, 2000, 36~41쪽.

제사가 시작된 것은 먼 옛날로 거슬러 올라간다. 마을사회 단계 때부터 있었겠지만, 기록상으로 고을나라(부족·부락연맹사회) 때 본격화된 것으로 볼 수 있다. 제사의 뿌리는 나라 차원에서 하늘에 제사를 올리는 '마차레', 즉 천제(天祭)였는데, 이는 주로 설에 지냈고, 정월 초여드렛날쯤에는 고을나라 제후국, 보름에는 마을 단위로 제사를 지냈으며, 그 후 집안별로 조상에 대한 차례를 지냈다고 한다.110) 이런 점에서 천제는 국가차원, 동제는 마을단위, 조상제사는 문중차원의 단합대회였다고 할 수 있다. 이렇게 하늘을 중심으로 하나됨을 추구했으므로 하느님의 자손이라는 '천손(天孫)' 사상이 나오고, 임금을 천제라고 하여 광개토호태왕비문에 '천제지자(天帝之子)'라는 말도 나오게 되는 것이다.

상고시대 월력으로는 설(정월)이 상달(현재의 음력 10월)에 있었으므로 음력10월 3일에 개천을 했고, 그날 천제(=마차레)를 올렸으며, 봄에 지냈던 경우도 있다. 부여의 영고(迎鼓), 고구려의 동맹, 예의 무천, 고려 팔관회 등의 행사는 국가가 주관하여 지낸 이러한 설날 차례(=마차레, 천제)였으며, 분국 또는 연맹국들이 참가하여 국가적 단합을 위한 행사였으므로 바로 지금의 올림픽이나 전국체전 같은 행사였다고 할 수 있다.

이런 의의가 있었기에 그 행사의 내용이 다양했다. 천제를 예로 들어보면 모든 분국의 왕(제후)들이 1년에 한 번씩 중앙에 모여, 가장 먼저 하늘에 제사를 지내고, 천부경을 강했다고 하는데 이는 임금의 주요 정책지침이나 농경사회에서 한 해 동안의 농사와 관련된 천문 관측 결과를 전파한 것으로 이해할 수 있다.

그래서 우리나라는 고대로부터 천문관측이 매우 발달되어 고구려 때의 천상분야열차지도는 세계 최초의 천문도로 알려져 있으며, 농업혁명의 중요한 계기가 되었을 것이다. 그리고 요즘의 올림픽이나 전국체육대회, 국전 등과 같은 의미의 '국중대회'를 열어 그간 자신들이 닦은 실력을 겨루기도 하였으며, 지도자들이 화백회의를 하여 나라 전체가 잘 되어 함께 번영하는 데 기여할 수 있도록 각자의 잘 잘못을 뒤돌아보

---

110) 박정학, 『너와 내가 어우러져 우리가 되는 세상』, 백암, 2012, 103~115쪽 참조.

고 앞으로의 발전 계획을 세웠다. 죄수를 석방하고 음주가무와 각종 유희를 통해 즐기는 시간을 가짐으로써 온 백성이 한마음이 되도록 하는 화합잔치인 '대동제(大同祭)'를 열었다.

　이때의 춤과 노래는 사람들을 기쁘고 신바람 나게 하여 마음을 움직이게 하는 매우 중요한 수단이었는데, 이런 수천 년의 전통이 우리 겨레의 DNA속에 전해져 왔으므로 오늘날 K-pop을 비롯한 한류 속에서는 '서구식 경쟁이 아니라 하나로 어우러지게 만드는' 파동 에너지가 뿜어져 나와 경쟁논리에 지친 세계인의 가슴을 움직이는 것이다. 그런 천제를 지내는 위치는 너무 높아도 안 되고, 지방에서 오기에 편리한 국토의 중앙이었을 것이므로 한반도와 산동반도를 포함한 중원지역 동해안까지 세력범위를 가졌던 신시와 고조선의 말발굽 형 영토111)의 중앙으로서 해양문화와 농경문화를 아우를 수 있는 강화도가 선택되었다고 볼 수도 있을 것이다.

[그림-34] 단군이 제천행사한 강화도 참성단

[그림-35] 마을제사와 민속놀이 (초 사회 5-1, 124쪽)

---

111) 이병도, 『한국고대사연구』, 박영사, 1992 중판, 25쪽. "우리 동이맥족의 가장 두드러진 활동무대를 든다면, 아무래도 발해연안지대와 반도의 서북해안지대를 위요한 마제형의 지역이라 할 수 있다. 이는 문헌상으로 보나, 고고학적 면에서 보더라도 수긍할 수 있는 사실이다."

제8장 한류의 뿌리인 제천(祭天) 문화 | 199

8.3 넓은 영토를 다스리는 수단으로서의 천제

이암 선생이 『태백진훈』에서 '제사는 하나되게 하는 것(祭祀爲一也)'이라고 했듯이 천제는 사람들에게 '감동', '즐거움', '신바람'을 일으켜 서로 하나로 어우러지게 하는 에너지를 이끌어내는 행사였기에, 우리 고대국가들은 서구식 국가개념으로서는 생각할 수 없는 넓은 지역을 다스릴 수 있었던 것이다.

이러한 원리와 실천 경험을 이 시대에 맞게 현대화하여 현재의 서구식 경쟁이라는 고정관념에서 벗어나 마음을 열고 새로운 '에너지론적, 유기체론적, 전체론적인 Holistic 철학'을 받아들일 때 '밟고서기'는 '함께서기'의 논리로, '갈라짐'은 '하나됨'의 원리로 전환되고, 병들었던 지구는 사람과 자연의 공동 생명체로 거듭날 것이다. 이는 성인들이 강조한 사랑, 자비, 인(仁)이라는 추상적인 덕성 이론이 아니라 즐겁고 신바람나게 실천할 수 있는 현실적인 논리이므로 다음 차례의 한류로서 크게 각광을 받아, 극단적 양극화로 몸살을 앓고 있는 인류사회의 등불이 될 수도 있을 것이다.

이처럼 참다운 미래 역사를 창조할 원동력은 우리가 가진 우리 고유의 겨레 얼로 되돌아가 본래의 인간성을 회복하는 데 있다. 경쟁 문화의 해독으로 상실된 인간성을 회복하여 인류사회를 구하는 길은 이러한 어울림 논리와 기법을 제대로 알고 살리는 길 뿐이다. 우리 DNA 속에는 미래를 약속하는 이런 에너지가 무의식적 원형으로서 존재한다.

따라서 나라에서도 양력 10월 3일이 아니라 진짜 개천절인 음역 10월 3일에 대통령이 참석하는 화합잔치다운 기념행사를 하고, 가정에서도 제사의 의의를 바로 알고 실천할 수 있도록 하면서, 통일조국과 21세기 세계의 지도자가 되어야 할 젊은 학생들이 배울 국사 교과서에는 제천행사와 화백제도의 의의와 실천내용이 꼭 포함되기를 바란다.

제9장 영원히 잃어버린 발해의 백성을 찾아서

고조선이 '우리 민족 최초의 국가'이고, 그 세력범위가 몽골 지역 일부와 만주, 연해주까지라는 것은 모든 교과서 지도에서 볼 수 있다. 그 후 고구려와 발해의 영토도 그렇게 표시되어 있다. 그런데 교과서에서는 후삼국 시대, 후삼국 통일이라고 하여 발해를 제외시키고 있으며, 고려 이후의 지도에는 발해의 영토였던 자리를 여진, 거란으로 표시하고 이민족으로 기술하고 있다.

고조선이 건국된 서기전 2333년부터 고구려를 거쳐 발해가 멸망한 926년까지 3,259년 간 우리 민족 국가(=우리나라)의 백성이었던 이 지역 거주자들을 버리고 있는 것이다.

중국에서는 이를 놓치지 않고 고려 이후 우리가 버린 이 땅에 세워진 요·금·원·청을 자신들의 역사에 포함시켜놓고 그 선대 역사로서 발해-고구려-고조선-치우까지를 자기들의 지방정권이었다고 주장하는 동북공정을 추진하였다. 뿐만 아니라 우리 민족을 한반도 안으로 줄이고자 노력했던 조선총독부의 반도사관도 인정하는 역할도 하고 있다.

정부와 주류사학계에서 발해를 명확하게 우리 민족의 국가로 인정한다면 이 부분들을 서둘러 바로잡아야 한다.

9.1 가야 뺀 '삼국시대', 발해 뺀 '후삼국시대'는 잘못된 표현

현 교과서에 적용된 모든 교육부의 지침에서 공통적으로 '삼국과 가야'라는 표기를 하면서도 이 시대를 '삼국시대'라 부르고, 신라가 '삼국 통일'했다고 한다. 가야가 있다가 없다가 하는 묘한 기술을 하고 있는 것이다.

또한 '고구려 유민의 부흥운동 결과가 발해 건국(698)'이라 하고, '통일 신라와 발해'라 하여 발해를 우리 민족국가로 인정하여 통일신라와 함께 그 내용을 기술하고 있으며, 중학교 역사 교과서 집필 기준에서는 "통일 신라와 발해가 병존한 시기를 남북국 시대로 명명하는 학계에 큰 흐름에 유의하라. 남북국 시대론의 의미와 함께 한계까지 파악할 수 있도록 서술한다"고 하여 남북국 시대론도 거론하고 있으나, 견훤의 후백제(900), 궁예의 후고구려(901)와 신라만을 뜻하는 '후삼국 시대', 고려(918년 건국)에 의한 '후삼국 통일(936)'이라고 표현함으로써 발해(926년 멸망)를 우리 민족에서 제외하는 듯한 모순된 기술도 하고 있다.

정부의 지침이 이러하니 이를 바탕으로 만들어진 각급 교과서에서 공통적으로 '통일 신라와 발해의 발전'이라는 제목으로 '신라보다 훨씬 넓은 땅을 가진 발해'의 지도를 게재하면서도, "신라와 후고구려(고려), 후백제가 서로 다투던 시대를 후삼국 시대라 한다(초, 65쪽)"는 등 '후삼국 시대'라는 시대 이름을 쓰고 있다. 비상교육 편 『중학교 역사 1』에서는 "남북국의 성립과 발전(90쪽)", "발해가 건국하여 남북국을 이루다(97쪽)", "남북국의 대외 교류(101쪽)"라고 서술하여, 민족 전체로서는 남국 신라, 북국 발해인 남북국 체제로 기술하면서도 시대 이름은 '남북국 시대'가 아니고 남국에서만 해당되는 '후삼국 시대'라고 기술하고 있다. 발해가 포함되지 않은 시대 명칭을 쓰고 있는 것이다.

가야가 포함된 사국시대 또는 초기에 여러 나라들이 있었으므로 열국시대라고 표현할 수도 있을 것이며, 통일신라와 발해 시기는 당연히 남북국 시대라는 표현을 써야 한다.

9.2 발해의 주민들은 '이민족'이 아니다

발해와 관련하여 교육부에서는 한국사 집필기준에서 "발해가 고구려의 역사와 문화를 계승한 사실과…발해 멸망 이후 유민의 동향에 대해서도 서술한다. …발해의 주민 구성이 지배층은 고구려 유민, 피지배층은 말갈이라는 이분법적인 서술을 지양하고 고구려 유민과 말갈의 융합에 의해 이루어졌다는 점을 이해할 수 있도록 유의한다(4쪽)"고 상당히 논리적으로 들리는 지침을 내리고 있으나, 고구려인이었던 말갈을 고구려 유민과 분리시키는 우를 범하고 있다.

이에 따라 교과서에서도 "고구려가 멸망한 이후 고구려의 옛 땅에는 발해가 세워졌다(초, 40쪽)", "발해는 고구려 유민을 중심으로 건국되었다(중, 97쪽)"면서도, "대조영이 고구려인과 말갈인을 이끌고 발해를 건국하였다(고, 38쪽)"고 하여 말갈인은 고구려인이나 고구려 유민이 아니었던 것처럼 기술하고 있다.

또한 '고려의 후삼국 통일' 항에서는 "고려는 후백제와 신라 세력뿐 아니라 발해인까지 받아들이며 실질적인 민족통일을 이루었다(초, 64쪽)", "거란에 의해 멸망한 발해의 유민들을 포용하여 민족의 재통일을 이룩하였다(고, 48쪽)"고 기술하여 발해인을 후삼국에는 포함되지 않는 우리 민족으로 표기하고, 발해의 주민을 고구려인과 말갈인, 그리고 거란으로 분리하고, 그 중에서 일부 유민만 고려에 받아들여졌다고 기술하고 있다.

실제로 고려보다 엄청 큰 영토의 발해 유민을 얼마나 받아들였는지 불투명하지만, 고조선-고구려-발해까지 3,259년 간 우리 민족국가의 백성이었던 대부분의 말갈, 거란인들을 아무 설명도 없이 이민족인 것처럼 표현하고, 후삼국 시대의 영토 지도에서 발해를 제외시키고 있다.(〈그림-36〉)

[그림-36] 고조선-발해까지 우리 영토였던 만주지역을 뺀 교과서 후삼국 지도

그리고 "발해 멸망 이후 만주를 포함한 한반도 북쪽 지역의 땅은 다른 나라의 영토가 되었다. 이로 인해 우리 민족은 만주 지역에 대한 영향력을 잃게 되었다(초, 46쪽)"고 기술한 후 만주·몽골 지역에서는 거란-몽골족이 요·원을 말갈(여진)족이 금·청을 건국하여 고려, 조선과 대립한 것으로 역사를 기술함으로써 발해의 후손들은 영원히 우리 민족의 역사에서 잃어버린 사람들이 되었다.

뿐만 아니라, '거란이 고려의 북쪽 땅이 원래 자기들의 땅이었다는 이유로 수차례 침범해왔으나 서희는 그 땅이 원래 고구려의 땅이었는데 고려는 고구려를 이은 나라이니 도리어 땅을 내어 놓아라는 담판을 통해 물리쳤다', '여진족은 만주지역에서 일어난 민족' 등의 기술 외에 고려와 관련되는 집단에 대해 '송, 거란, 여진' 또는 '요, 몽골-원, 여진-금-청' 등의 나라이름과 민족이름을 혼용함으로써 학생들로 하여금 발해의 후손이 여진, 거란 등 발해 안에 있던 종족의 이름으로 부를 것인지, 요금원청이라는 나라 이름으로 부를 것인지 혼란스럽게 만들어 자신들의 얼버무림을 묻으려 하고 있는 것이다. 어찌 보면 지금 우리가 서희의 담판할 때의 역사의식보다 못한 역사를 가르치고 있는 셈이다. 스스로 깊이 반성해야 한다.

9.3 만주지역 문화 동질성 찾아 민족사에 포함시켜야

역사라는 것은 시작이 있고 전개되는 앞과 뒤가 있다. 우리 민족도 마찬가지다. 가족이 분가를 하듯이 민족도 나눠질 수 있다. 이런 과정을 기술해줘야 앞뒤가 연결되는. 말 그대로의 역사가 된다. 3,259년 동안 한 덩어리로 살았던 발해의 주민이었던 말갈, 거란을 발해인과 분리하여 이민족으로 만들려면 언제, 무슨 이유로 그렇게 되었다는 설명이 있어야 한다.

중국은 20세기에 들어와서 많은 내부 논란을 거친 후에 오랫동안 오랑캐라고 하여 멸시했던 거란과 말갈인들이 세운 요·금·원·청을 자신들의 역사에 편입시켰다. 만약 그 과정에서 우리가 그 나라들을 우리 민족의 역사에 포함시키고 있었다면 그렇게 하기가 쉽지 않았을지도 모른다. 그러나 우리가 이미 이민족이라고 버려놓은 상태였으니 자기들 내부 의견만 조정하면 되었을 것이다.

그래놓고 나서 이제는 그 요·금·원·청의 선조인 발해-고구려-고조선도 자신들의 역사에 포함시키는 동북공정을 추진하고 있다. 아니 이미 마쳤다. 그리고 우리 정부는 교과서를 통해 그것을 도와주고 있었다.

우리는 지금이라도 발해의 후손을 찾아서 역사 속에 기술하여야 한다. 가야가 우리 민족국가인 것이 확실하다면 삼국시대가 아니라 '사국시대'라고 고쳐야 하고, 발해를 분명한 우리 민족 국가로 인정한다면 '후삼국 시대', '후삼국 통일'이 아니라 '남북국 시대', '남북국 통일'이라 해야 한다. 그리고 교과서에서처럼 고조선으로부터 고구려, 발해까지의 우리 민족이 만주지역을 지배하고 있었다는 것을 인정한다면 그 후손들의 역사에 대해서도 어떻게든 언급되어야 하는 것이다.

오랜 기간이 흘렀으므로 문화의 이질성 문제가 대두될지 모르지만, 한 나라, 한 민족 안에서도 사투리가 있고 생활환경의 차이로 인해 세부적 문화의 차이는 있을 수 있기 때문에 별 문제가 되지 않을 것이다. 다른 점만 보면 다른 민족처럼 보이기도 하지만, 공통점을 찾아놓고 보면 누구도 한 민족임을 부정하지 못할 것이다.

문화 공통점에 대해서는 이미 많은 학자들이 연구를 해놓았다. 김종서는 홍산문명과 그보다 앞선 흑룡강 문명이 우리 조상들의 흔적이라는 것을 중국의 문헌 기록과 귀걸이 문화, 적석총, 용문화, 제단 문화, 축성문화, 비단·탈 문화 및 청동기와 철기 문화 등 유적·유물에 나타난 문화흔적을 우리나라의 것과 비교함으로써 이를 자세하게 증명하고 있다. 그의 최근 출판 저서에 자세히 있으므로 정부가 의지만 있다면 관련 학자들이 이런 내용을 포함하여 더 많은 자료들을 철저히 검토하여 재정립하는 데 별 어려움이 없을 것이다. 112)

1112 김종서, 『한국사 교과서 바로잡기 1000장면』 ①②(2015), 『잃어버린 한국의 고유문화』 (2007), 『신시 · 단군조선사 연구』 (2003) 등에 자세히 있으므로 관련 학자들이 검토하여 재정립할 필요가 있다.

비록 북국인 발해의 후손들이 요·금·원·청을 세워 남국인 고려 및 조선과 다투었다고 하더라도 그들의 역사를 우리 역사에 확실하게 편입시키는 새로운 역사를 정립하여야 한다. 최소한 언제, 왜 그들이 우리와 분리되어 이민족이 되었는지라도 설명을 해주어야 역사의 앞과 뒤가 연결되면서 앞으로의 관계 정립에 크게 도움이 될 것이다.

참고문헌

1. Chan Kirl Park and Kyung Rin Yang, "KAERI Radiocarbon Measurements Ⅲ" Radiocarbon, vol.16, no.2, 1974, P.197.
2. Carlton J.H. Hates, Essays on Nationalism(New York: John Willy, 1972).
3. Elman R. service, Primitive Social Organization, Random House, 1962.
4. Hans Kohn, The Idea of Nationalism(New York: Macmillan, 1963), p.7(진덕규)
5. 계연수 저·임승국 역주, 『환단고기』 「태백일사」 신시본기 등
6. 권승안, 「동이와 우리 민족의 고대사」, 『단군학연구』 14호, 단군학회, 2006, 127쪽.
7. 『기자·위만조선 연구』, 한국학연구원, 2004, 92~129쪽
8. 김광억, 「국가형성에 관한 인류학 이론과 모형」, 『한국사시민강좌』 2집, 일조각, 1988
9. 김덕중, 『태왕의 꿈』, 덕산서원, 2014.
10. 김산호, 『배달국의 군신 치우천황』, 도서출판 다물넷, 2005
11. 김산호, 《부여백제》, 다물넷, 2007, 일러두기 37쪽 지도 등.
12. 김영근, 「하가점하층문화에 대한 고찰」, 『단군학 연구』 14호, 단군학회, 2006. 6, 108-109쪽
13. 김영돈, 『고조선과 홍익인간』, 보경문화사, 2000, 247~249쪽.
14. 김은수, 『주해 환단고기』, 가나출판사, 1985, 164쪽
15. 김재용·이종주 공저, 『왜 우리 신화인가』, 동아시아, 1999.
16. 김종서, 『신시·단군조선사 연구』(수정증보판), 한국학연구원, 2004, 226~237쪽, 275~293쪽.
17. 김종서, 『잃어버린 한국의 고유문화』(2007)
18. 김종서, 『한국사 교과서 바로잡기 1000장면』 ①②(2015)
19. 김헌선, 『한국의 창세신화』, 머리말.
20. 류탁영, 『되새겨 보는 우리의 뿌리』, 한국적산연구소, 1996.
21. 리순진, 「새로 알려진 대동강류역 문명의 발생과 발전사에 대한 연구 성과에 대하여」, 이형구 엮음, 『단군과 고조선』, 살림터, 1999, 191쪽.
22. 무하마드 깐수, 『고대 문명 교류사』, 사계절, 2002, 70쪽
23. 박상림, 『홍익화백제 통일론』, 이화문화출판사, 2009.
24. 박정학, 『너와 내가 어우러져 우리가 되는 세상』, 백암, 2012, 103~115쪽
25. 박정학, 「치우천왕의 금속무기 제작과 청동기 시대 편년」 『선도문화』 9권, 국학연구원, 2010.
26. 박정학, 「치우의 족명에 대한 한중 기록의 비교」 『치우연구 2』 (제2회 치우학술대회 논문집), 치우학회, 2002, 69~82쪽
27. 박정학, 「한민족의 형성과 얼에 대한 연구」, 2009, 강원대학교
28. 복기대, 「한국상고사와 동북아시아 청동기 시대 문화」, 『단군학연구』 제14호, 단군학회, 2006.6, 67-82쪽.
29. 사회과학원, 「단군릉발굴보고」, 『단군과 고조선에 관한 연구논문집』, 사화과학출판사(영인본 발행 백산자료원), 1994, 4-12쪽.

30. 〈소앙선생문집〉 상, 148쪽; 〈민세 안재홍 선집〉 2, 233쪽 등 참조.
31. 손진태, 『조선신가유편』, 향토문화사, 1930.
32. 신용하, 앞 책 『한민족의 형성과 민족사회학』, 53-55쪽.
33. 『신콘사이스 국어사전』, 동아출판사, 1978.
34. 우실하, 『동북공정 너머 요하문명론』, 170-194 · 200-205 · 302쪽,
35. 윤내현, 『고조선 연구』, 일지사, 1994
36. 윤내현, 「기자신고」 『한국고대사신론』, 일지사, 1991(7쇄), 176~239쪽.
37. 윤내현, 「인류사회 진화상의 고조선 위치」 『사학지』 제26집, 단국대사학회, 1993, 12-30쪽.
38. 윤내현, 「한민족의 형성과 출현」, 39-41쪽.
39. 윤내현, 「현행 교과서의 문제점과 개편방향」 『단군학연구』 제3호, 단구학회, 2000, 68쪽
40. 윤내현 · 박성수 · 이현희 공저, 『새로운 한국사』, 삼강출판사, 1994, 38쪽.
41. 이성규, 「문헌에 보이는 한민족문화의 원류」 『한국사』 1, 국사편찬위원회, 2002, 141쪽.
42. 이우푸징(劉付靖), "東夷,楚與南越的 文化聯系", 광서민족연구, 1999년 제1기, 70쪽.
43. 임재해, 「한국 신화의 주체적 인식과 민족문화의 정체성」, 『단군학연구』 제17호, 2007, 256쪽.
44. 전경수, 「신진화론과 국가형성론-인류학 이론의 올바른 적용을 위하여」,
    『한국문화론-상고편』, 일지사, 1994
45. 전경수, 『한국문화론』, 일지사, 1996, 136-138쪽).
46. 정연규, 『언어 속에 투영된 한민족의 상고사』, 한국문화사, 2000, 125쪽.
47. 정연규, 『언어 속에 투영된 한민족의 고대사』, 한국문화사, 2002
48. 주채혁, 『순록치기가 본 조선 · 고구려 · 몽골』, 혜안, 2007, p.21, 55 등
49. 최광식, 「상고사에 대한 바람직한 교육방안」 『단군학연구』 5호, 단군학회, 2001. 등.
50. 최민홍, 『한철학』, 성문사, 1984.
51. 최창규, 『대동방씨족원류사』 II, 성균관, 2001.
52. 치우학회, 『치우연구』 제2호, p.125
53. 치우학회 편, 『치우자료집 1』 (전적자료①), 도서출판 한배달, 2000.
54. 허정윤 · 반재원, 『하나님의 표상 태극기』, 도서출판 한배달, 2006.
55. 姜弘燮 · 崔淑卿, 「楊平郡 上紫浦里 支石墓 發掘報告」
    『팔당 · 소양댐 수몰지구유적발굴종합조사보고』, 문화재관리국, 1974. 참조.
56. 崔盛洛, 『靈岩長川里住居址』 I · II, 목포대학박물관 · 전남영암군, 1986, 46쪽
57. 『先秦史硏究』 總28期(動態 1996.1), 中國先秦史學會, 1997, p.42.
58. 譚其驤 주편, 『중국역사지도집』, 제1~8집
59. 陳德奎, 앞 책, 『現代民族主義의 이론구조』, 19-23쪽.
60. 奇修延, 「後漢書 東夷列傳 硏究」, 단국대학교 박사학위 논문, 2002, 11쪽
61. 金權九, 「고고학과 이론-고고학상으로 본 國家」 및 洪亨雨, 「族長社會
    (chiefdom)에 대한 一考察」, 최몽룡. 최성락 편저, 『한국고대국가 형성론』,
    서울대학교 출판부, 1999
62. 문정창, 『古朝鮮史硏究』 (재판), 흔뿌리, 1993, 99-109쪽

맺음말

　필자가 처음 중국을 갔던 것은 1990년대 초반이었다. 그때 중국 서점에서 처음으로 중화서국에서 간행한 문고판 『사기(史記)』를 봤다. 그때만 해도 중국의 책값은 국내보다 크게 쌌기에 기회 있을 때마다 『사기』를 비롯해서 『한서(漢書)』, 『삼국지(三國志)』 같은 중국 고대 역사서를 사 모았다. 때로는 책 무게 때문에 비행기 대신 천진까지 가서 인천행 배를 타고 책을 나르기도 했다. 나중에야 필자뿐만 아니라 여러 학자들이 필자와 같은 방법으로 책을 사고 날랐다는 사실을 알게 되었다. 필자가 이 사례를 떠올리는 것은 식민사학자들의 사료 독점이 끝나는 현장이었기 때문이다.

　그간 조선총독부 직속의 조선사편수회를 계승한 식민사학자들은 조선사편수회에서 소장했던 자료를 독점하고 제 마음대로 발췌해서 왜곡하면서 조선총독부 역사관을 하나뿐인 정설로 유지해왔다. 그러면서 이를 '실증주의'라는 이름으로 포장해왔다. 이 카르텔에 속하지 않는 사람들은 한사군에 대해서 중국 사료가 실제로 무엇이라고 말하고 있는지 알기가 어려웠다. 그러나 한중 수교로 상황이 달라졌다. 식민사학자들 이외에 필자 같은 사람들도 『사기』를 비롯한 중국 고대사료들을 이용할 수 있게 된 것이다. 『사기』나 『한서』, 『수경(水經)』 등의 원문은 식민사학자들의 일방적 주장과는 정 반대라는 사실이 실증으로 드러나기 시작했다.

　이는 서양사로 견주면 종교혁명 같은 것이었다. 그 전에 라틴어로 된 성서는 신부들의 전유물이었다. 신부들이 '성서에 이렇게 쓰여있다'고 말하면 그것으로 끝이었다. 그러나 루터가 신약성서를 독일어로 번역해 구텐베르크의 금속활자로 찍어서 돌리기 시작하면서 비로소 영주들과 기사들도 성서를 볼 수 있게 되었다. 이렇게 신부들의 성

서독점이 끝나면서 종교혁명이란 거대한 회오리가 서양사회를 덮친 것이었다.

지금 한국도 마찬가지다. 중국의 다양한 고대 전적(典籍)들이 국내에 들어왔고 식민사학 카르텔에 속하지 않는 필자 같은 학자들도 손쉽게 『사기』·『한서』·『자치통감』·『독사방여기요』 등의 중국 사료들을 볼 수 있게 되었다. 중국 고대 사서들이 한사군에 대해서, 낙랑군의 위치에 대해서 무엇이라고 말하는지 확인할 수 있게 된 것이다. 여기에 인터넷 세상이 열리면서 컴퓨터를 할 줄만 알면 누구나 중국 고대사료를 볼 수 있게 되었다. 중화민국(대만)의 중앙 연구원 사이트는 『사기』부터 『청사고(淸史稿)』까지 중국 25사는 물론 경사자집(經史子集)으로 분류된 중국의 역대 유명한 문적들을 다 제공하고 있었다.

이런 중국 고대 전적(典籍)들은 일제 식민사관의 핵심이론 중의 하나인 '한사군=한반도설', '낙랑군=대동강설'은 아무런 근거가 없는 일본 제국주의의 정치선전에 불과하다고 말하고 있었다. 낙랑군의 위치가 지금의 하북성 일대라는 사료가 쏟아져 나왔다. 그러자 자신들의 식민사학을 '실증주의'라고 자화자찬하던 식민사학은 이런 문헌사료들에 대해서는 일제히 침묵하거나 말없는 고고학에 도망갔다. 그 중 일부는 고조선 중심지 이동설이니 교군(僑郡)설이니 하는 변종이론들을 호흡기로 삼아 생존을 도모했다. 그러나 중심지 이동설이니 교군설이니 하는 변종 이론들 역시 아무런 사료적 근거가 없거나 식민사학의 습성대로 일부 내용을 침소봉대한 것에 지나지 않는다는 사실을 실증으로 증언하는 것 또한 중국의 고대 전적들이었다.

이제 식민사학은 종언을 고할 때가 된 것이다. 아니 이미 종언을 고했다. 다만 해방 후 친일청산을 하지 못한 한국 사회의 각종 카르텔에 기대어 인위적으로 생명을 연장하고 있을 뿐이다. 고조선과 한(漢)나라의 국경선인 패수의 위치를 압록강이니 청천강이니 대동강이니 했던 식민사학자들이 이제는 압록강을 건너 만주의 강들로 시선을 돌리기 시작했다. 그것으로 조금의 생명은 연장할 수 있을지 모른다. 그러나 그들이 자화자찬했던 실증이 사기극으로 드러난 이상 이런 식으로 식민사학을 계속 유지할 수는 없다.

이제 한국사의 틀을 바꿀 때가 되었다. 그 시작은 한국고대사를 바로잡는 데서부터 시작해야 한다. 일제강점기 때 김교헌, 이상룡, 박은식, 신채호 선생 등의 독립운동가들이 한결같이 고대사에 천착한 이유도 여기에 있다. 한국고대사는 곧 현대사인 것이다. 이제 조선총독부에서 만든 식민사관을 끝장내고 독립운동 선열들이 정립한 한국고대사 체계로 돌아가서 대한민국의 정신세계를 새롭게 할 의무가 우리에게 있는 것이다. 이 책이 이런 도상의 한 작은 디딤돌이 될 수 있다면 다른 바램이 없다.

2016년 6월

천고(遷固) 이덕일 기(記)

미래로 가는 바른 역사협의회 발대식 (2016. 국회의사당)

미래로 가는
바른 고대사

1.5

[미래로 가는 바른 역사협의회 편]

[2부]

아직 바로 세우지 못한 역사

2부는 이투데이에서 6월 24일부터 9월 23일까지 연재된 [한국 고대사, 끝나지 않은 전쟁]의 기획기사를 편집하였습니다. 소중한 원고를 제공해주신 필진과 한가람연구소, 이투데이 편집부에 감사인사 드립니다.

서 문

4차 산업혁명과 역사 바로 세우기

　4차 산업혁명은 하늘이 우리에게 제공한 마지막 기회다. 지금 대한민국에는 '4차 산업혁명'과 '북핵'과 '고령화'라는 3종의 쓰나미 세트가 몰려오고 있다. 4차산업혁명의 승자와 패자는 향후 10년 안에 판가름 난다. 앞으로 10년 후면 우리는 인구의 20% 이상이 65세 이상인 초고령화 사회에 진입하게 된다. 이는 전세계에 유례없이 초고속으로 진행되는 현상으로 여기에 대한 유일한 대비책은 우리 대한민국이 10년 안에 4차 산업혁명을 선도하는 것이다.

　4차산업의 핵심은 불확실한 미래에 도전하는 것이다. 이제 한국의 4차 산업혁명의 핵심은 역사를 통한 미래 문제 해결 역량이 될 것이다. 또한 유일한 분단 국가로서 당면한 북핵 문제에 대한 가장 중요한 대비책이 역사 바로 세우기다. 향후 5년간 반 만년 민족사의 관점에서 4차 산업혁명과 역사 바로 세우기에 총력을 기울여 동참할 것을 우리 모두에게 호소하고자 하는 이유다.

   4차 산업혁명이 요구하는 역량은 바른 역사를 통한 국가와 민족의 자부심이다. 선진국을 추격하는 동안 역사 과목은 필수가 아니었다. 심지어 대학 입학의 필수 과목에서 제외되기도 했다. 역사적 자부심이 위축된 국민들은 사회공동체 의식과 긍지가 현저히 떨어지고 있다. '헬조선'은 물질적 공백이 아니라 정신적 공황에서 나오는 단어다. 청년들에게 국가와 민족에 대한 자부심이 모자란 결과다. 국가와 민족은 역사를 통하여 비로소 완성된다. 역사적 사실에 기초한 '자부심을 주는 역사 바로 세우기'가 우리 미래 세대에 제공할 가장 소중한 유산이 되어야 할 것이다.

   북핵 해결에도 역사 바로 세우기가 가장 중요하다. 북핵 개발을 통하여 북한은 외침(外侵)의 가능성을 배제할 수 있게 되었다. 그러나 역설적으로 북핵으로 인하여 북한 내부 붕괴가 촉발될 것이다. 역사적으로 국가의 존망은 외침보다 내부 붕괴에 달려있었다. 이제 전세계가 동참하는 강력한 경제 제재로 북한은 미증유의 경제 위기에 직면하게 될 것이다. 여기에 전제 조건은 중국의 동참인데, 중국의 최근 논평을 보면 김정은 정권의 붕괴를 촉발할 경제 제재를 염두에 두고 있다고 한다. 즉 북한 정권이 외침으로부터 방어하기 위해 핵과 미사일 개발을 할수록 경제 제재는 강화되어 결국 북한의 내부붕괴가 촉발될 것이라는 것이다. 그렇다고 우리의 소원인 통일이 눈 앞에 다가온 것은 절대 아니다. 북한 붕괴가 통일이라고 착각하지 말아야 한다. 중국은 자국의 앞 마당에 미국의 세력 배치를 순순히 받아 들이지 않을 것이다. 이 문제 해결을 위한 정당성 확보를 위해서도 역사 바로 세우기가 필요하다.

   한국사의 비극은 스승을 따라야 하는 국사학계의 닫힌 학문 풍토와 지도층의 역사 무관심에 기인한다. 일제강점 시 시절 조선총독부가 대한민국(현행

헌법은 상해정부를 법통으로 삼고 있음)을 지배하기 위하여 만든 식민사관 확립에 참여했던 학자들이 광복 이후 한국 역사학계를 장악하였다. 그들이 국사학계를 지배하면서 아직도 우리 역사관은 일제 식민사관을 근본적으로 벗어나지 못하고 있는 실정이다. 이런 흐름은 학계의 의견이란 미명 아래 역사연구정책을 총괄하는 관이나 예산을 심의하는 의회까지도 확산되어 아직도 우리 역사는 광복되지 않고 있다. 이에 많은 민족사학자와 국민들은 일본 제국주의자들이 왜곡한 사례들을 제시해 가며 정부와 학계가 나서서 한국사 바로 세우기를 수없이 요청하였다. 이후 설립된 동북아역사재단은 더욱 심해진 식민사학으로 응답했다. 이제 국민들은 정부와 학계를 믿지 못하게 되었다. 그 동안 역사 연구의 헤게모니를 잡고 있었던 세력들의 식민사관에 더이상 21세기 대한민국의 미래세대의 역사를 맡길 수 없다.

한국은 관군이 제 역할을 못하면 의병이 나서 왔다. 이제 국민들이 미래의 대한민국을 위해서 역사 의병으로 나서자는 것이다. 우리 역사 바로 잡기는 어려운 전문가의 영역이 결코 아니다. 약간의 관심으로 누구나 이해할 수 있는 상식의 영역이다. 인터넷을 통한 지식의 공유는 그 동안 전문가라는 이름으로 독점해 온 우리 역사 자료들을 개방시켰다. 우리 모두가 참여하는 집단지능의 장이 왜곡한 역사를 바로 세우는 힘이 될 것이다. 그러나 우리만이 최고라는 국수주의와 근거 자료가 없는 과도한 주장은 배제해야 한다. 과거에서 미래를 지향하고 세계와 소통하는 자부심을 갖는 열린 역사를 추구해야 할 것이다.

일본 제국주의자들이 만든 식민사관의 핵심은 우리 역사의 축소 왜곡을 통한 민족 자부심 말살이다. 최근 한국 정부에서 한국 인문학 연구지원 사업 사상 가장 많은 연구비인 45억이라는 돈과 8년이라는 시간을 투입해 가면서 만든 동북아역사재단의 동북아시아 역사지도를 보라. 동북아 역사 지도에서 한반도 북부를 중국 한사군에 할애하고, 독도를 삭제한 솔직한 이유를 묻고 싶다. 요서 지역의 고조선과 고구려 및 백제와 만주로 확장된 신라, 고려, 조선의 숱한 역사 자료들을 무시하고 독도는 지도에서 지운 것이 식민사관이 아니라면 무엇인가? 이러한 상태로 엄청난 예산을 투입하여 국익에 반하는 역사 지도 과제를 계속 추진하여 해외에 공포하는 것은 후대에 대역죄를 짓는 것이 아닌가.

이제 구체적으로 상호 독립적인 1차 사료에 입각한 우리 역사의 정체성에 대한 근본적인 질문들 10개를 제기하고자 한다.

첫째, 한반도내 한사군 설치 설은 20개가 넘는 전세계 1차 사료 어디에도 근거가 없다. 《사기(史記)》를 비롯한 《한서》, 《후한서》 등 20 여개의 독립적 사료들은 한결같이 하북성 일대를 지목하고 있을 뿐이다. 진위가 의문시되는 북한 평양 일대의 고고학 유물과 천 년도 넘은 후대의 2차 사료보다 당연히 우선하는 자료들을 왜 무시하는가. 고고학은 역사학을 지원하고, 고고학에서도 산맥과 강이 유물에 우선하지 않는가. 백제와 신라 유물이 일본에서 발굴되는 것은 교류의 증명이지 지배의 증명은 아닐 것이다. 상식적으로도 만리장성과 연결된 연산산맥과 난하가 고조선과 중국의 경계가 되어야 하고, 1차 사료들은 이 상식을 다시 입증하고 있다. 그럼에도 불구하고 대한민국의 국익과 위상을 짓밟는 한반도 한사군설을 유지하려는 이유는 무엇인가. 학문은 과거의 학설을 뒤엎는 과정에서 발전한다는 원칙을 부정하는, 닫힌 그들만의 학문 풍토가 안타까울 뿐이다. 그 결과 중국이 동북공정으로 하북성의 진황도에서 끝나던 만리장성을 한반도 안으로 끌어 들인 지도를 버젓이 전세계에 공개하고 그 근거를 한국의 학자들에게 돌리고 있지 않은가.

둘째, 요서 지방에도 존재했던 고조선과 이를 이어온 고구려와 발해의 숱한 역사 기록을 왜 무시하는가. 가장 오래된 《산해경》의 〈해내경(海內經)〉에 '발해 모퉁이에 조선이 있다'는 기록은 오류인가. 청의 건륭제가 집대성한 《사고전서》의 〈태평환우기〉에 나오는 다수의 하북성 조선 기록은 어떻게 부정할 것인가. 내몽골 적봉시 일대와 요령성 조양 일대에 걸친 요하문명 중 고조선 성립기인 기원전 24세기의 빗살토기와 비파형동검 등이 즐비하게 나온 찬란한 청동기 문화인 '하가점하층문화'를 왜 학계에서는 제대로 연구하지 않는가. 심지어 비파형동검이 많이 나오는 그 시기는 중국학계에서조차 한국 고조선과 밀접한 문화라고 주장하고 있는데 왜 한국 학계는 이에 대한 연구에 소홀한지 합리적인 설명을 바란다.

현재로서 중원 지방과의 연결성은 취약한 이 문화의 정통 계승자는 고조선을 계승하여 고토(故土)를 회복한다는 다물(多物)운동을 펼친 고구려가 아니라면 누구인가. 우리 고려(코리아)의 고(구)려 계승을 역사학계는 부정하는가? 물론 문화는 교류하고 융합한다. 그러나 주된 계승 문화와 부수적인 전파 문화는 분명히 구별되어야 하지 않는가.

셋째, 요서 고구려의 존재는 왜 무시하는가. 《삼국사기》에 기록된 고구려 모본왕 때 고구려의 북평, 태원, 어양 등 하북성 공격을 기록 오류라고 무시한 근거는 무엇인가? 《삼국사기》에 수차례 기록된 요하 서쪽에 있었던 동명묘에서 제사를 올린 〈고구려 본기〉의 기록은 왜 무시하는가. 《일본서기》의 권위를 위하여 《삼국사기》 초기 기록 불신론을 제기한 식민사학의 연장인가. 고구려는 고조선을 계승하여 광개토태왕께서 고조선의 고토를 회복했다. 당시 덕흥리 고분의 유주자사 관할 지역은 창려, 상곡, 북평 등 지금 하북성 일대의 13개 현이라는 사실 조차 무시하는 것이 실증사학이 될 수 있는가. 이어서 장수왕은 평양으로 수도를 옮겼다. 장수왕이 천도한 평양은 두우(杜佑)의 《통전》에는 평주(조양)로 나오며, 《요사》 등에는 지금의 중국 요녕성 요양으로 기록되어 있다. 북한 평양설과 장수왕의 남진 정책설은 도대체 어디에 근거하고 있는가? 고구려는 북부여를 계승했다고 광개토태왕비에 기록되어 있다. 북부여는 고조선을 계승했다. 고조선의 고토(故土)인 북경 북쪽 연산 산맥 이북의 요서 지역이 고구려의 발상지라는 사료를 왜 무시하는가. 고구려와 중국은 연산 산맥을 경계로 대치하고 있었다는 숱한 사료를 무시하지 말자.

넷째, 백제의 자랑스런 역사를 인정하자. 중국 25사인 《송서》, 《양서》, 《남제서》, 《자치통감》, 《통전》, 《흠정만주원류고》 등 숱한 사료들이 독립적으로 백제가 요서 지역에 두 군을 경략했다고 기록하고 있다. 백제는 황해의 동과 서에 두 개의 국가가 있다고 했다. 백제가 《삼국지》의 '공손씨'와 혼인했다는 기록은 요서 백제 이외에 설명할 수 있는 학설이 있는가. 동성왕과 북위 군대와의 전쟁 기록은 어떻게 합리적으로 설명하겠는가. 결국 우리의 역사서인 《삼국사기》를 부정하고 일본 서기를 존중하여 우리 역사를 끌어 내리고자 하는 것이 식민사학이 아닌가. 일본은 한반도 남부지역에 임나일본부의 존재를, 그리고 독도를 그들의 땅으로 주장하고, 중국은 '동북공정'을 통하여 한반도 북부지역을 그들의 역사범주에 넣고자 자신만의 기록으로 무리한 주장을 하고 있다. 그런데 왜 유독 한국 사학계는 우리에게 유리한 타국의 기록조차 부정하기 위하여 그토록 처절하게 노력하는가. 실증사학이란 우리에게 유리한 기록은 무시하고 불리한 기록만 찾아 다니는 학문인가. 백제에 관한 중국 25사 기록들을 이제는 존중해 주자.

다섯째, 신라의 영역을 회복시키자. 청나라 황제의 명으로 펴낸 《흠정만주원류고》는 통일 신라의 서북쪽 영토를 지금 길림(吉林)까지로 기록하고 있다. 신라의 영토를 한반도 이내로 축소시킨 근거는 무엇인가. 신라와 7년 전쟁 패전이후 패수 이남을 당나라가 제공한 기록에서 패수의 위치가 지금의 대동강이라는 근거가 어디에 있는가. 신라와 당의 7년 전쟁 장소를 제대로 한 번 고증해 보라.

　　여섯째, 발해의 정체성을 정립하자. 발해는 스스로 고려(고구려)라고 국서에 기록할 정도로 고구려를 계승한 국가를 자부했고, 일본에 보낸 국서에서 옛 고구려 영토를 회복했다고 명시하고 있다. 900년을 존속한 고구려의 바로 그 땅에 세운 독자 연호를 가진 발해의 국민이 고구려인이 아닐 수도 있다는 근거는 어떤 역사 이론인가? 현재의 발해 5경의 비정은 《북사》와 《요사》 등의 사료들과 일치하지 않는다. 예를 들어 중경 현덕부는 발해 멸망 이후 기록된 거란족의 요서에 분명히 요양으로 기록되어 있다. 유득공과 신채호 선생의 주장대로 '남북국시대'를 바탕으로 역사를 정리해야 하지 않은가. 발해를 부정하면 고구려를 부정하고 고조선을 부정하는 것이 되어, 중국의 '동북공정'을 인정하는 꼴이 되어 결국 통일을 저해하게 될 것이다.

　　일곱째, 고려의 역량 인식을 제대로 하자. 《고려사》에 북쪽 영토는 고구려 영토를 회복했으나 서쪽은 미진하다고 기록하고 있고, 윤관의 9성은 두만강 이북 700리에 공험진이, 동북쪽 700리에 선춘령이 있다고 하지 않는가. 원의 동녕부는 북한의 평양이 아니라 요령성의 요양이라는 다수 기록들과 고려 이성계 장군이 이미 위화도 회군 이전에 요양과 심양을 회복한 기록은 무시할 것인가. 고려가 송, 요와 함께 아시아 3대 강국 중 하나임을 굳이 인정하지 않을 이유를 묻고 싶다. 고려는 금속활자를 통한 세계 최첨단의 지식산업,

거란과의 장기간에 걸친 전쟁에서 승리, 그리고 당시 최강 군사력으로 세계를 제패한 몽골과의 무려 40년 전쟁, 그리고 홍건적 섬멸전과 13세기 중엽 세계 최초로 함포를 이용한 '진포해전' 등은 고려의 역량을 충분히 가늠할 수 있는 잣대로 부족한가. 그럼에도 불구하고 고려의 위상을 낮게 평가할 이유가 무엇인지 궁금하다. 동아시아 최대의 무역대국으로의 성과로 바로 베네치아를 200년 앞선 세계 최초의 복식 부기를, 최고의 문화 대국으로 역량으로 팔만대장경과 금속활자로 인식하는데 무슨 문제가 있는가.

여덟째 조선의 영토도 바로잡자. 청나라 황제의 명으로 1737년 신중국지도첩을 만든 당빌의 지도는 청과 조선의 경계를 압록강과 두만강을 넘어선 산맥으로 설정하고 있다. 우리가 만든 지도가 아니라 1712년 두만강이 아닌 토문강을 경계로 강제로 백두산 정계비를 체결시킨 청이 자국에 유리하게 만든 지도까지 왜 우리가 부정하는가. 본, 윌킨슨, 예수회, 교황청 등 우리가 주도하지 않은 지도들에 나타난 조선의 영토까지 부정하는 것은 일본 식민사학 이외 무엇으로 설명하겠는가. 과거 노르망디가 영국 땅이었다는 것을 프랑스도 부정하지 않는다. 그렇다고 영국이 돌려달라고 하지도 않는다. 그래도 양국은 역사적 사실로 상호 인정하고 있지 않은가.

아홉째 금나라와 청나라를 일으킨 여진족은 스스로의 역사서인 《금사》와 《흠정만주원류고》에서 고려에서 왔다고 인정하고 있다. 과거 고조선과 고구려 그리고 발해의 강역에 살아 오는 여진족(말갈족)을 우리 역사에서 왜 배제하려 하는가. 여진의 발음은 조선과 같다.

열 번째, 한국과 일본의 관계를 정립하자. 북핵에 대응하기 위한 양국의 협력은 아무리 강조해도 지나치지 않다. 독도 문제와 임나일본부 문제에 대하여 학계의 솔직한 입장은 과연 무엇인가. 일본 천황가와 백제의 관계는 이제 비밀이 아니다. 상호간에 인정할 것을 인정하는 미래로 가는 바른 역사를 세워야 하지 않겠는가.

미래로 가는 바른 역사 세우기에 시민들의 동참을 촉구하면서.

2016.년 한가위.

이민화

여는글

조선총독부의 사관(史觀)이 아직도…

한국사, 특히 한국고대사의 서술 체계에 대해 의문이 제기된 것은 오래되었다. 해방 이후 지금까지 계속된 장구한 의문이다. 그 단적인 예가 이종찬 전 국정원장의 문제 제기이다. 어려서 항일가문에서 배웠던 역사와 지금 학교에서 가르치는 역사가 왜 다르냐는 것이다. 지금의 역사서술 체계가 조선총독부에서 만든 식민사관이 아니냐는 항변이다. 해방 이후에도 조선총독부 사관을 고집하려다 보니 이들은 자신들의 역사관을 실증주의라고 합리화했다. 그러나 실제 역사 사료가 공개되면서 이들이 주장하는 실증 역시 사료를 자의적으로 해석하거나 불리한 사료는 없는 것으로 치부하는 가짜 실증이라는 사실도 드러나고 있다. 조선총독부가 만든 고대사관의 핵심은 크게 둘이다. 하나는 한사군 한반도설로서 한반도 북부에는 중국의 식민지인 한사군이 있었고, 다른 하나는 임나일본부설로서 한반도 남부에는 일본의 식민지인 임나일본부가 있었다는 것이다. 이 두 사관은 한국사를 모두 반도에 가둔 반도사관인데, 아무런 사료적 근거가 없음에도 한사군 한반도설은 아직껏 유지되고 있고, 임나일본부설은 '삼국사기 초기기록 불신론'으로 조금 형태만 바뀐 채 유지되고 있는 실정이다. 그래서 이 두 반도사관이 과연 사료에 비추어 볼 때 근거가 있는 것인지에 대한 의문이 계속 커지고 있다. 그래서 이번 기획은 이 두 사관이 과연 합당한 사료적 근거를 가진 주장인지를 검증하는 형태로 진행될 것이다.

필자들은 이 분야의 책을 썼거나 이 분야에 대한 중국의 고대 1차 사료를 섭렵한 연구자들이다. 〈삼국사기〉 천문기록은 과학적인 입증이 가능하기 때문에 천문학자도 참여하였다. '지금 국사는 왜 내가 어릴 때 배운 국사와 다를까(이종찬 전 국정원장)'를 시작으로, 사료로 보는 민족의 기원과 고대조선 강역(이도상·역사학자), 일제는 왜 단군을 말살하려 애를 썼나?(김동환·국학연구소 연구위원), 고조선 황순종·고대사연구가), 한사군은 중국의 식민지가 아니었나?(허성관 전 광주과기원 총장), 낙랑군은 평양에서 요동으로 이동했는가?-교군(僑郡)설 비판(이덕일·한가람역사문화연구소장), 일본인들은 왜 '삼국사기'를 가짜로 몰았는가?(김병기 박사·대한독립운동총사편찬위원장), 임나일본부(任那日本府)는 어디에 있었는가(황순종·고대사연구가), 지도로 보는 임나일본부설(정암 지리학 박사·대한독립운동총사편찬위원), 조선시대 유학자들이 바라 본 한사군의 위치(이덕일·한가람역사문화연구소장), 천문으로 보는 한국고대사(박석재·한국천문연구원 연구위원), 한국 실증주의 사학의 실체(임종권·숭실대학교 초빙교수) 등 모두 12회 게재 예정이다.

2016년 6월 24일

한가람역사문화연구소장 **이 덕 일**

1. 동북아는 역사전쟁인데…
나라 안은 식민사학자들 세상

2016년 6월 24일
이 종 찬 전 국가정보원장

[그림-37] 1945년 광복후 귀국을 앞두고 상하이 국제공항에서 기념촬영하고 있는 임시정부 요인들. 김구 선생 (가운데) 앞에서 태극기를 든 소년이 이종찬 전 국정원장. 사진제공 우당 기념사업회

지금 국사는 왜 내가 어릴 때 배운 국사와 다를까…
굴절된 역사 읽는 현실, 광복 70년 역사정립 다시 할 때

　나는 역사학자가 아니다. 다만 항일 가문에서 성장한 한 시민으로서 우리나라 역사에 대하여 남다른 관심을 가질 수밖에 없었다. 그러나 불행하게도 내가 학교에서 배운 역사가 집안에서 듣던 역사와 다르기 때문에 항상 의문을 가져왔다. '대일 항쟁기'에 집안 어른들이 말씀하신 역사를 회고해 보면, 모두 악랄한 일본의 역사 왜곡이었다. 나의 종조부인 초대 부통령 성재 이시영(省齋 李始榮) 선생은 1934년 중국에서 일본 고등계 경찰과 헌병의 수배를 받아 쫓기는 신세였음에도 불구하고 중국과 일본 양국의 우리 역사 왜곡에 대하여 저항했다. 당시 중국인 역사학자 황염배(黃炎培)가 '조선(朝鮮)'이란 책을 출간했는데 일본에서 수학한 사람이었기에 완전히 일본 식민사학자의 입장에서 우리 역사를 서술했다. 성재는 이에 분개하여 남모르게 중국 사료를 찾아 '감시만어-박황염배지한사관(感時慢語-駁黃炎培之韓史觀)'이란 책을 써서 통박하였다.

　그분들은 독립투쟁은 바로 역사전쟁이라고 생각했던 것이 분명하다. 성재는 항상 이렇게 말씀하셨다. "왜놈들의 침략은 역사부터 자기들에게 유리하게 꿰어 맞추는 데서 시작했다." 이런 생각은 비단 성재 혼자만의 것은 아니었다. 항일전선에서 싸운 선열들은 모두 공통된 사관으로 무장하였고, 심지어 체포되어 차디찬 옥중에서도 역사를 서술하여 그 원고를 국내 신문에 투고했다. 더욱 놀랄 일은 이런 원고를 받은 신문사가 가혹한 일제 감시에도 불구하고 빠짐없이 이를 게재했다는 사실이다. 그리고 그 원고료를 옥중영치금으로 보내서 더욱 용기를 내서 역사 연구를 하도록 격려했다. 이처럼 내외에서 혼연일치가 되어 펼친 '우리역사 찾기' 운동의 불꽃은 '우리말 찾기 운동'과 더불어 끊임없이 점화되어 이어왔다. 아마 세계 독립운동사에서 이런 유례를 찾기 어려운 일일 것이다.

조국이 광복된 지 이제 70년이 지났다고 기뻐하고 있다. 정부 인사들이 각종 행사에서 연설하는 내용을 보면 한결같이 "우리는 국민소득이 67달러에 불과했던 빈한한 나라에서 이제는 3만 달러를 향하여 가고 있습니다. 이제 세계 10위권 대국에 들어서고 있습니다"라고 자화자찬하고 있다.

그런데 막상 그렇게 자랑하지만 우리 자신은 무엇인가 근본적인 나사가 풀려져 있다. 대일 항쟁기와 비교하면 오늘날은 막대한 연구비와 현대적인 시설과 장비를 갖추고 마음껏 역사 연구에 몰두할 수 있다. 그러나 이런 환경에서 우리는 대일 항쟁기 선열들이 심혈을 기울여 찾으려 했던 역사의 실마리도 아직 찾지 못하고 일본인들이 만든 가설 위에서 헤매고 있지 않은가? 거액의 예산을 투입하고도 우리 옛 역사의 고지도(古地圖) 하나 제대로 만들어내지 못하고 독도를 없는 것처럼 그려내는 그런 무능을 보고 국회에서 문제를 지적하는 것이 무리한 일인가? 시민이 들고 일어나 항의하는 일이 잘못되었단 말인가? 그 뿐인가? 아직도 일본이 왜곡한 역사에 대하여 올바른 역사로서 대항하지 못하고, "임나일본부가 한반도에 있었느니, 없었느니"에 대하여 논쟁을 계속하고 있다는 사실 자체에 대하여 무엇이라 변명할 것인가? 역사학자들이 무능해서 역사 논쟁에 검찰이 끼어들게 만들었다. 지검검사가 학문의 영역이므로 공소 가치가 없다고 결정한 것을 한때 동북아역사재단에 몸 담았다는 고검검사가 다시 관변사학 편을 들어 검찰권을 남용하여 기소하는 이런 이변이 왜 나왔을까?

이런 엄청난 현실을 목도하고 시민의 한 사람으로서 침묵을 지키기에는 너무 사태가 위급하다. 더욱이 근래, 강대한 중국까지 동북공정이라는 역사전쟁에 뛰어들고 있고, 일본 우익 세력들이 노골적으로 역사를 정치에 종속시켜 서술하고자 시도하고 있지 않은가? 참으로 소름이 끼칠 일이 아닐 수 없다.

이처럼 엄중한 역사전쟁이 동북아에 먹구름을 드리우고 있는데 이에 대비해야 할 우리 역사학계는 아직도 관변사학이다, 재야사학이다 갈리고 있다니! 친중파, 친일파로 나뉘어 나라 안에서 지지고 볶다가 나라를 빼앗긴 조선왕조 말기의 재판 아니겠는가? 역사를 전공했다는 학자들이 역사에서 교훈을 얻지 못하고 있는데 우리 같은 평범한 시민에게 정신 차리라고 할 것인가? 아니면 역사전쟁에 대비하는 정부가 소홀하다고 탓할 것인가?

일찍이 단재 신채호 선생은 "자신의 나라를 사랑하거든 역사를 읽을 것이며, 다른 사람에게 나라를 사랑하게 하려거든 역사를 읽게 할 것이다"라고 설파했다. 그런데 막상 지금 역사책을 찾아 읽어도 그 내용이 우리의 공동체를 발전시키는 데 기여하지도 못하고 우리의 정체성을 분명하게 정립하지도 못한다면 어떻게 될까? 그 역사책이 은근하게 감추고 있는 바와 같이 "우리 민족은 열등해서 예로부터 중국과 일본의 속국이었고 식민지였다(식민사관), 일본의 침략을 나쁘다고만 보지 말고 우리나라 근대화에 도움이 됐다(식민지 근대화론), '대한민국임시정부'란 한 단체에 불과하고 독립항쟁이란 허깨비 노름일 뿐이다(친일 반민족 역사관)" 식의 굴절된 역사를 읽게 된다면 과연 국민들이 나라를 사랑하게 될까? 혹시나 정부가 잘못된 역사를 국정화된 역사책으로 기술하려는 것이라고 의심하는 것이 국민의 한사람으로서 잘못인가?

이제 분명해졌다. 우리 같은 시민이 희망하는 바는 특별한 역사가 아니다.

다른 나라와 같이 국가 주도로 역사를 만들자는 것도 아니다. 올바른 역사, 우리의 정체성을 그대로 드러내서 정리한 역사, 동북아에서 상식이 통하는 공통된 역사, 변조되거나 왜곡되지 않고 과거와 현재 간의 올바른 대화가 가능한 그런 역사를 정립하자는 것이다.

[그림-38] 우당 이회영 선생. 사진제공 우당기념사업회

늦었지만 지금은 나라를 찾기 위해 독립투쟁 과정에서 싸워왔던 백암 박은식 선생의 혈사(血史), 단재 신채호 선생의 상고사, 성재 이시영 선생의 민족의 긍지를 느낄 수 있는 역사를 다시 현대적 역사기술 방법으로 해석하고 증명하는 새로운 정리 작업에 착수해야 할 때다. 평범한 시민 모두는 나라 사랑의 근본으로 국제적으로 통용되는 역사를 정립해 달라는 주문을 역사학자들에게 다시 던지는 것이다. 어쩌면 70년 전 해야 할 작업을 이제 다시 시작하자는 것이다. 사실은 이 작업이 교과서 국정화보다 더욱 중요한 정부의 일이다.

2. 고대사 정립은 민족 정체성 확립하는 작업

2016년 7월 1일
이 도 상 역사학자

사료로 보는 민족의 기원과 고대조선 강역…
패수·한사군 위치 등 혼란만 빚어

1. 민족의 이름과 기원에 대한 합의가 절실하다.

교육은 곧 우리의 미래다! 그런데 현재 시행되고 있는 역사교육은 실증사학이라는 명분으로 민족의 기원을 폄훼하고 부정하는 내용뿐이다. 이는 청소년들의 민족에 대한 자존심을 훼손하고 자아를 상실케 하는 결과로 이어질 수밖에 없다. 그럼에도 역사학계는 이를 바로잡으려는 노력은 커녕 편을 갈라 상호비방을 일삼고 있다. 더욱이 우리 역사학계는 민족의 이름과 기원에 대한 합의도 이루지 못하고 있다. 반만년 역사를 자랑하는 우리 민족이 그 이름도 없고, 그 기원도 모른다면 이를 어떻게 받아들여야 하는가? 심히 부끄러운 일이다.

우리나라 국사 교과서에서 민족의 이름이 사라진 것은 2009년부터다. 현재 모든 국사 교과서에서 '우리 민족'으로만 두루뭉술하게 표기하고 있다. 그 이전 국사 교과서에서는 '한민족' 또는 '배달민족' 등의 이름을 볼 수 있었다. 그런데 정부는 국제무대에서 민족을 상징하는 이름이 필요하다며 역사서들에서 보이는 한민족, 배달민족, 백의민족, 동이족, 예, 맥, 숙신 등등 그 가운데 하나를 민족의 이름으로 정하려다가 합의를 보지 못하자, 이름 대신 '우리 민족'이라는 표현으로 묶어버린 것이 아닌가 싶다.

민족의 이름에 대한 합의가 없다 보니 민족의 기원에 대한 설명도 모호하기 그지없다. 서둘러 민족의 이름과 기원에 대한 합의를 이루어야 한다. 그것은 국제무대에 내세울 수 있는 민족의 정체성과 관련된 문제이자 국제경쟁력의 기초가 되기 때문이다. 필자는 '우리 민족이 처음 세운 나라는 고대조선이며 2000년 가까이(서기전 2333~서기전 425년) 존속하면서 공동체 속에서 함께 생활하는 과정에서 집단 귀속의식이 점차 강화되었을 것이므로 한민족은 고대조선시대에 출현했다'는 선학들의 논리에 따라 우리 민족의 이름을 한민족으로, 그 기원은 고대조선으로 합의가 이루어졌으면 한다. 또 우리 민족이 처음 세운 나라는 '고조선'이 아니라 '조선'이었다. 따라서 '근대조선'과 시대를 구분하기 위해서 '고대조선'이라고 불러야 한다는 점도 강조하고 싶다.

2. 고대조선 강역에 대한 논의는 민족과 문명이 형성된 기원을 찾는 작업이다.

고대조선의 강역에 대한 논의를 제기하면 국수주의 또는 사이비 역사학이라는 쪽으로 비난하며 논의 자체를 기피한다. 대단히 잘못된 현상이다. 고대조선 강역에 대한 논의는 바로 우리 민족과 문명이 형성된 기원을 찾아 정체성을 확립하는 작업이다. 그럼에도 이를 소홀히 해 만주지역에서 발견되는 유적과 유물들을 우리 문명에 대한 해석으로 연결하지 못한다. 그래서 우리 고대사의 진실을 바로 정리하기는커녕 중국 정부가 조직적으로 추진하고 있는 동북공정에 대응 논리도 세우지 못하고 있다.

고대조선사를 체계적으로 정리한 윤내현 교수에 의하면 고대조선의 강역은 서쪽은 난하와 갈석산 일대, 북쪽은 아르군강, 동쪽은 흑룡강(아무르강), 남쪽은 경상도와 전라도 남부 해안까지였다. 필자는 이에 적극 동의한다. 고대조선은 '삼국유사'에 따르면 서기전 2333년에 청동기문명을 기초로 건국한 실제한 역사였으며, 그 강역은 넓을 때는 지금의 만주(요서와 요동)와 남북한 전 지역이었다. 이를 확인하기 위해서는 두 가지 선행 작업이 필요하다.

먼저 고대 한·중 국경지대인 패수(浿水)의 위치를 알아봐야 한다. 《사기》 권115 〈조선열전〉에는 "요동(遼東·동쪽으로 가장 먼 곳)의 옛 요새를 고쳐 패수까지를 경계로 삼아 연(燕)에 속하게 했다"는 말이 있다. 연의 동쪽에 있는 강은 지금의 난하(灤河)다. 상흠(桑欽)이 쓴 '수경(水經)'과 허신(許愼)이 쓴 '설문해자(說文解字)'에 "패수는 낙랑과 루방현을 나와 동쪽으로 흘러 바다로 들어간다"고 하였다. 동쪽으로 흘러 바다로 들어가는 강들은 모두 지금의 중국에서 찾아야 한다. 고대 한·중 국경이었던 패수가 발해의 서안에 있었음을 말한다.

다음은 기자와 위만의 성격과 활동지역, 한사군의 위치 등을 확인하는 작업이다. 기자(箕子)는 고대조선 서편 변방에 망명해 제후가 된 실존 인물이다. 《사기》 권38 〈송미자세가(宋微子世家)〉는 무왕(武王)이 기자를 조선에 봉하였으나 신하가 아니었다고 했다. 《진서(晉書)》 권12 〈지리지〉 상(上)에는 "조선현은 주 무왕이 기자를 봉했던 땅을 말한다"고 기록돼 있고, '한서(漢書)' 권28 '지리지' 하(下)에는 "조선현은 주 무왕이 기자를 봉한 곳"이라는 내용이 있다. 주의 무왕이 기자를 봉한 조선현은 서한(西漢), 동한(東漢), 진(晉) 시대까지 난하 동쪽에 있던 낙랑군 소속 행정구역이었다.

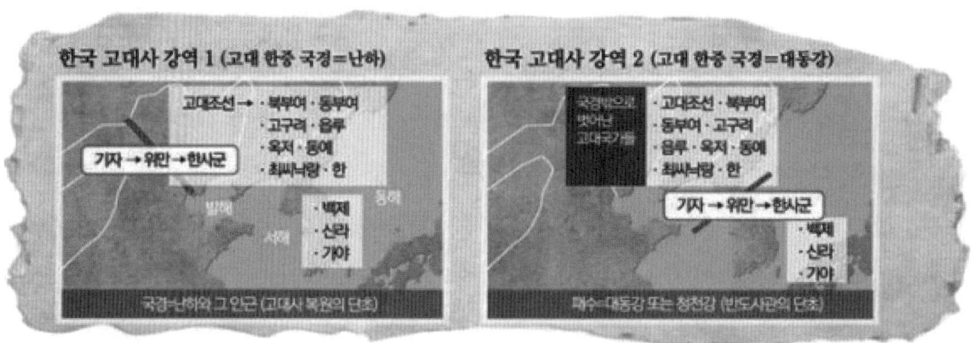

《사기》 권115 〈조선열전〉을 보면 "조선왕 위만(衛滿)은 연(燕)나라 사람이다"고 기록돼 있다. 여기서 말하는 조선은 고대조선이 아니라 위만국을 말한다. 위만은 고대조선과는 무관한 연나라 사람이다. 그런데 국사 교과서에서는 위만이 마치 고대조선을 계승해 부흥시켰고 그의 멸망이 곧 고대조선의 멸망인 것처럼 기술하고 있다. 시정되어야 할 내용이다.

기자-위만-한사군 관계를 보면 위만은 고대조선의 제후(거수)였던 기자의 41대 손 준(準)왕을 물리치고 나라를 세웠으며, 한 무제는 이(위만국)를 멸망시키고 4군을 설치하였다. 따라서 기자국-위만국-한사군은 같은 지역에서 차례로 성립한 일련의 나라와 행정구역이었다. 그 실제 위치는 지금의 요서지역이었음을 위 사료들이 말하고 있다. 그럼에도 우리 국사 교과서는 이들이 마치 평양에 있었던 것처럼 설명해 고대조선의 강역뿐 아니라 우리 문명에 대한 해석상의 혼란을 빚고 있다. 민족의 기원에 대한 인식과 민족의 이름마저 합의를 보지 못하는 원인이 되고 있는 것이다.

우리 역사학계와 교육부서들은 격의 없는 논의를 통해 역사의 진실을 복원, 청소년들에게 근본 있는 교육을 시켜야 한다. 이를 뒷받침하는 다양한 사료와 고고학 연구 성과들이 우리의 활용을 기다리고 있다.

이도상 역사학자 프로필

1964년 육군 소위로 임관, 베트남전 참전 후 특전부대와 특공작전부대를 지휘하면서 부대원의 자아인식이 전투력 발휘의 기초임에 착안해 민족의 기원에 대한 체계적 연구를 위해 단국대에서 한국 고대사를 전공(석·박사과정)했다. 보병 제66사단장으로 전역 후 원광대 사학과 초빙교수를 역임했으며 지금도 한국 고대사 바로 알리기에 힘쓰고 있다. 저서로 '한민족의 국위수준'(보문사, 1990), '민족사 재해석'(형설출판사, 1994), '일제의 역사침략 120년'(경인문화사, 2003), '고대조선 끝나지 않은 논쟁'(들메나무, 2015) 등이 있다.

3. 일제는 왜 단군을 말살하려 하였는가

2016년 7월 8일
김 동 환 (사)국학연구소연구원

민족 정체성 지우고 열등의식 심으려 혈안

단군조선이나 부여의 역사를 말함에 단군을 외면하고는 성립될 수 없다. 고구려 역시 그 기반 위에서 대륙을 호령했던 집단이다. 또 민족의 위기 때마다 단결과 극복의 아이콘으로 등장한 것이 단군이다. 단군 구국론이란 바로 이러한 의식을 통해 민족의 위난을 극복코자 했던 우리의 정서와 연결된다. 한마디로 단군은 우리 역사의 정체성이자 민족 구난의 상징적 존재였다.

단군과는 거리가 멀었던 불가(佛家)의 일연이 쓴 '삼국유사'나 유가(儒家)의 이승휴가 지은 '제왕운기'에 실린 고조선과 단군사화가, 민족의 위기를 극복하기 위한 자주적 역사 의식의 발로였다는 점을 우리는 경험했다. 고려 공민왕이 요동정벌의 명분을 단군조선에서 찾은 것이나, 조선 왕조의 조선이란 국호 역시 이러한 정신의 계승이었음을 우리는 알고 있다. 조선조의 단군에 대한 적극적 이해가 개국 시기부터 나타난다는 점도 주목된다. 조선왕조가 개창되면서 자기 문화에 대한 자존심과 주체의식의 표상으로서 단군 인식이 등장하기 때문이다.

그러나 조선의 건국 정신을 무시한 중화 성리학자들에 의해 단군은 뒷전으로 밀려났다. 기자 숭배만이 전부로 알았던 그들은, 단군조선이야말로 이풍(夷風)을 벗지 못한 저열한 문화 단계로 보았고 중국 황제의 책봉을 받지 못한 비합법적인 국가로 매도했다.

단군의식의 고조는 일제의 침략과 함께 최고조를 맞는다. 1909년 대종교의 등장이 그것이다. 민족 정체성의 근대적 완성이 단군 문화의 중심이었던 대종교로부터 마련된다는 점도 주목된다. 국시(國是)로서의 홍익인간이나, 국전(國典)으로서의 개천절, 그리고 국기(國紀)로서의 단군기원 등이 모두 이 집단을 매개로 정착된 것이다. 또한 민족 문화의 핵을 이루는 국교(國敎)·국어(國語)·국사(國史) 부문의 인식 제고 역시 대종교와 떨어질 수 없다. 민족 정체성이 곧 단군이었다.

[그림-39] 윗줄 왼쪽부터 시계방향으로 한힌샘 주시경, 백연 김두봉, 고루 이극로, 외솔 최현배, 위당 정인보, 단재 신채호, 백암 박은식, 무원 김교헌의 모습이다. 이들은 대종교의 단군정신을 토대로 언어민족주의와 역사민족주의를 개척하며, 일제강점기 문화투쟁의 선봉에 섰다.

한편 일제의 궁극적 목적은 우리의 정체성을 그들의 정체성으로 바꾸는 작업이었다. 그 핵심이 일본의 신도(神道)와 일본어, 일본사를 우리의 국교·국어·국사로 자리매김시키는 것이었다. 그들은 신도 국교화(國敎化)를 통해 우리의 전래 단군 신앙을 압살하고 일본어를 국어로 하여 우리의 국어를 조선어로 타자화시켰으며 우리의 국사 역시 조선사로 몰락시켰다. 그 과정에서 일본 신도의 종주(宗主)를 내세우며 끝까지 저항한 집단이 대종교다. 또한 한글 투쟁과 국사 항쟁을 주도한 집단도 대종교였다.

주시경 한글운동의 배경에는 대종교적 정서를 토대로 한 언어 민족주의적 가치가 지탱하고 있었다. 그의 제자 김두봉, 최현배, 이윤재, 신명균 등도 단군 민족주의를 토대로 한 한글 투쟁에 앞장선 인물들이다. 이들은 후일 대종교의 국내 비밀결사였던 조선어학회를 결성하여 이극로와 더불어 한글 투쟁에 헌신했다. 일제는 조선 식민지의 완성을 위하여 우리의 말과 글을 말살하려는 만행을 자행했다. 1942년 조선어학회 사건이 그것이다.

[그림-40] 일제의 식민지 지배하에서 한국사 왜곡을 주도한 내용이 담긴 조선사편수회사업개요

단군을 정점으로 한 역사 방면의 긴장도 팽팽했다. 단군이 바로 우리의 고대사였기 때문이다. 일제는 우리의 조선사를 몰아내고 그들의 일본사를 새로운 국사로 내세우며 조선사의 열등의식을 고양시킴에 혈안이 되었다. 대종교 계열의 김교헌, 박은식, 신채호, 정인보 등은 이른바 민족주의적 역사 해석을 통해 이에 적극 맞섰다. 특히 중국 상해에서 박은식이 저술한 '한국통사'가 국내로 유입되면서 일제의 조선사 왜곡은 보다 조직화하여 시도되었다. 조선사편수

회를 통하여 조선사 편찬 작업이 그것이다. 즉 주인(일본사)과 노예(조선사)의 구별을 분명하게 만드는 개조작업이었다. '일제에 노예가 되는 조선사', '일제에 굴복하는 조선사', '일제에 순종하는 조선사'를 만드는 것이다.

자율성이 아닌 타율성론을 부각하고 발전성이 아닌 정체성론을 강조하며 단일민족으로서의 자부심이 아닌 복속된 열등 민족으로서의 시혜 의식을 심어주겠다는 것이 일제의 식민주의사관이다. 그러므로 일제는 1910~1911년에 걸쳐 이미 우리의 고대사 관련 고서를 수거하여 소각시켰으며, 이러한 작업은 1937년까지 계속되었다. 일제의 우리 고사서 인멸 역시 단군을 기둥으로 하는 우리 고대사를 왜곡하고 말살하기 위한 작업이었던 것이다.

따라서 일제가 단군을 말살하려 했던 의도는 분명하다. 단군이 곧 우리의 정체성으로 우리의 고대사인 동시에 말, 글, 얼의 중심이기 때문이다. 한편 일제의 궁극적 목적은 우리의 정체성을 그들의 정체성으로 바꾸는 작업이었다. 그 핵심이 일본의 신도(神道)와 일본어, 일본사를 우리의 국교·국어·국사로 교체하는 것이었다. 그들은 신도 국교화(國敎化)를 통해 우리의 전래 단군 신앙을 압살하고 일본어를 국어로 하여 우리의 국어를 조선어로 타자화시켰으며 우리의 국사 역시 조선사로 몰락시켰다. 그 과정에서 일본 신도의 종주(宗主)를 내세우며 끝까지 저항한 집단이 대종교다. 한글 투쟁과 국사 항쟁을 주도한 집단도 대종교였다.

일제에 의해 붕괴된 단군의 위상은 해방 후에도 그대로 지속되었다. 우리의 민족적 정체성과는 동떨어진 남북의 이념적 분단은, 남북한 내의 그러한 정서의 연착륙을 불가능하게 했다. 일제 강점기 친일적 요소를 채 청산하지 못한 국내의 정치·종교·학술·문화적 기득권 속에서, 해외 항일운동의 정신적 동력을 제공한 단군의 정서가 자리 잡기에는 민족 문화적 토양이 너무 척박했다. 개천절은 형식적 국경일로 외면되어 갔고 홍익인간의 가치 역시 교육적 장식 구호로 전락하고 말았다. 특히 일제 관학에 의해 왜곡·날조된 일제 식민사관이 해방 이후 우리 학계에 그대로 답습되면서, 고대사의 복원은 요원해지고 올바른 역사 인식을 통한 정체성 확립과도 멀어지게 되었다.

또한 물질 중심의 성장 가치와 서구의 배타적 가치관에 밀려, 우리 고유 문화의 잔영이라 할 수 있는 마을공동제와 사당(祠堂), 그리고 수많은 민속유산 등은 반근대적 유산 혹은 미신이라는 허울을 쓰고 무너져갔다. 그 속에서 단군은, 역사의식을 망각한 위정자들이나 식자층의 외면과 더불어, 민족 문화를 앞세운 군사정권의 들러리로 포장되어 부정적 이미지만을 더욱 각인시켰을 뿐이다. 특히 단군은 설화 속에 파묻혀 동물원의 곰으로 희화되거나, 단군문화는 전통문화에 대한 형식적 구호 혹은 정책에 의해 박제된 문화로 잔명을 이었을 뿐이다.

4. 고조선 국경선, 패수의 위치는 어디인가

2016년 7월 15일
황 순 종 고대사 연구가

압록강·청천강·대동강 등 한반도說은 어불성설

고조선은 서기전 24세기에 건국되어 동아시아의 선진대국으로 2000년을 존속해 왔으며 중국의 성장·발전에 따라 서기전 2세기에는 패수라는 강을 경계로 하여 중국의 한(漢)나라 초기 제후국인 연(燕)나라와 이웃하게 되었다. 당시 연나라의 위만이 경계인 패수를 건너 고조선의 서쪽 변경에 망명해 왔다가 반란을 일으켜 위만조선을 세웠는데, 이 위만의 조선에 대해 기록한 역사서가 사마천의 '사기' 중 '조선열전'이다. 이 '조선열전'을 통해 패수의 위치를 확인해 보면, 학계에서 패수를 압록강이나 청천강 등 한반도의 강이라는 주장이 명백한 잘못이라는 사실을 알게 된다.

즉 '조선열전'에는 중국 연나라의 위만이 '동쪽'으로 경계인 패수를 건너 고조선에 망명했다고 기록했다. 만약 패수가 일제 식민사학자나 지금 학계의 주장처럼 압록강이나 청천강·대동강 등 한반도의 강이었다면 그 강들이 동에서 서로 흐르므로, 위만이 '남쪽'으로 건넜다고 해야 평양에 이를 수 있다. 또 위만이 조선에 와서 도읍했다는 왕험성(평양)의 위치에 대해 '사기'의 주석서를 보면 신찬이라는 학자가 패수의 '동쪽'이라 했으므로 역시 위만이 동쪽의 조선으로 왔다는 사실이 확인된다. 그리고 다른 학자들은 왕험성이 요동군이나 창려군의 험독현이라고 주석했으므로 그곳이 만주였음을 알 수 있으며, 왕험성이 지금의 평양이었다는 학계의 주장이 조선총독부의 식민사관을 추종한 잘못임을 확인하게 된다.

한편 한(漢) 무제가 서기전 109년 위만조선의 우거왕을 칠 때 수군대장 양복이 '제(齊)나라를 따라 발해에 떠서(從齊浮渤海)' 열구라는 곳에 상륙작전을 폈다. 이에 따르면 지금 중국 산동성 해안을 따라 안 쪽의 발해만으로 들어가 톈진 부근에 상륙한 것으로 추정할 수 있다. 그런데 이병도는 일제 강점기에 쓴 '패수고'에서 이 구절의 '발해' 다음에 괄호 속에 '황해'라고 써넣어 사료를 조작했다. 발해와 황해는 누구나 아는 대로 별개의 바다인데 같은 바다로 만들어, 양복이 황해를 건너 대동강 입구의 열구(列口)로 왔다는 것이다. 대동강이 열수(列水)라는 식민사학자 이마니시 류(今西龍)의 설을 추종하여 그 입구인 대동강 하구가 열구라는 허위 주장을 한 것이다.

이 열수의 북쪽에는 또 열양이라는 지명이 있는데, '산해경'을 보면 이 열양이 중국 연나라의 땅이라 했으며 그 동쪽에 조선이 있다고 했다. 즉 연나라의 위만이 '동쪽'으로 조선에 왔다는 '사기'의 '조선열전' 기록처럼, 이 기록도 역시 연의 '동쪽'이 조선이었음을 말하고 있는 것이다. 그러므로 만약 이병도의 주장처럼 열수가 지금의 대동강이라면 그 북쪽의 열양은 연나라가 되는데, 그곳은 평양과 거의 같은 곳으로 또 조선이 되어야 하므로 모순이 된다. 그러므로 연나라의 열양은 한반도에 있지 않았으며, 그 동쪽의 조선 또한 한반도가 아니라는 사실을 알 수 있다.

지금까지 패수나 열수가 한반도의 강이라는 주장은 모순투성이로 성립할 수 없음을 논했다. 패수에 대한 기본 사료인 '사기'의 '조선열전'에는 앞에서 보듯 그 위치를 보하이(발해·渤海) 연안으로 추정할 수 있으나, 이를 더욱 확실하게 증거하기 위해서는 다른 사료를 검토할 필요가 있다. 그중 '한서'의 '지리지' 중 '낙랑군' 조를 보면 25개 속현의 이름과 각 현에 대한 간략한 기술이 있으나 정확한 위치를 찾기 어렵다. 게다가 낙랑군을 흐르는 패수·대수·열수가 서쪽으로 흐른다고 되어 있어 이 강들이 한반도의 강인 것처럼 조작했다. 이 강들이 한반도에 있을 수 없음은 이미 밝혔다.

그런데 '한서'의 '지리지'에 동북쪽의 유주(幽州)와 북쪽의 병주(幷州)에 속한 15개 군들을 보면 군 안에 도위를 따로 두어 군의 일부를 다스리게 했다. 그중 낙랑군을 제외한 8군은 모두 동부·서부의 두 도위를 두었으나 유독 낙랑군에는 동부와 남부도위의 둘을 두었다. 15개 군 중 낙랑에만 남부도위가 있는 이유는 무엇일까? 그것은 군의 관할 지역이 특수하게 ┌ 형태여서 동부와 남부에 보조할 도위를 둔 것으로 봐야 할 것이다. 낙랑군은 바닷가에 있었으므로 이 형태가 나올 수 있는 곳을 찾자면 톈진을 둘러싼 보하이의 서(북)안 지역 외에는 없다. 한반도에서라면 함경남도 해안에 있을 수 있으나 서해안에서는 이런 형태가 나올 수 없으니, 낙랑이 평안도라는 설은 틀린 것을 알 수 있다.

다음으로 검토해야 할 자료는 '수경' 권13의 누수인데, 습수라고도 하는 이 강은 지금의 융딩허(영정하·永定河)로서 베이징을 지나 톈진으로 흘러 바다(보하이)로 들어간다. 장안(張晏)은 이 습수와 그 지류인 습여수(선수) 그리고

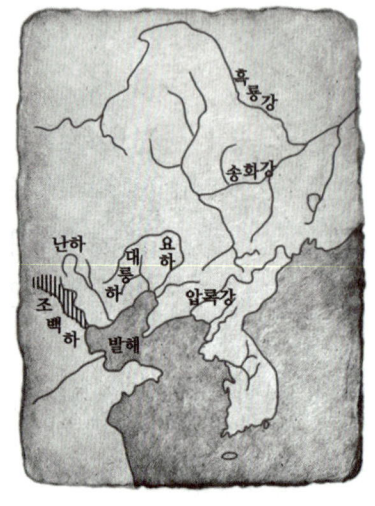

열수(고하)의 세 강이 합하여 흐르는 곳이 낙랑군 조선현이라고 했다. 패수 역시 낙랑군을 흐르는데 '수경'에는 "패수가 낙랑 누방현에서 나와 동남쪽으로 임패현을 지나 동쪽으로 바다로 들어간다"고 했다. 이 기록에 맞는 강을 찾자면 차오바이신허(조백신하·潮白新河)밖에 없다.

그러나 이 강은 낙랑 누방현에서 발원하는 것은 아니고 차오바이허(조백하·潮白河)의 하류의 흐름에 새로운 다른 강줄기를 만들어 붙인 이름이다. 그러므로 이 강은 거슬러 올라가면 차오바이허이며 또 거슬러 올라가면 상류는 바이허가 된다. 그리고 바이허 상류로부터 차오바이허를 거쳐 옛 물길로 흐르는 전체의 강은 하이허(해하·海河) 또는 구허(고하·沽河)로, 결국 패수는 위의 열수와 같은 강이다. 이와 같이 낙랑은 톈진 해안이고 요동은 그 서북 쪽의 베이징 부근이었다. 한나라의 요동·현도가 베이징 부근임을 '수경'이 위와 같이 충분히 증거하고 있는데도 학계에서는 계속 외면한다. 국민 모두가 이런 매국적 사학계의 속임수를 알아야 한다.

황순종 고대사 연구가 프로필

서울대학교 및 미국 디트로이트 대학에서 수학하였다. 고대 문헌과 사류를 중심으로 철저한 고증을 추구하며 저술한 '동북아 대륙에서 펼쳐진 우리 고대사(2012)'와 '식민사관의 감춰진 맨얼굴(2014)' 등을 쓴 역사 저술가이다. 조선총독부에서 한국을 영구 지배하기 위해 만든 식민사관을 바로잡는 일에 남은 인생을 걸고 있다.

5. 1차 사료 배척한 채 떼쓰는 강단사학자들

2016년 7월 22일
허성관 전 광주과학기술원 원장

'낙랑군=요서'설 비판하며 사이비 사학자로 매도…
학문적 정치성 구성·요건논리의 정연성도 부족

계간지 '역사비평' 2016년 봄호는 '기획1 한국 고대사와 사이비 역사학 비판'이라는 주제로 세 편의 논문을 실었다. 한국일보, 경향신문, 한겨레신문은 이 세 편의 논문을 거의 요약 전재하는 형태로 대서특필했다. 이 과정에서 윤내현, 신용하, 이덕일, 복기대는 졸지에 박사학위를 가진 사이비 역사학자로 일반 대중에게 전달되었다.

필자는 역사학을 전공하지 않았지만 역사에 관심이 많은 학자로서 3편의 논문을 정독했다. 이들 논문은 학문적 정치성(精緻性)과 논리의 정연성이 부족하며, 자신들의 주장에 반대되는 1차 사료와 선행연구 결과를 배척하고 있어 논문으로서의 요건을 제대로 갖추지 못하고 있다. 대학원 재학 중이거나 갓 졸업한 사람들이 쓴 글이라 이해하려 해도 도저히 그대로 넘길 수 없는 수준이다. 이러니 이 글들을 게재한 '역사비평' 수준도 의심할 수밖에 없다. 이해하기 어려운 몇 가지 주장을 살펴보자.

낙랑군이 지금 평양에 있었다는 것이 통설인데 왜 자꾸 문제를 제기하느냐는 주장은 거의 떼를 쓰는 수준이다. 예를 들면, 윤내현은 '고조선 연구'에서 사마천의 '사기' 등 중국 사료를 통해 낙랑이 지금의 요서 지역에 있었다고 논증했다. 세 명의 저자들이 한문 원전은 고사하고 윤내현의 이 책을 정독했는지 묻고 싶다. 낙랑군이 요서 지역에 있었다는 많은 중국 기록에 동의하지 않는다면 다른 1차 사료로 비판하면 될 일이다. 그런 1차 사료가 없다는 것을 모르는 바는 아니다. 누구와 무엇을 위해 낙랑군이 평양에 있었다고 기를 쓰고 나서는가?

실증적 학문 분야에서 통설은 영원불멸의 진리가 아니다. 그 시점까지 이용 가능한 모든 자료를 정밀하게 분석한 결과를 관련 학자들이 공감하면 통설이다. 새로운 자료가 발견되거나 더 정치한 분석 방법을 활용한 결과, 결론이 달라지면 기존의 통설은 무너지고 새로운 이론이 등장하게 된다. '낙랑군=평양' 설은 강단 사학자들만의 통설인데 이를 비판하면 사이비 학자라는 논리가 어떻게 성립하는지 알 수가 없다. 동북아 역사지도를 통설에 따라서 그렸는데 무엇이 문제냐는 비난은 푸념일 뿐이다.

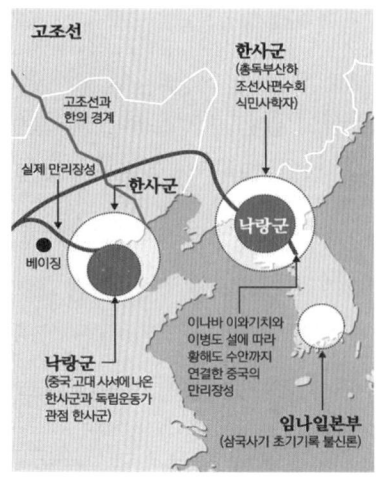

'환단고기'를 지극히 혐오하는 이유를 알 수 없다. '환단고기'가 위서라는 강단 사학자들 주장에 대해서 안경전이 2005년에 종합적으로 반론했지만 재반론은 보지 못했다. 중국 사서의 내용과 일치하면 베낀 것이고 중국 사서에 없으면 조작이라는 주장은 최재석이 지적한 대로 전형적인 일제 식민 사학자들의 막가파식 주장과 같다. '환단고기'에 기록된 사실의 진실 여부를 진지하게

연구해보는 것이 학자의 자세이다. '환단고기'가 강단 사학자들에게 어떤 불이익을 주기에 이렇게 혐오하는가?

사이비 사학자들이 강연, 언론, 정치인들을 통해 대중을 선동한다는 주장도 마찬가지이다. 윤내현과 이덕일은 대중을 선동한 적이 없다. 강연 요청이 오면 선별해서 수락하고, 기고를 요청하면 글을 쓰고, 국회에서 증언을 요청해서 나갔다. 학자가 자신의 견해를 피력해 달라는 요청에 응하는 것은 당연하다. 강단 사학자들이 언론사와 제휴해서 시민 강좌를 개설한 것도 대중 선동인가? 역사가 역사학자들만의 전유물이어서는 안 된다. 역사는 모두가 공유해야 하는 지식이다. 서고 속의 역사학은 유물일 뿐이다.

세 편의 논문 필자들은 민족주의를 경원하고 있다. 이들은 민족주의를 국수주의와 동일시하고 있다. '민족사학 대 식민사학'이라는 구도 대신 '사이비사학 대 강단사학'으로 분류한 것도 민족이라는 용어를 싫어하는 반증일 수 있을 것이다. 우리 입장에서 우리 역사를 바라보면 민족사학이고 일제의 입장에서 우리 역사를 바라보면 식민사학이다. 민족주의는 자신의 정체성을 바르게 세워 국가와 사회를 이끌어 나가는 동력으로 삼자는 사상이다. 신채호 선생에게는 민족주의가 일제에 빼앗긴 나라를 되찾기 위한 투쟁 이론이었다. 민족사관을 이렇게 경원하니 강단사학이 일제 총독부 사관을 옹호한다는 비판이 나오는 것이다.

세 편의 글 중에서 안정준의 마지막 주장을 보자. '낙랑군의 지배자는 중국인이고, 피지배자는 토착 조선인들이며, 조선인 관료들도 있었고, 조선인들은 중국인 지배에 협력했기 때문에 낙랑군이 420년 동안이나 존속할 수 있었다. 토착 조선인이 줄곧 지배층이었다. 낙랑군의 중국인과 조선인을 지배-피지배 이분법적 대립구도로 보기는 어렵다'

무슨 뜻인지 이해하기 어려운 표현이다. 아마도 낙랑군을 중국 식민지로 보는 것은 문제가 있다는 표현일 것이다. 이 표현을 일제 강점기 조선에 적용하면, '조선총독부 지배층은 일본인이고, 피지배층은 조선인이며, 총독부에 조선인 하급 관리도 있었고, 친일파들은 여전히 조선의 지배층이었기 때문에 당시 조선을 일제 식민지로 보기 어렵다'는 논리와 같다. 섬뜩한 주장이다. 식민지 근대화론보다 더 조선총독부 통치를 합리화하는 관점이다.

마지막으로 '한사군 한반도설=식민사학'이라는 등식이 성립하지 않는다는 주장을 보자. 이 주장은 결론이 같은데도 학파가 다르다고 떼를 쓰는 데 불과하다. 조선 후기 일부 실학파 학자가 식민사학자들과 같은 주장을 했다는 것이 그 논거다. '한사군=한반도' 설을 차마 실학이라고 명명하지 못하고 이런 주장을 한 것인가? 조선 후기 일부 유학자들이 기자 존숭 차원에서 그렇게 주장했지만 그들이 지금 환생한다고 해도 강단 사학자들의 주장을 옹호해줄지는 의문이다. 선현들의 주장을 아전인수로 해석해서 매도하는 것은 후학들의 바람직한 학문 자세가 아니다.

강단 사학자들이 많이 있다. 첨예한 논쟁에 학문적으로 영글지 않은 사람들이 나서 떼쓰는 현상을 어떻게 받아들여야 하는가? 강단 사학계의 타락한 모습을 보는 것 같아 가슴 아프다.

허성관 전 광주과학기술원 원장

미국 뉴욕주립대학교와 동아대학교에서 학생들을 가르쳤다. 제16대 대통령직인수위원회 경제 제1분과위원회 위원을 역임하고 해양수산부 장관, 행정자치부장관, 광주과학기술원장을 역임하였다. 현재 '경기일보'와 '한은소식' 등에 칼럼을 연재하고 있다.

6. 낙랑군은 평양에서 요동으로 이동했는가?

2016년 7월 29일
이 덕 일 한가람연구소 소장

**사료로도 입증할 수 없는 '교군설'은 공상…
낙랑군 위치는 평양이 아니라 현재 하북성 일대**

필자는 90년대 초반 중국 서점에 처음 갔을 때 '사기(史記)' '한서(漢書)' 등이 문고판으로 판매되는 것을 보았다. 주로 중화서국(中華書局)에서 발간했는데, 특이한 것은 지금 중국에서 사용하는 간체자(簡體字)가 아니라 옛날부터 쓰던 번체자(繁體字) 서적들이었다. 이런 사료들만 간체자가 아니라 번체자로 간행하는 데서 고대 사료를 중시하는 중국인들의 시각을 느낄 수 있었다.

그때부터 기회가 닿을 때마다 '사기' 등의 고대 사료들을 사 모았다. 이는 작게 보면 책을 좋아하는 한 개인의 행위지만 크게 보면 그보다 더 큰 의미가 있는 행위였다. 이른바 강단사학계의 사료 독점이 깨지는 현장이기도 했기 때문이다. 그 전에 어느 개인이 '사기' '한서' '자치통감(資治通鑑)' 같은 중국 고대

사료들을 소장할 수 있었겠는가? 1990년대 초만 해도 중국 서적들의 가격은 쌌고, 필자뿐만 아니라 이 분야에 관심이 있던 여러 사람들이 중국 고대 사료들을 사 모았다. 여기에 인터넷이 가세하면서 상황은 더 크게 바뀌었다. 문고판 서적뿐만 아니라 인터넷상으로도 중국 25사를 주석까지 볼 수 있는 길이 열린 것이다.

이는 강단사학계가 수세에 몰리는 결정적 전기가 되었다. 과거에는 이런 사료들을 자신들만 독점하고 있었기 때문에 일부분만 발췌해 자신들의 논리를 합리화시킬 수 있었다. 즉, 조선총독부에서 만든 식민사관 이론들을 실증사관이란 이름으로 해방 후에도 하나뿐인 정설로 유지할 수 있었던 것이다. 그러다가 학자들은 물론 일반인들도 중국 고대 사료들을 쉽게 접할 수 있게 되면서 수세에 몰렸다.

식민사관의 핵심이론 중의 하나인 '한사군=한반도설'을 입증하는 중국 사료는 전무하다시피한 반면 한사군이 지금의 하북성 일대에 있었다는 사료가 속출했다. 정상적인 나라의 정상적인 학계였다면 '한사군=한반도설'은 이미 폐기 처분되었을 것이다. 조선의 유학자들이 중국에서 왔다는 기자(箕子)를 높이는 이데올로기 차원에서 만들었고 조선총독부에서 악용한 '한사군=한반도설'이 사실이 아니라는 것을 깨닫고 기존의 논리를 수정했을 것이다. 그러나 한국 식

민사학계에게 '한사군=한반도설'은 이미 사료를 통해 검증할 수 있는 상대적 이론이 아니라 종교적 도그마였다.

그러나 한사군, 특히 낙랑군이 식민사학계의 주장처럼 평양 일대가 아니라 지금의 하북성 일대에 있었다는 사료가 수십 개 이상 공개되었으므로 이 사료들이 말하는 사실에 대해 무언가 설명해야 했다. 그중 하나가 이른바 '교군설(僑郡說)'이다. 교군설이란 간단하게 말해 평양에 있던 낙랑군이 요동으로 이사했다는 것이다. 강단사학계는 한사군의 중심이라는 낙랑군 조선현의 자리를 평양 남쪽의 대동면이라고 주장했다.

그런데 중국 사료들은 낙랑군 조선현이 있던 자리를 지금의 하북성 노룡(盧龍)현이라고 말한다. 교군설은 개인으로 말하면 평양 대동면에 살던 '조선'이 하북성 노룡현으로 이주했다는 이야기다. 이 이야기의 진위를 가리는 것은 간단한 일이다. '조선'의 주민등록등본에 지금은 하북성 노룡현에 살고 있지만 과거에는 평양 대동면에 살았다는 기록이 있으면 되는 것이기 때문이다. 문제는 하북성 노룡현에 낙랑군 '조선현'이 있었다는 중국 사료는 많지만 그 전에 평양 대동면에 살았다는 사료는 없다는 사실이다. 교군설 자체가 사료로는 입증할 수 없는 공상이란 뜻이다. 그러나 식민사학계는 사료에 낙랑군이 이동했다는 이야기가 나온다고 주장한다. 그 진위를 살펴보자. 송나라 사마광이 편찬한 '자치통감' 권88, 진기(晉紀) 10에 이런 이야기가 나온다.

"건흥 원년(313) 4월 요동 사람 장통(張統)은 낙랑(樂浪)과 대방 두 군을 점거하고 고구려왕 을불리(미천왕)와 해를 이어 서로 공격했지만 해결하지 못했다. 낙랑인 왕준(王遵)이 장통을 설득해서 그 백성 1000여 가구를 통솔해 모용외(慕容廆)에게 귀부하니 모용외는 낙랑군을 설치해서 장통을 태수로 삼고 왕준을 참군사(參軍事)로 삼았다."

요 동사람 장통이 낙랑과 대방 두 군을 점거하고 고구려 미천왕과 싸웠는데, 쉽게 승부가 나지 않았다. 낙랑 사람 왕준의 설득을 들은 장통은 1000가구의 백성을 데리고 선비족 모용씨에게 귀부했다는 것이다. 선비족 모용외는 창려(昌黎) 극성(棘城) 사람으로 전연(前燕)의 건국자 모용황의 부친이다.

그러나 이 사료는 첫째, 고구려 미천왕 때 장통이 점거했다는 낙랑군과 대방군은 평안남도나 황해도일 수 없다는 사실을 말해준다. 미천왕 때라면 고구려가 이미 요동반도는 물론 그 서쪽 상당 부분까지 차지한 상태였다. 낙랑군이 평양 지역에 있었다면 장통이 1000가구를 거느리고 자국 영토를 지나 지금의 베이징 부근인 고대 요동에서 활동하던 선비족 모용씨에게 가는 것을 눈 뜨고 구경하고 있었겠는가?

둘째, 1000가구의 낙랑인이 이주한 것을 가지고 낙랑군 전체가 이주한 것으로 볼 수는 없다는 사실이다. 낙랑군의 인구에 대해 '한서지리지' 낙랑군 조는 "6만 2812호에 40만6748명"이라고 말하고 있다. 대략 한 가구의 구성원이 7명 정도라는 이야기다. 즉, 장통이 거느리고 간 1000가구는 7000명 정도라는 뜻이다. 40만7000여 명의 낙랑인 중에 7000명이 이주한 것을 낙랑군 전체가 이주했다고 볼 수 있겠는가? 나머지 40만 명은 어디로 갔나?

식민사학의 논리라는 것은 이처럼 조금만 들여다보면 허점투성이라는 것을 알 수 있다. 이 이야기를 정리하면 장통이 점거했다는 낙랑, 대방은 지금의 하북성 일대에 있었다. 고구려가 단군 조선의 고토를 회복하기 위해서 서쪽에 있던 낙랑, 대방을 공격하자 장통이 견디지 못하고 자신을 따르는 1000가구만 거느리고 고대 요동의 모용씨에게 귀부한 것이다. 나머지 낙랑인들은 계속해서 하북성 낙랑지역에 살고 있었다. 낙랑군 1000가구가 귀부하자 모용외는 낙랑군이란 명칭을 부여해준 것에 불과하다. 낙랑군은 평양에 있었던 적이 없고, 따라서 평양에 있던 낙랑군이 이주한 적도 없다. 중국의 어느 사료에도 평양에 낙랑군이 있었다는 기록이 없는 것은 당연한 것이다.

이덕일 한가람연구소 소장 프로필

숭실대에서 역사학으로 학위를 받은 필자는 뚜렷한 관점과 흡입력 있는 문체로 한국사의 핵심 쟁점들을 명쾌하게 풀어냄으로써 역사 대중화와 동시에 한국역사서 서술의 전환을 이뤄낸 우리 시대의 대표적 역사학자로 평가받고 있다. 현재 한가람역사문화연구소 소장이며, 시대와 인물을 읽어내는 뛰어난 통찰력으로 우리 역사를 바로잡기 위해 힘쓰고 있다.

7. 일본인들은 왜 '삼국사기'를 가짜로 몰았는가?

2016년 8월 12일
김 병 기 대한독립운동총사편찬위원장

'한반도 침략' 정당화 위해 불신론 조장…
광복 70년 흐른 지금도 한국사학계 '불신론' 추종

[그림-41] 쓰다 소키치는 '일본서기'에 나오는 임나일본부설을 정당화하기 위해 '삼국사기' 초기 기록을 가짜로 몰았다.

'삼국사기' 초기 기록을 가짜로 몰다=일본에서는 19세기 말부터 한국 침략을 정당화하는 정한론의 이론적 근거 하나로 『삼국사기』 초기 기록의 사료적 가치를 비판하기 시작했다. 일제 식민사학자들은 『일본서기』의 서술 자체가 근대 일본 제국주의의 침략이론과 상통함을 발견하고, 이에 장애가 되는 것은 모두 계획적, 조직적으로 파괴, 말살하려고 했다. 그 목표가 되었던 것이 바로 『삼국사기』 초기 기록인 것이다.

『삼국사기』 초기 기록 불신론은 1894년 나카 미치요(那珂通世)의 『조선고사고』에서 처음 주장되었고, 이후 쓰다 소키치(津田左右吉)에 의해 이른바 '문헌고증학적 방법론'이란 미명하에 확증되었다. 쓰다는 일본의 『고사기』나 『일본서기』에 다수 나오는 임나일본부가 『삼국사기』에 나오지 않자, 제국주의 어용학자다운 기발한 발상을 하게 된다. 『삼국사기』 초기 기록을 가짜로 모는 방식이다. 이런 황당한 방법은 일제 식민사학자들의 상투적인 수법이기 때문에 새삼스러울 것도 없다. 그것은 더 이상 학문이 아니라 제국주의 침략 이론일 뿐이기 때문이다.

일제 식민사학자들이 『일본서기』의 상당 부분이 조작되었다는 것을 시인하면서도 유독 '신공황후 삼한정벌' 기사나 '임나일본부' 기사만은 어떤 일이 있더라도 고수하려고 하는 것도 바로 제국주의 침략사관과 상통하기 때문인 것이다.

그렇다면 일본인들이 떠받들고 있는 『일본서기』란 어떤 책인가? 일본인들이 『삼국사기』의 사료적 가치를 비판할 때면 언제나 거론되는 것이 바로 『일본서기』다. 『일본서기』는 누구나 아는 대로 왜곡과 허구가 심한 역사서다. 『일본서기』는 특히 고대 일본과 고구려, 백제, 신라의 관계를 크게 왜곡했다. 뿐만 아니라 연대까지 조작했기 때문에 정상적인 역사서라고 보기 어렵다. 실제로 『일본서기』는 10여 명의 국왕이 연달아 100세 이상 140세까지 살았다는 「기(紀)」를 싣고 있는데, 역사서의 기본인 「지(志)」도, 「열전(列傳)」도 없으며, 저자의 서문도, 발문도 없다. 역사서인지 의문이 든 책이다.

일본은 한국고대사를 왜곡하기 위해 그들이 가장 오랜 국왕으로 간주하는 15대 오진(應神) 연대(재위 279~310)에 해당되는 신라의 내물왕(재위

356~402)과 백제의 근초고왕(재위 346~375) 이전의 수백 년간의 『삼국사기』 기사는 모두 부인한다. 또한 삼국에 대한 기술도 『삼국사기』 기사보다 『일본서기』 기사가 더욱 정확하다고 주장하는데, 이러한 일제 식민사학자들의 모든 활동은 철저히 『일본서기』의 이념을 수호하기 위한 것이다.

이처럼 일본인들은 『일본서기』를 일종의 성스러운 신서(神書)로 신봉하고 있는데, 더 큰 문제는 이를 합리적, 객관적으로 연구해서 사실을 규명해야 할 한국인 학자들이 광복 후 70년이 넘도록 일제 식민사학자들의 『삼국사기』 초기 기록 불신론을 여전히 추종하고 있다는 현실이다.

『삼국사기』 초기 기록 불신론을 추종하는 한국사학계=현재 아흔이 넘은 노교수 최재석은 일본이 패전 후에도 이런 비학문적인 언동을 계속할 수 있었던 배경에는 한국인 학자들의 책임이 크다고 질타하고 있다.

이병도를 필두로 김철준, 이홍직, 이기백, 이기동, 문경현을 거쳐 김현구에 이르기까지 일본인 식민사학자들이 왜곡시킨 한국고대사 및 고대 한일관계사를 거의 그대로 추정하고 있기 때문이다. 일제 식민사학 극복에 앞장서야 마땅한 한국사학계에서 오히려 일제 식민사학을 추종하는데 일본인들이 자신들의 잘못된 주장을 고칠 까닭이 있겠는가?"(8쪽)

최근 재간된 『삼국사기 불신론 비판』(2016) 머리말에 실린 노교수의 질타는 한국사학계가 깊이 마음에 새겨야할 것이다.

조선사편수회 출신으로 경성제국대학 교수로도 재직했던 스에마쓰 야스키즈(末松保和)는 쓰다 소키치의 뒤를 이어 『삼국사기』 초기 기록 불신론을 심화시킨 인물이다. 그는 일제 패전 후 귀국해 임나의 강역을 기존의 경상도에서 전라도 및 충청도까지 확대시킨 장본인이기도 하다. 김용섭 교수의 회고록 『역사의 오솔길을 걸으면서』(2011)를 보면 스에마쓰는 해방 후까지도 한국에 건너와 한국 사학계를 뒤에서 조종했던 자로 알려져 있다.

그런데 최근 논란이 되고 있는 김현구 교수의 『임나일본부설은 허구인가』라는 책에서도 스에마쓰의 학문적 권위는 여전히 살아 있는 것을 볼 수 있다.

"스에마쓰의 주장이 『일본서기』를 바탕으로 하고 있는 만큼 507~562년의 50년간 『일본서기』에 보이는 야마토 정권과 한반도 각국의 인적 물적 교류를 살펴보면 야마토 조정과 한반도 각국의 관계는 자연히 밝혀지리라 생각된다."

즉 김현구는 스에마쓰의 논리를 검토한다는 명목하에 『일본서기』의 권위를 인정할 뿐만 아니라 일제 식민사학자의 논리를 그대로 수용하고 있는 것을 볼 수 있다. 『일본서기』가 왜곡과 과장이 많은 역사서라고 하면서도 쓰다 소키치나 스에마쓰 야스키즈가 그랬던 것처럼 『일본서기』의 권위는 오늘날까지도 여전히 한국 땅에 살아 있는 것이다.

김병기 대한독립운동총사편찬위원장 프로필

단국대에서 학위를 받은 그는 독립신문 사장과 육군주만참의부 참의장을 지낸 독립운동가이자 《한국독립사》의 저자인 조부 김승학과 《한국민족총사고》의 저자이자 부친 김계업 선생에 이어 3대째 역사의 가학을 잇고 있다. 대한독립운동사편찬위원회 위원장으로 활발한 저술과 강연 활동을 펼치고 있다. 식민사관과 사대사상을 넘어선 한국사 본류 찾기를 필생의 과업으로 삼고 있다.

8. 가야 통치했다던 '임나일본부' 한반도엔 아예 존재하지 않았다

2016년 8월 19일
황 순 종 고대사연구가

日 스에마쓰 "임나 7국, 한반도 가야" 주장···
임나와 인접한 3국은 쓰시마 섬마을나라일 뿐

임나(任那)는 '일본서기(日本書紀)'라는 일본의 고대 역사서에 나오는 나라 이름인데 일본어로는 '미마나'로 읽고 쓴다. 일본에서는 이 임나를 우리 역사상의 가야를 말하는 것이라고 하는데, 이곳을 일본의 고대왕조인 야마토(大和) 왜(倭)가 서기 4세기 후반부터 6세기 후반까지 200년 이상 지배했다고 주장해 오고 있다. 그리고 임나일본부란 것은 임나를 지배하기 위해 야마토 왜가 임나에 둔 통치기구라고 하여, 근세의 조선총독부와 같은 성격이라고 주장했다. 그러나 임나는 가야와는 다른 나라로 결코 한반도에 있지 않았으며, 일본 열도에 있던 마을 규모의 나라에 불과했으니 이를 간단히 밝히기로 하겠다.

임나가 처음 등장하는 것은 '일본서기'의 제10대 스진(崇神)왕 65년 조이다. 그 위치에 대해 "쓰쿠시(筑紫)국에서 2000여 리를 가며 북쪽은 바다로 막였는데 계림의 서남쪽에 있다"고 했다. 임나가 쓰쿠시국(규슈 북부에 있던 나라)에서 2000여 리이고 북쪽이 바다로 막혔다고 했으므로 쓰시마섬(대마도·對馬島)을 생각할 수 있다. 이런 견해를 가진 분들은 문정창 선생, 최재석 고려대 명예교수, 윤내현 단국대 명예교수 같은 민족사학의 올바른 맥을 잇는 학자들이다. 이에 비해 일본 식민사학자들과 이를 추종하는 우리 학계의 거의 모든 매국 사학자들은 임나가 신라('일본서기'의 계림)의 서남쪽에 있다는 기사만 맹신해 가야와 동일시하며, 북쪽이 바다로 막혔다는 기사는 무시해 버리니 큰 잘못이다.

임나는 가야와 다른 것으로 한반도에 있지 않았으니 이에 대해 살펴보겠다. 첫째, '일본서기' 진구(神功)왕후 49년(369)에 신라를 친 후 비자발·남가라·탁국·안라·다라·탁순·가라의 임나 7국을 평정했다고 되어 있다. 그런데 이 나라들은 '삼국유사'에 보이는 대가야·아라가야·성산가야·고령가야 등 가야 6국과는 이름이 전혀 달라 임나를 가야로 볼 수 없다. 그런데도 악랄한 식민사학자 스에마쓰 야스카즈(末松保和)는 '임나흥망사(1949)'에서 임나 7국을 한반도 남부 가야지역에 억지로 비정했으며, 이러한 설을 추종하여 이병도는 '삼한문제의 신고찰'에서 이렇게 썼다.

"…'일본서기'에 의하여 들어보면 창녕 방면에는 비자발, 김해 방면에는 남가라, 함안 방면에는 안라, 고령 방면에는 임나가라, …그밖에 탁국(달구벌, 즉 대구) …탁순(창원?), 다라(합천) …등 소부락이 있는데(하략)"

'삼국사기'나 '삼국유사'에 보인 가야나 그 소국들의 이름은 한반도에서 사라지고 대신 '일본서기'에 보인 임나 7국이 한반도에 자리 잡아 그곳을 일본이 통치한 것으로 조작해 놓았다.

둘째, 임나와 가야는 그 건국과 멸망 시기가 모두 다르다. 즉 '삼국사기'의 가야는 서기 42년에 건국된 반면 '일본서기'의 임나는 그로부터 70여 년 전에 이미 존재하고 있다. 또 가야는 신라 진흥대왕 23년(562)에 멸망한 데 비해, 임나는 그 후에도 '일본서기'에 기록되어 642년에야 멸망한 것으로 되어 있다. 그러므로 임나는 가야와는 다른 나라일 수밖에 없다. 한 예로 서기 600년의 '일본서기' 기록을 보자.

"신라와 임나가 서로 공격했다. 천황은 임나를 도우려고 했다. …1만여 명의 군사를 거느리고 임나를 위해 신라를 공격했다. 바다에 배를 띄워 신라에 도착, 다섯 성을 뿌리 뽑았다. 신라왕이 두려워 백기를 들고 장군의 깃발 아래 섰다. …신라와 임나 두 나라가 사신을 보내 조공했다."

왜에서 1만 명의 군사로 신라를 공격해 다섯 성을 빼앗으니 신라왕이 항복했다는 내용이나, 이는 '삼국사기'에 일체 기록되지 않은 허무맹랑한 내용이다. 따라서 여기의 신라는 쓰시마에 임나와 인접해 있던 신라로 볼 수밖에 없다. 이때 한반도의 신라는 진평대왕 22년이었는데 이미 '건복'이란 연호를 쓰던 황제국을 자부한 나라였다. 또 고구려의 침입에 대왕이 1만 명의 군사를 거느리고 막아내고, 백제의 침입도 막는 한편 백제를 역공하는 강한 나라였다. '일본서기'의 기록처럼 1만 명의 왜군이 5성을 빼앗았다고 신라에서 항복했다는 것은 있을 수 없는 일이며, '일본서기'의 허구를 폭로하는 것일 뿐이다.

셋째, 가야와 임나는 그 왕들의 이름도 전혀 다르며, 주변의 신라·백제·고구려와의 관계에 있어서도 같은 내용이 없다. 그러므로 임나와 인접한 이 3국도 한반도의 3국과 달리 쓰시마에 있던 같은 이름의 마을 나라들이었다. '일본서기'에 이 나라들은 작은 마을처럼 인접하여 개와 닭이 짖는 소리로는 어느 나라인지 모른다고 한 것이 그 단적인 예다. 이와 같이 임나는 가야와는 관계가 없이 일본열도에 있었는데도 김현구 고려대 명예교수를 위시한 학계에서는 가야를 임나라고 여전히 매국적 주장을 하고 있다.

황순종 고대사연구가 프로필

서울대, 미국 디트로이트대에서 수학하였다. 고대 문헌과 사류를 중심으로 철저한 고증을 추구했다. 저서로 '동북아 대륙에서 펼쳐진 우리 고대사'(2012)와 '식민사관의 감춰진 맨얼굴'(2014) 등이 있다.

9. 강진을 쳤는데 공주가 항복했다고?

2016년 8월 26일
정암 희산김승학기념사업회 이사

지도로 보는 임나일본부설… 스에마쓰의 '임나흥망사' 위치 비정 그대로 차용한 국내 사학자

 한반도 남부에 임나일본부가 있었다고 언급하기 시작한 것은 19세기 말 일본에서의 정한론(征韓論)이다. 그 이래 20세기 초반 일본의 어용학자들이 '가

야=임나'라는 등식을 반복·재생산해왔다. 메이지 시기의 반 노부토모(伴信友), 나카 미치요(那珂通世), 간 마사토모(菅政友) 등을 비롯해 일제강점기 때의 쓰다 소키치(津田左右吉), 이마니시 류(今西龍)가 대표적이다. 낯익은 이름들이다. 이들 연구는 제2차 세계대전 이후에 스에마쓰 야스카즈(末松保和)에 의해 '임나흥망사(任那興亡史)'(1949)라는 책으로 종합·정리되었다. 그러나 1963년 김석형의 '삼한삼국의 일본열도 내의 분국에 대해서'라는 연구가 발표된 이래, 일본에서 임나일본부설은 쑥 들어가 버렸다.

그럼에도 우리는 왜 아직도 스에마쓰의 '임나흥망사'에 관심을 갖고 있는가. 김현구가 스에마쓰의 설에 따라 '일본서기'의 임나일본부설 관련 지명을 한반도 남부에 끌어들여 국사를 혼란시키고 있기 때문이다(지도참조: 두 지도가 쌍둥이처럼 닮았음을 주목하시오). 김현구의 논리는 369년, 즉 '일본서기' 신공(神功) 49년조의 기록에서 출발하고 있는데, 이는 스에마쓰의 출발점과 똑같다. 아래 기사는 스에마쓰의 책에 실린 관련 내용이다.

"(己巳=369年) 아라타와케(荒田別)·가가와케(鹿我別)를 장군으로 삼아 백제의 사자와 함께 바다를 건너 탁순국(卓淳國)에 이르러 신라를 정벌하려고 했다. 하지만 군사의 무리가 많지 않음을 알고 다시 군사(軍使)를 일본에 보내 군사를 늘려줄 것을 청했다. 그래서 조정에서는 목라근자(木羅斤資) 등을 보냈고, 탁순에 집결하여 신라를 쳐부쉈다. 이로써 비자발(比自㶱) 이하 7국(①비자발 ②남가라 ③탁국 ④안라 ⑤다라 ⑥탁순 ⑦가라)을 평정했다. 이어 군병을 서쪽으로 이동시켜 남만(南蠻) ⑧침미다례(忱彌多禮)를 무찌르고 그 땅을 백제에 주었다. 백제왕 부자(肖古王·貴須)도 군대를 거느리고 와서 만났다. 그때 비리(比利) 이하 4읍(⑨비리 ⑩벽중 ⑪포미지 ⑫반고)은 스스로 항복했다. 백제왕 부자 및 아라타와케·목라근자 등은 함께 ⑬의류촌(意流村)에 모였다. 지쿠마 나가히코(千熊長彦)는 백제왕과 함께 백제국에 이르러 ⑭벽지산(辟支山)에 올라 맹세를 하고 다시 ⑮고사산(古沙山)에 올라 맹세를 했다"(임나흥망사 56-57).

스에마쓰는 369년에 야마토 왜군이 신라를 공격해서 7국을 평정했다는 '일본서기'의 기사를 따른다. '삼국유사'의 가야 6국과 '일본서기'의 가야 7국은 숫자도 다르고, 이름도 서로 다르다. 그런데도 스에마쓰는 가야 7국의 위치를 낙동강 중류 이남이라고 주장한다. 위 기사의 지명들 가운데 두세 개만 살펴보면 그 논리의 한계가 바로 드러난다.

③과 ⑥의 설명에서, 스에마쓰는 "탁국은 '삼국사기'에 나오는 달구화현(達句火縣, 達伐)에 대응시키가 가장 쉽지만, …… 달구화는 탁순(卓淳)에 대응되기 때문에 탁국은 달구화 남쪽 3리 남짓 떨어진 압독군(押督郡)이 된다. 압독의 '독(督)'이 탁국의 '탁'과 통하는 것은 말할 필요도 없지만, 압(조선어 발음 ap)은 남쪽(南)이나 앞(前)을 의미하는 조선어 ap, arp를 나타내는 것으로, 달구화의 지리적 관계로부터 생각해보면 어울리는 이름이다. 지금의 경상북도 경산군이다"라고 말했다.

'탁국'이 '달구화현'이면 그것이 사실이든 아니든 거기에 비정하면 된다. 그런데 '탁순'을 달구화현에 비정해야 하니까 '압독군'은 경산에 비정한다는 것이다. 어떻게 위치비정을 'A이지만 여기서는 B라고 한다'라고 할 수 있는가. 그리고 '압독군'의 '압(押)'이 조선어 발음의 앞(前)이니까 탁국 앞쪽의 남쪽 고을과 대응한다고 말한다. 논리적 비약이다. '앞'은 방위 개념이 아니라 방향만을 나타내는 상대적 개념이다. '앞'은 남쪽뿐만 아니라 북쪽이 될 수도 있다. 그럼에도 대구 남쪽에 위치한 경산의 옛 이름이 압독이었던 점을 들어 억지로

'탁국=압독군=경산군'으로 등식화시켜 버렸다. 이 불합리한 논리를 김현구는 그대로 차용했다.

⑧에 대해서도 "서쪽의 정복지로는 먼저 남만 '침미다례'가 있다. 이것을 하나의 지명으로 본다면 중심은 '침미'에 있다. '침미'에 관한 제일 후보지로 여겨지는 곳은 '삼국사기' 지리지 무주(武州)의 도무군(道武郡) 및 그 군의 속현 중 하나인 동음현(冬音縣)이다. …… 그것은 지금의 전라남도 서남단에 가까운 강진(康津) 지방이다"라고 말했다.

스에마쓰는 침미다례에 トムダレ(도무다레)라는 조선어 발음을 일본어로 병기해 놓았다. 그리고 '삼국사기'를 뒤졌더니 무진주에 속한 도무군이 나왔고, '도무'라는 글자가 이 도무군의 '도무'와 같다고 말한다. 그리고 도무군이 강진의 옛 땅이었으니까 침미다례는 강진이라고 비정한다. '이것을 하나의 지명으로 본다면'이라는 가정문을 통해서도 엿볼 수 있듯이 침미다례가 지명인지도 알 수 없을 뿐만 아니라, '침미'의 조선어 발음이 '도무'라는 근거도 제시되어 있지 않다. 김현구는 근거가 박약하고 설득력이 결여된 위치비정을 그대로 차용했다.

스에마쓰의 책에 실린 위 기사로 다시 돌아가서 "군사를 서쪽으로 이동시켜 남만(南蠻) 침미다례(忱彌多禮)를 무찌르고 그 땅을 백제에 주었다. …… 그때 비리(比利) 이하 4읍은 스스로 항복했다"라는 내용을 살펴보자.

369년 당시 3국은 이미 정립하고 있었다. 그런데 가야 땅을 빼앗아 백제에 준 일본이 왜 다시 군사들을 서쪽으로 돌려 백제의 침미다례를 공격했을까. 또 침미다례를 공격했더니 스스로 4읍이 항복했다고 하는데, 그 지역이 전라도와 충청남도까지 떨어져 있고 공주(포미지)는 무려 200㎞ 밖에 위치한다. 왜 백제에 속해 있으면서도 그 먼 곳의 공주가 스스로 항복했을까. 이해하기 어렵다. 지도상에서 나타난 이런 모순은 임나일본부가 설령 있었다고 하더라도 한반도 남부가 아님을 시사한다. 논리적으로나 지리적 위치 관계로 볼 때 스에마쓰의 위치비정은 합리성이 결여되어 있어 납득하기가 어렵다. 따라서 무비판적으로 스에마쓰의 설을 따른 김현구의 위치비정도 당연히 재검토되어야 할 것이다.

정암 희산김승학기념사업회 이사 프로필

동국대학교에서 지리학으로 박사학위를 받았다. 관동대, 동국대 등에서 오랫동안 학생들을 가르쳤다. 현재 희산 김승학기념사업회 이사로 있으면서 지도를 통한 역사 독해에 관심을 갖고 있다.

10. 조선 유학자들은 한사군의 위치를 어떻게 보았을까?

2016년 9월 2일
이 덕 일 역사학자·한가람역사문화연구소 소장

다산도 연암도 '한사군=요동' 믿었는데…
식민사학자 '평양설' 주장했다고 왜곡

조선총독부 직속의 조선사편수회는 중국 한나라가 (위만)조선을 멸망시키고 세운 한사군(漢四郡)의 위치를 한반도 북부라고 확정지었다. 한국사는 식민지의 역사로 시작되었으니 일본의 식민지가 된 것은 역사적 귀결이라고 주장하기 위한 것이었다. 문제는 해방 후에도 친일청산에 실패하면서 이런 식민사관, 즉 조선총독부 사관이 그대로 이어졌다는 점이다.

이제 이 문제에 대한 비판이 거세지자 식민사학자들은 '한사군=한반도설'은 조선총독부보다 조선의 유학자들이 먼저 시작했다고 말을 돌리기 시작했다. 그러면서 "정약용 선생도 식민사학자란 말이냐?"라는 엉뚱한 논리까지 등장했다. 다산이 살아 계셨다면 그분의 애국심으로 조선총독부 사관 옹호에 나섰을 리는 만무하다.

그런데 모든 현상에는 뿌리가 있다. 조선의 유학자들이 낙랑군이 평양에 있다고 생각한 이유는 기자(箕子) 숭배사상 때문이었다. 은(殷)나라 사람 기자가 동쪽 조선으로 갔다는 기사를 가지고 평양으로 왔다고 해석했던 것이다. 그러나 기자의 모국이 동이족 국가였던 은(殷)나라라는 점은 둘째치더라도 기자가 온 곳은 평양이 아니다. 〈사기〉 '송미자 세가' 주석인 '사기집해'에는 "두예(杜預: 222~285)는 기자의 무덤이 양국(梁國) 몽현(蒙縣)에 있다고 했다"는 구절이 있다. 양국 몽현은 지금 허난성 상추(商丘)시다.

서기전 12세기 때 사람인 기자의 무덤을 평양에서 찾기 시작한 때는 서기 12세기경이다. 고려사 예지에는 숙종 7년(1102) 예부(禮部)에서 "우리나라의 교화와 예의는 기자에서부터 비롯되었는데도, 사전(祀典: 제사 규정)에 오르지 못했습니다. 그 무덤을 찾고 사당을 세워서 제사를 지내게 하시기 바랍니다"라고 하자 이를 따랐다고 전한다. 그러나 2400여 년 전에 세상을 떠나 지금의 허난성에 묻혔다는 기자의 무덤을 평양에서 찾으니 있을 리가 없었다.

고려사 예지는 충숙왕 12년(1325) 10월 "평양부에 명을 내려 기자의 사당을 세워서 제사하게 했다"고 전하고 있다. 14세기 들어서 평양에 기자의 무덤을 만들고 사당을 세웠다는 것이다. 기자가 평양에 왔다는 것은 유학자들이 정권을 잡기 시작하면서 유학 이데올로기 차원에서 만들어진 역사이지 실제 사실이 아니다. 그러나 유학이 개국이념이었던 조선에서 이런 이데올로기는 더욱 강화되어 '기자→위만→한사군'이 모두 평양에 있었다고 믿었던 것이다.

그러나 조선 후기 1차 사료를 직접 검토하는 실학적 학풍이 유행하면서 상황이 달라지기 시작했다. 유학 이데올로기 차원에서 한사군의 위치를 한반도 내에서 찾은 정약용도 아방강역고(我邦疆域考)의 사군총고(四郡總考)에서 "지금 사람들은 낙랑군 소속의 여러 현이 요동에 있었다고 많이 생각한다"고 부기했을 정도로 다산 생존 시의 많은 학자들은 낙랑군의 소재지를 고대의 요동이라고 생각했다.

당시 남인 학자들에게 영향력이 컸던 인물은 성호 이익이었는데, 그는 '조선사군(朝鮮四郡)'이란 글에서 "낙랑군, 현도군은 요동에 있었다"고 서술했다. 〈삼국사기〉 고구려 동천왕 20년(246)조에 "위(魏)나라 유주자사 관구검(毌丘儉)이 현도로 침범해서…낙랑으로 퇴각했다"는 기록이 있는데, 현재 베이징 부근인 유주자사 관구검이 고구려를 침공했다가 퇴각한 곳이 낙랑이라면 낙랑은 평양일 수 없다고 본 것이다. 〈삼국지〉 '위서(魏書)' 가평(嘉平) 4년(252)조에 보면 관구검은 진남(鎭南)장군이 되어 중국 남방 오나라 정벌에 나서는데, 평양으로 퇴각한 관구검이 수군을 동원하지 않는 한 중국 남방 지역에 나타날 수는 없는 것이었다.

한사군의 위치를 찾을 때 중요한 것이 고조선과 한나라의 국경선이었던 패수인데, 현재 식민사학계는 그 위치를 대동강, 청천강, 압록강 운운하고 있다. 한사군이 요동에 있었다고 생각한 연암 박지원(朴趾源: 1737~1805)은 〈열하일기〉의 '도강록(渡江錄)'에서 "고조선과 고구려의 옛 강역을 찾으려면 먼저 여진(만주)을 국경 안에 합친 다음 패수를 요동에서 찾아야 한다"고 말했다. 박지원은 같은 글에서 한사군은 영고탑(寧古塔) 등지에 있다고 한 김윤(金崙)의 견해를 소개하고 있는데 이때 이미 한사군이 한반도 내에 없었다는 학자군이 형성되었던 것이다. 이보다 앞서 약천 남구만(南九萬: 1629~1711)은 〈약천집(藥泉集)〉 패수(浿水)조에서 "패수가 요동에 있음은 의심할 나위가 없다"라고 말하고, 답 이찰방 세구(答李察訪 世龜)에서는 "현도, 진번은 지금 요동의 여진 땅에 있었다"고 말했다. 조선 선조 때의 학자 김시양(金時讓: 1581~1643)도 '자해필담(紫海筆談)'에서 "낙랑현도대방은 다 요동에 있었던 땅이다"라고 요동설을 주장했다.

이처럼 조선에도 한사군의 위치를 요동으로 본 학자들은 적지 않았다. 박지원은 앞의 도강록에서 당서(唐書) 배구전(裴矩傳)을 인용해 "고려는 본래 고죽국(孤竹國)인데, 주(周)가 여기에 기자를 봉했고, 한(漢)나라 때 사군(四郡: 당서 원문에는 3군으로 나옴)으로 나누었다"면서 "이른바 고죽국이란 지금 영평부(永平府)에 있다"고 말했다. 한사군이 청나라 때 영평부 지역에 있었다는 뜻이다. 영평부는 지금의 허베이성 노룡현인데, 청나라 지리학자 고조우(顧祖禹)는 독사방여기요(讀史方輿紀要) 영평부 조에서 "조선성이 있는데 한나라 낙랑군 속현"이라고 낙랑군이 현재의 허베이성 노룡현에 있었다고 말하고 있다. 북송(北宋)의 낙사(樂史: 930~1007)가 편찬한 〈태평환우기(太平寰宇記)〉에도 "노룡현에 조선성이 있다"라고 말하고 있다. 이처럼 조선의 유학자들은 물론 중국의 여러 학자들도 낙랑군은 지금의 허베이성 일대에 있었다고 말했다. 반면 낙랑군이 지금의 평양에 있었다는 1차 사료는 존재하지 않는다. 조선총독부의 관점을 그대로 추종하던 식민사학이 이제는 조선의 유학자들의 품으로 도피한 셈인데, 정작 조선 유학자들이 이런 사실을 안다면 무덤에서 벌떡 일어나서 꾸짖을 것이 틀림없다.

11. 천문으로 보는 한국고대사

2016년 9월 9일
박 석 재 한국천문연구원 연구위원

다산도 행성 5개 모인 오성결집…
배달국 실제로 존재했다

    1979년, '환단고기'가 세상에 공개되자 강단사학계는 위서로 내몰았다. 첫째, 편찬 시기를 믿을 수 없다고 점과 둘째, 문화·국가·세계처럼 근대 용어들이 사용되고 있다는 점 등을 위서의 근거로 들었다. 그러나 문화, 국가, 세계 같은 용어들은 중국 고전에서 이미 사용하던 용어라는 사실이 드러났다. 심지어 근대라는 말도 이미 당(唐)나라 때 사용하던 용어라는 사실도 드러났다.

    필자는 천문학자이기 때문에 '환단고기'에 기록된 천문기록에 관심이 많다. 천문기록의 장점은 몇천 년 전의 기록일지라도 과학적 사실인지 아닌지 입증할 수 있다는 점이다. 요즘은 천문 소프트웨어까지 나와서 천문학자가 아닌 일반인들도 진위 여부를 확인할 수 있다.

'환단고기'에는 '오성취루(五星聚婁)'에 관한 기록이 있다. 수성·금성·화성·목성·토성이 한곳에 집결하는 현상이 오성취루이다. 그런데 한국아마추어천문학회의 황보 승 회원이 이 오성이 한곳에 모이는 오성결집 기록을 배달국, 고구려, 고려 역사에서 확인했다고 발표했다. 나는 2014년 3월 11일 자 모 언론사 칼럼에서 고조선의 오성결집이 한곳에 모이는 '환단고기' 기록이 천문학적으로 사실임을 이미 설명한 바 있다. '환단고기'의 '무진오십년오성취루(戊辰五十年五星聚婁)'는 '무진 오십 년에 오성이 루 주위에 모였다'라는 기록이다. '무진오십년'은 고조선 건국 600주년이 되는 BC 1733년을 말하고, '루'는 동양 별자리 28수의 하나이다.

천문 소프트웨어를 돌려봤더니 기록보다 1년 전인 BC 1734년 7월 중순 저녁 서쪽 하늘에 오성이 실제로 늘어섰다고 말하고 있었다. 이는 고조선이 천문대를 가진 고대국가였음을 말해주는 실례이다. 더 이상 '단군신화'라는 말을 쓰지 않기 바란다.

오성취각으로 배달국 존재 증명

나는 지난 몇 년 동안 기회가 있을 때마다 한국아마추어천문학회 회원들에게 옛 천문기록을 찾아내 달라고 호소해왔다. 그러던 중 올해 초 황보 승 회원이 오성결집 기록을 여러 개 발견했다고 나에게 알려온 것이다.

배달국의 오성결집 기록은 '천문류초(天文類抄)'에서도 발견됐다. 이 책은 세종대왕의 명에 의해 천문학자 이순지가 옛 기록들을 모아 편찬한 것이다. 오성결집은 삼황오제 중 하나인 전욱 고양씨 부분에 '일월오성개합재자(日月五星皆合在子)'와 같이 나와 있었다. 이 기록이 사실로 입증되기 위해서는 갑인년인 BC 2467년에 오성결집이 있어야 했다. 이를 확인하기 위해 천문 소프트웨어를 돌리자니 가슴이 떨렸다. 무려 4500년 전 선배 천문학자의 기록을 같은 업종에 종사하는 후배가 맞춰보고 있는 것 아닌가. 정작 BC 2467년에 오성결집이 발견되지 않아 숨이 막혔다. 하지만 그보다 3년 전인 BC 2470년 9월 새벽 '오성취각'이 있었음을 알 수 있었다. 오성이 28수 각(角) 별자리 주위에 모였던 것이다. 옛 달력과 지금의 달력이 다르기 때문에 이 정도 오차는 정확한 것이다.

[그림-42] 오성취루는 지구에서 관측했을 때 태양을 중심으로 돌던 수성 금성 화성 목성 토성이 하늘에서 일렬로 나란히 서는 현상이다. 사진은 천문 소프트웨어로 확인한 오성취루. 오른쪽 작은 사진은 국보 28호인 조선시대 태조때 제작된 석각 '천상열차분야지도'.

'환단고기'는 삼황오제가 동이족, 즉 배달국 사람들이었음을 밝히고 있다. 이번 오성취각의 발견으로 삼황오제 시대는 전설이 아니라 역사라는 사실이 증명됐다. 물론 배달국의 역사 또한 결코 허구가 아니라는 사실도 저절로 입

[2부] 아직 바로 세우지 못한 역사 | 273

증된 셈이다. 고조선도 신화라고 하는 마당에 이 얼마나 감격스러운 일인가!

한 가지 짚고 넘어갈 일은 오성취루가 실제로 28수 중 루보다 성에 더 가까운 곳에서 일어나 오성취성이 옳다는 사실이다. 이는 4000년 전 28수가 현재와 다르다고 결론내릴 수밖에 없다. 하지만 이미 오성취루로 너무 많이 알려져서 오성취성으로 바로잡히지는 않을 것이다. 과학사에서 이런 일은 비일비재하다. 중요한 사실은 오성결집이 실제로 일어났고, 옛 기록이 옳다는 것이다.

고구려의 오성결집 기록은 김부식의 '삼국사기'에서 나왔다. 오성결집 기록은 고구려 차대왕 4년(서기 149년)조에, '오성취어동방(五星聚於東方)'이란 기록으로 나와 있다. 천문 소프트웨어를 돌려봤더니 149년에는 오성결집이 일어나지 않았고 2년 후인 151년 8월에 게자리에서 일어났다. 동양 별자리 28수에서 게자리를 귀라고 하므로 오성취귀가 되겠다.

오성취루의 경우는 약 4000년 전 일이어서 1년 오차가 자연스럽게 느껴진다. 하지만 오성취귀의 경우는 약 2000년 전 일인데도 불구하고 오차가 2년이나 된다는 사실이 마음에 걸린다. 그렇다면 '삼국사기'의 차대왕 4년은 서기 149년이 아니라 151년이란 말인가?

'천문류초'에는 중국에 관련된 오성결집 기록들도 있다. 예를 들면, 중국에서 BC 206년에 오성이 모였다는 기록이 있다. 이 경우에도 2년 후, 즉 BC 204년에 오성결집이 일어났다. 이 무렵 천문기록이 일관되게 2년 오차가 적용되는 것은 무슨 까닭일까.

오성취귀로 고구려의 천문 과시

고려의 오성결집 기록은 '고려사'에서 나왔다. 이 책은 조선시대 김종서와 정인지가 편찬한 역사책이다. 정확히 '오성'을 언급한 기록은 찾지 못했지만 오성결집에 관련된 것으로 보이는 기록들이 발견됐다.

즉 서기 1108년(예종 3년), 1226년(고종 13년), 1327년(충숙왕 14년) 기록들인데 모두 오성결집이 1년의 오차도 없이 정확히 일어난 것으로 확인됐다. 현대에 가까이 접근할수록 오차가 사라지는 것이다. 물론 고려 이후의 오성결집 기록들은 상대적으로 가치가 떨어진다.

한국아마추어천문학회 황보 승 회원은 천문 소프트웨어를 이용해 수십 개의 오성결집을 찾아내 이 현상이 예상보다 자주 일어난다는 사실을 증명했다. 이에 상응하는 오성결집의 역사적 기록이 앞으로 여러 문헌에서 더 많이 발견될 수 있으리라 믿어지는 이유다.

예나 지금이나 오성결집은 상서로운 현상이다. 배달국의 오성취각, 고조선의 오성취루(실제로는 오성취성), 고구려의 오성취귀, 이 '오성결집 삼총사'는 우리 민족의 상고사에 관한 기록들이 사실임을 과학으로 밝혀준 빛나는 등불들이다.

박석재 한국천문연구원 연구위원 프로필

서울대학교 천문학과를 졸업하고 미국 텍사스 대학교에서 블랙홀 천체물리학으로 박사학위를 받았다. 한국천문연구원 원장을 역임했고, 현재는 한국천문연구원 연구위원으로 활동하고 있다. 다수의 천문학 서적 집필을 통해 천문학 대중화에 헌신하고 있다.

12. 한국 실증주의 사학의 실체

2016년 9월 23일
임 종 권 숭실대학교 초빙교수

오늘 날 한국 사학계에서 가장 많이 논란이 되고 있는 문제가 역사 연구의 방법론이 아니라 식민사관이다. 그렇다면 해방 이후 70여년이 지난 지금까지 한국 사학계에서 끊임없이 식민사관 문제가 거론되고 있는 이유는 어디에서 비롯된 것일까. 또한 한국사 서술을 두고 실증주의 사학과 민족주의 사학이 서로 대립하고 있는 까닭은 무엇일까. 그리고 무엇 때문에 한국사 교과서의 국정화에 대해 찬반이란 두 진영으로 나뉘어 서로 옳고 그름을 다투고 있는가. 한국사의 당면 문제를 해결하기 위한 답은 이러한 의문으로부터 찾아야 한다.

먼저 한국사의 논란은 근대 역사학의 수용과정에서 비롯되었다. 원래 독일 역사학자 랑케로부터 시작된 근대 역사학은 철저한 사료비판을 토대로 객관적이고 과학적인 역서서술을 말한다. 동양에서는 일찍부터 역사는 고증을 바탕으로 한 사실 위주의 서술이었던 반면 이전의 서구 역사는 대체적으로 신화 혹은 영웅을 찬양하는 서사시나 전기 혹은 영웅담 등으로 기록되었다. 이러한 예전의 역사학이 '과거에 일어난 사건을 있는 그대로의 서술'을 목적으로 과학적 역사를 추구한 근대 역사학이 바로 랑케의 실증주의 역사학으로부터 시작했다. 이후 철학에 속했던 역사학이 독자적 학문이 됨으로써 예전에 주로 문학가나 혹은 정치가의 영역에서 다뤄졌던 역사학은 이제 전문적으로 훈련을 받은 역사학자들의 몫이 되었다.

[그림-43] 라히프찌히 전투는 랑케가 신학에서 역사를 공부하게된 계기였으며 후에 저술한 강대국론은 랑케의 민족주의를 바탕으로 한 실증주의 역사를 창시했다.

이렇게 시작된 랑케의 실증주의 역사학이 랑케의 제자인 리스에 의해서 일본에 전격 수용되었다. 19세기 유럽이 해외로 진출하여 세계 곳곳에 식민지를 건설하던 제국주의 시대에 일본 역시 서구 열강과 대등한 위치에 서기 위한 근대화 과정에서 제국주의 정책을 정당화하기 위한 역사적 기반이 절실했다. 바로 이것이 이러한 시기에 일제가 제국대학을 통해 랑케의 실증주의 역사학을 수용하게 된 이유이다. 그렇다면 랑케의 실증주의는 어떤 역사학일까.

19세기 이전 유럽에서 독일은 약소국이며 가난하고 분열된 국가였다. 유럽 강대국들로부터 오랜 기간동안 침략과 약탈을 당하며 고통을 받아 온 독일민족은 19세기 초 프랑스 나폴레옹 침략으로 민족주의 사상이 싹트기 시작했다. 민족주의 물결이 유럽을 휩쓸고 있을 때 랑케는 과거 역사에서 독일민족 정신을 찾고자 고대 역사를 탐구하기 시작했다. 이 과정에서 랑케는 로마제국 혹은 강대국으로부터 지배를 당하면서 독일민족의 역사가 왜곡된 사실을 깨닫고 올바른 역사를 서술하고자 했다. 이 열망에 의해 랑케는 '과거에 일어난 사건을 있는 그대로 서술'하고자 한 근대 역사학을 창시한 것이다. 철저한 사료를 비평하여 사실적인 것만 기록하고자 한 랑케의 실증주의 역사학이 전해지면서 일본의 근대 역사학의 발판이 되었다. 일본은 랑케의 실증주의 역사학을 수용하여 자국의 역사를 서술하고자 할 때 객관적이고 과학적인 실증주의 역사학에 회의를 갖기 시작했다. 랑케의 실증주의 역사학은 그 어떤 사상이나 개인적 생각을 개입시켜서 안 될, 소위 '무색무취'의 역사학이었던 것이다.

그래서 랑케의 객관적이고 과학적인 역사학이 제국의 이념에 맞지 않다는 것을 알게 된 일본의 역사가들은 랑케의 실증주의 역사학을 제국의 정치적 이념에 부합한 역사학으로 바꾸고자 했다. 이렇게 탄생된 것이 소위 '동양사'이며 일본이 조선 및 동양을 지배하는 것이 역사적으로 정당하다는 역사적 근거를 만들어 낸 것이다. 랑케의 제자 리스로부터 역사학을 배운 도쿄제국대학과 교토제국대학의 사학과를 중심으로 한 이들 역사학자들과 만철 조사부에서 근무한 역사가들이 그 주역이었다. 특히 이들은 랑케의 저서 『강국론』을 이용하여 제국주의에 부합한 역사관을 만들어 냈다. 이 저서는 랑케가 프랑스, 영국, 러시아 등 여러 강대국들의 역사를 살피면서 역사적으로 강국이 약소국을 지배하며 이들 민족의 역사와 문화, 언어의 발전을 저해하여 옴으로써 지배를 더욱 강화시켜 왔다는 사실을 설명하고 있다.

랑케는 이 저서를 통해 강국이 약소국을 지배해 온 역사가 보편적 흐름이었다며 강대국으로부터 지배를 받지 않으려면 강력한 민족국가를 수립하여 국가들 사이의 힘의 균형을 이뤄야 한다는 '강국론'을 제시한 것이다. 이 논리에서 일본 역사가들은 힘의 균형을 빼고 강대국

의 약소국 지배의 역사적 보편적인 흐름만 차용했다. 즉 강대국이 약소국을 지배하는 것이 역사의 보편적 흐름이기 때문에 근대화를 이룬 일본이 조선을 식민지화 하여 지배하는 것에 정당성을 부여한 것이다.

원래 랑케의 실증주의 역사학은 민족주의 사상에 기초하고 있다. 강대국이 되려면 민족정신이 고취되어야 하는데 민족정신은 곧 민족의 역사에서 찾을 수 있다. 따라서 민족의 역사는 개별적이며 특수한 것으로 각 시대마다 '신의 뜻'이 담겨져 있기 때문에 민족의 역사는 '과거 있는 그대로' 서술해야 한다. 그러므로 랑케는 역사에서 개별과 특수성으로부터 보편성에 이른다고 강조한다. 그러나 제국주의는 다민족 국가이다. 제국주의에서 역사는 각 민족의 특수성과 개별성을 무사하고 보편성을 추구한다.

마찬가지로 일본의 역사가들도 민족역사의 개별성과 특수성을 무시하고 보편적 역사를 강조했다. 보편적 역사는 제국주의와 식민주의 역사관이다. 이로써 일본은 랑케의 실증주의 역사를 제국주의의 역사적 이론으로 변용시켜 '일본식 실증주의 역사학'을 만들었다. 랑케의 실증주의 역사학의 핵심은 객관성과 과학성이다. 때문에 일본의 역사가들은 자신들의 역사학이 랑케의 실증주의 역사학의 객관성과 과학성으로 포장되어야 그 신뢰성을 확보할 수 있다는 것을 알고 있었다. 조선의 식민지배가 역사적으로 정당하다는 제국주의의 역사적 기초는 이렇게 변용된 랑케의 실증주의 역사학에서 이뤄졌다. 이 식민사관은 도쿄제국대학과 교토제국대학 그리고 경성제국대학을 통해 한국인 역사가들에게 전수되었던 것이다.

해방 이후 일본 역사가들에 의해 변용된 일본식 실증주의 역사학을 배운 한국인들이 각 대학에서 역사를 가르치며 역사학계의 주류를 형성하게 되었다.

이들 한국 역사가들은 랑케의 실증주의를 내세우며 자신들의 역사학의 객관성과 과학성을 주장하고 있다. 오히려 이들 한국 실증주의 역사가들은 랑케의 실증주의 역사학이 민족주의에 기반으로 한 역사학임을 간과하고 민족주의 역사학이 민족이념을 기반으로 한 것이기 때문에 객관성이 결여됐다며 비판을 하고 있다. 그리고 이들은 랑케와 달리 일본 역사가들과 마찬가지로 역사는 보편성으로부터 개별성으로 나아간다며 보편성을 강조한다.

결국 한국 실증주의 역사학의 기초는 본래의 랑케 실증주의가 아니라 '일본식 실증주의'에 있다고 말 할 수 있다. 이점이 오늘 한국 역사학에서 식민사관 논란이 지속되고 있는 이유일 것이다.